高等院校**应用技术型**财会类精品教材

会计职业能力
综合模拟实训

陆迎霞　主编

上海财经大学出版社

图书在版编目(CIP)数据

会计职业能力综合模拟实训/陆迎霞主编 . 一上海：上海财经大学出版社,2016.7

(高等院校应用技术型财会类精品教材)

ISBN 978-7-5642-2440-0/F · 2440

Ⅰ.①会…　Ⅱ.①陆…　Ⅲ.①会计学-高等学校-教材　Ⅳ.①F230

中国版本图书馆 CIP 数据核字(2016)第 102498 号

□ 责任编辑　刘光本
□ 责编电邮　lgb55@126.com
□ 封面设计　韩庆熙

KUAIJI ZHIYE NENGLI ZONGHE MONI SHIXUN
会计职业能力综合模拟实训

陆迎霞　主编

上海财经大学出版社出版发行
(上海市武东路 321 号乙　邮编 200434)
网　　址:http://www.sufep.com
电子邮箱:webmaster @ sufep.com
全国新华书店经销
启东市人民印刷有限公司印刷装订
2016 年 7 月第 1 版　2016 年 7 月第 1 次印刷

787mm×1092mm　1/16　26.75 印张　446 千字
印数:0 001—4 000　定价:49.00 元

前 言

实践教学环节不是零散的教学单元,要根据专业的特点,从培养学生社会实践能力的角度出发,对实训、实习、社会调查、毕业论文等实践性教学环节进行整体、系统的设计,明确各实践教学环节在总体培养目标中的作用,使实践能力的训练构成一个体系,与理论课程结合为一个有机的整体,并贯穿于人才培养的全过程。一个完备的实践教学体系,应体现循序渐进的要求,既要有基础性的实训,又要有综合性的实训;在规模上要有小、中、大,难度上要有低、中、高;在内容上,既要有基本要求,还要有更高要求。

为了适应综合性、高要求实践教学的需要,编写一本内容新颖、结构合理、体系科学、切合实际的会计综合实训教材,是当前社会经济发展的必然要求,也是应用型本科院校培养会计人才、进行教学改革的需要。基于上述考虑,我们编写了本教材。

全书共七章:第一章为模拟企业基本情况介绍,第二章为模拟实训的流程及要求,第三章为实训的组织及评价,第四章为建账资料,第五章为记录及证明 2015 年 12 月份经济业务发生的原始凭证,第六章为编制及分析财务报表的相关资料,第七章为科目汇总表及财务报表。

与其他版本的教材相比,本教材的特色与创新主要体现在:将企业会计实际工作的情景和流程引入实践教学中,真正实现了理论与实践相结合。使学生能够置于一个仿真的环境中,通过对业务活动所涉及的原始凭证资料的分析,判断业务活动的性质、类型,按照会计准则的要求,进行确认、计量和记录;会计期末,在结账、编制财务报表的基础上,一方面按照税法要求完成企业的纳税申报,另一方面按照企业管理当局的需要,完成对企业财务报表的分析,并出具财务分析报告。这是学生在掌握了一定的专业基础理论知识和基本操作技能的基础上运用多门课程知识和技能进行的一种综合实训,着重培养学生综合分析能力、解决实际问题的能力以及在实训过程中团结协作和组织管理的能力,形成专业的思维和方法。

本教材由山西大学商务学院陆迎霞副教授主编,负责确定教材内容、拟订写作大纲、组织编写工作,并对全书进行最后的总纂,由卢霞副教授、王晨讲师、郝艳华讲师、张霞讲师、安宁讲师和张晋侠讲师参编。具体分工如下:第一、第三、第四章由陆迎霞编写;第二章由陆迎霞、卢霞、郝艳华、张霞共同编写,其中建立会计账册和手工会计处理操作要求由陆迎霞编写,电算化会计处理操作要求由张霞编写,纳税申报操作要求由郝艳华编写,财务分析操作要求由卢霞编写;第五章由王晨、郝艳华、张霞、安宁整理编写,其中与材料领用、生产成本归集等业务有关的原始凭证由王晨编写,与材料采购、商品销售、纳税等业务有关的原始凭证由郝艳华编写,与其他业务有关的原始凭证由安宁编写;第六、第七章由陆迎霞、张晋侠编写。

由于编者才疏学浅,虽倾力投入,不足之处仍在所难免,恳请各位读者不吝赐教。

编 者

2016 年 7 月

目 录

第一章　模拟企业基本情况介绍

第一节　企业组织与生产经营情况

一、基本情况简介

1. 企业名称:祥瑞制造有限责任公司,成立于 2012 年 6 月 18 日
2. 企业地址:南海市朝阳区朝阳东街 66 号
3. 企业类型:有限责任公司
4. 法人代表:李栋梁
5. 电话(传真):0561－69986559
6. 注册资金:500 万元人民币
7. 企业纳税资格:一般纳税人;税务登记号:150113445672867
8. 经营范围:机床的生产加工、销售,货物运输
9. 企业代码:445672867
10. 开户银行及账号:
基本存款账户:中国工商银行南海市分行,账号 267－50660526
一般存款账户:中国银行南内环支行,账号 022－05387608
证券资金账户:申通证券公司,账号 012－32800289
11. 占用土地面积:5 000 平方米

二、机构设置及人员分布

公司共有职工 109 人。其中:总经理 1 人,生产副经理 1 人,业务副经理 1 人,财务会计部门 6 人,综合办公室 7 人(行政办公室 3 人、车队 4 人),人力资源部门 3 人,质量检验部门 3 人,采购部门 5 人,销售部门 8 人,机加工车间 35 人,装配车间 28 人,机修车间 8 人,仓库 3 人(材料库 1 人、外购半成品库 1 人、产成品库 1 人)。机构设置如下图所示:

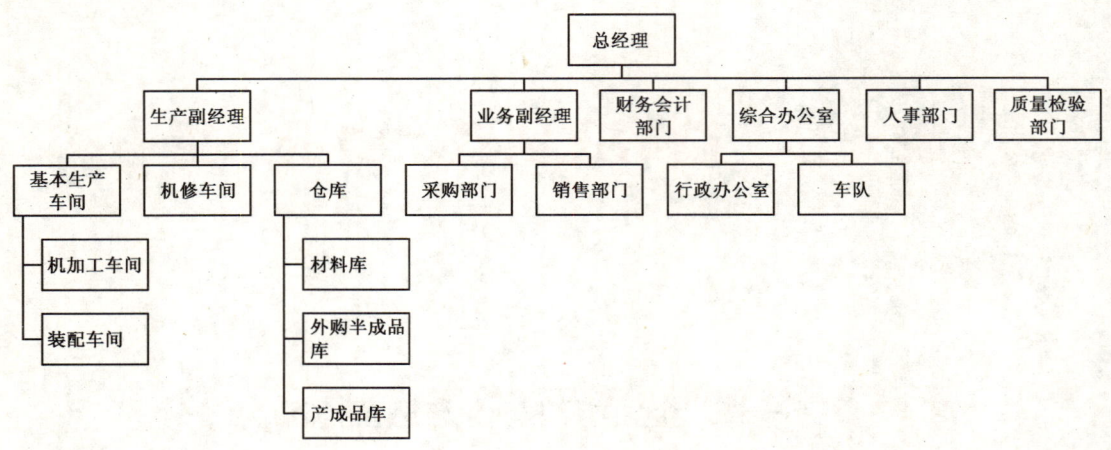

三、对外投资

1. 2014 年 8 月,自上海证券市场购入阳光股份有限公司(简称:阳光股份)股票 1 万股,作为交易性金融资产核算;

2. 2014 年 1 月,投资 100 万元取得了对伟业房地产公司的股权,在伟业房地产公司注册资本中所占的比例为 40%,对该公司的财务和经营政策具有重大影响。

四、产品及生产工艺流程

1. 产品名称:A 型数控机床和 B 型数控机床。

2. 生产工艺:

该公司的产品由 2 个基本生产车间(机加工车间、装配车间)和 1 个辅助生产车间(机修车间)加工而成,机加工车间生产的半成品全部直接转入装配车间进行加工,不设自制半成品库。其工艺流程如下图所示:

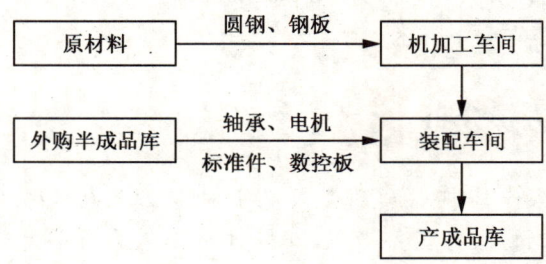

第二节　模拟企业财务会计机构设置及岗位分工

一、财务会计部门机构设置及人员

祥瑞制造有限责任公司设置独立的财务会计部门,统一负责公司的财务会计工作。共配备会计人员6人,其中,部门负责人1人,会计核算4人,出纳1人。具体分工情况如下表所示:

公司财务会计部门人员配备与分工

序　号	姓　名	岗　位
1	张　伟	部门负责人
2	张瑞英	总账、稽核、财务报表编制、会计档案保管
3	王　强	材料核算、债权债务核算
4	李　红	成本核算、职工薪酬核算
5	赵　龙	销售及利润核算、纳税申报
6	杨　杰	出纳、固定资产核算

二、财务会计部门的岗位分工

1. 部门负责人的岗位职责:负责部门全面工作,包括资金管理、财务分析、制订财务计划、参与公司经营决策、财务报表的审核、编写财务情况分析等。

2. 总账(兼任稽核、财务报表编制、会计档案保管)的岗位职责:(1)审核各项(包括材料、费用等)支出;(2)稽核;(3)登记总账编制财务报表;(4)记账凭证、账簿等会计资料和印鉴的保管。

3. 材料核算(兼债权债务核算)的岗位职责:(1)编制材料(包括外购半成品)采购、领用、清查等业务的记账凭证,登记材料有关明细账;(2)编制债权债务的记账凭证,登记债权债务相关明细账。

4. 成本核算(兼职工薪酬核算)的岗位职责:(1)编制费用发生、分配、结转等业务的记账凭证,编制费用分配表、产品成本计算表,登记相关费用、成本明细账;(2)编制职工薪酬计提、发放表,编制职工薪酬业务的记账凭证,登记相关明细账。

5. 销售及利润核算(兼纳税申报)的岗位职责:(1)编制销售业务的记账凭证,登记有关明细账;(2)编制营业税、附加税、所得税的计算表,编制各项应交税费的记账凭证,登记有关明细账;(3)编制损益结转、利润分配等业务的记账凭证,登记有关明细账;(4)编制各项纳税申报表,并进行纳税申报。

6. 出纳员(兼固定资产核算)的岗位职责:(1)负责现金收付、银行结算,编制与货币资金收付业务有关的记账凭证,登记现金日记账、银行存款日记账和现金流量表台账;(2)保管现金、有价证券、支票等；（3）编制与固定资产购建、折旧、清理等业务有关的记账凭证，登记固定资产相关明细账。

第三节　模拟企业账务处理程序及企业采用的会计政策、会计估计

一、账务处理程序

祥瑞制造有限责任公司采用科目汇总表账务处理程序。

1. 根据原始凭证或汇总原始凭证编制记账凭证（统一为记账凭证，不分收款、付款和转账凭证）；

2. 根据记账凭证逐笔登记现金日记账和银行存款日记账；

3. 根据原始凭证、汇总原始凭证和记账凭证登记各种明细分类账；

4. 根据记账凭证编制科目汇总表（按月编制）；

5. 根据科目汇总表登记总分类账；

6. 期末，现金日记账、银行存款日记账和明细分类账的余额同有关总分类账的余额核对相符；

7. 期末，根据结账后的总分类账和明细分类账的记录，编制财务报表。

具体处理程序如下图所示：

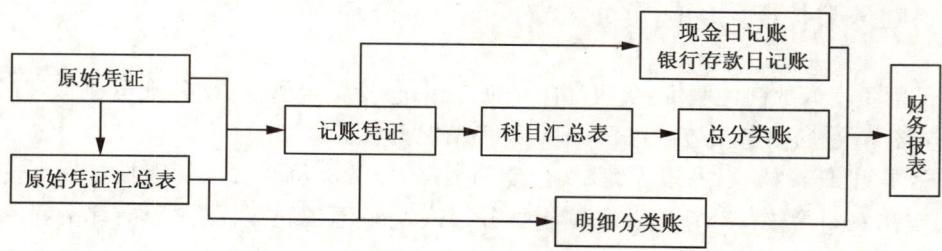

本公司期间损益的结转采用"账结法"计算利润，即在平时每月结账时，损益类各账户的净发生额需转入"本年利润"账户。

年末，将"本年利润"账户的余额转入"利润分配——未分配利润"账户。如"本年利润"账户为贷方余额，则转入"利润分配——未分配利润"账户的贷方；如"本年利润"账户为借方余额，则转入"利润分配——未分配利润"账户的借方。

二、企业采用的会计政策、会计估计

（一）会计核算的基本要求

1. 会计准则

执行《企业会计准则》和《企业会计准则——应用指南》及其补充规定。

2. 会计年度

会计年度自公历 1 月 1 日起至 12 月 31 日止。

3. 记账本位币

记账本位币为人民币。

4. 记账基础

会计核算以权责发生制为记账基础。

(二)金融工具的确认与计量

1. 金融资产和金融负债的分类

金融资产划分为四类:以公允价值计量且其变动计入当期损益的金融资产、持有至到期投资、贷款和应收款项、可供出售金融资产。

金融负债划分为以下两类:以公允价值计量且其变动计入当期损益的金融负债、其他金融负债。

2. 金融资产和金融负债的初始确认和计量

企业成为金融工具合同的一方时,应当确认一项金融资产或金融负债。初始确认金融资产或金融负债时,按照公允价值计量;对于以公允价值计量且其变动计入当期损益的金融资产或金融负债,相关交易费用应当直接计入当期损益;对于其他类别的金融资产或金融负债,相关交易费用应当计入初始确认金额。企业取得金融资产所支付的价款中包含的已宣告但尚未发放的现金股利或已到付息期尚未支付的债券利息,应当单独确认为应收项目。

3. 金融资产和金融负债的后续计量

以公允价值计量且其变动计入当期损益的金融资产、可供出售金融资产和以公允价值计量且其变动计入当期损益的金融负债,应当按照公允价值进行后续计量。以公允价值计量且其变动计入当期损益的金融资产和金融负债公允价值变动形成的利得或损失,应当计入当期损益。

可供出售金融资产公允价值变动形成的利得或损失,应当直接计入所有者权益,在该金融资产减值或终止确认时转出,计入当期损益。

持有至到期投资、贷款和应收款项以及其他金融负债采用实际利率法,按摊余成本进行后续计量。实际利率法,是指按照金融资产或金融负债(含一组金融资产或金融负债)的实际利率计算其摊余成本及各期利息收入或利息费用的方法。金融资产或金融负债的摊余成本,是指该金融资产或金融负债的初始确认金额经下列调整后的结果:

(1)扣除已偿还的本金;

(2)加上或减去采用实际利率法将该初始确认金额与到期日金额之间的差额进行摊销形成的累计摊销额;

(3)扣除已发生的减值损失(仅适用于金融资产)。

4. 金融资产转移的确认和计量

已将金融资产所有权上几乎所有的风险和报酬转移给了转入方的,终止确认该金融资产;保留了金融资产所有权上几乎所有的风险和报酬的,继续确认所转移的金融资产,并将收到的对价确认为一项金融负债。

金融资产整体转移满足终止确认条件的,将下列两项金额的差额计入当期损益:

(1)所转移金融资产的账面价值;

(2)因转移而收到的对价与原直接计入所有者权益的公允价值变动累计额之和。

5. 金融资产和金融负债的公允价值确定方法

存在活跃市场的金融资产或金融负债,以活跃市场的报价确定其公允价值;不存在活跃市场的金融资产或金融负债,采用估值技术确定其公允价值;初始取得或源生的金融资产或承担的金融负债,以市场交易价格作为确定其公允价值的基础。

6. 金融资产的减值测试和减值准备计提方法

资产负债表日对以公允价值计量且其变动计入当期损益的金融资产以外的金融资产进行减值测试。对单项金额重大的金融资产单独进行减值测试;对单项金额不重大的金融资产,包括在具有类似信用风险特征的金融资产组合中进行减值测试;单独测试未发生减值的金融资产,包括在具有类似信用风险特征的金融资产组合中进行减值测试。

按摊余成本计量的金融资产,期末有客观证据表明其发生了减值的,根据其账面价值与预计未来现金流量现值之间的差额计算确认减值损失,短期应收款项的预计未来现金流量与其现值相差很小的,在确定相关减值损失时,不对其预计未来现金流量进行折现。可供出售金融资产的公允价值发生较大幅度下降且预期下降趋势属于非暂时性时,确认其减值损失,并将原直接计入所有者权益的公允价值累计损失一并转出计入减值损失。在活跃市场中没有报价且其公允价值不能可靠计量的权益工具投资,将该权益工具投资的账面价值与按照类似金融资产当时市场收益率对未来现金流量折现确定的现值之间的差额,确认为减值损失。

7. 应收款项坏账准备的确认标准、计提方法

应收款项包括应收账款、应收票据、预付账款、其他应收款和长期应收款等。应收款项坏账准备的确认标准、计提方法是:

(1)单项金额重大应收款项是指单笔金额在 50 万元以上(含 50 万元)的应收款项。对于单项金额重大且有客观证据表明发生了减值的应收款项,根据其未来现金流量现值低于其账面价值的差额计提坏账准备。

(2)单项金额不重大的应收款项,采用账龄分析法计提坏账准备。具体账龄的划分及坏账计提比例如下:

账　龄	计提比例(%)
1 年以内(含 1 年)	5
1~2 年(含 2 年)	20
2~3 年(含 3 年)	40
3 年以上	100

8. 其他应收款的核算

业务员及其他职工出差预支差旅费,完成任务回公司后直接到财务部门报销,一次结清。

(三)存货的确认与计量

1. 存货分类

存货包括生产经营过程中为销售或耗用而持有的原材料、在途物资、低值易耗品、在产品、库存商品等。

2. 存货的核算方法

（1）存货日常以实际成本核算

①存货的取得

取得存货时，按取得存货的实际成本作为入账价值。存货成本包括采购成本、加工成本和其他成本。采购成本包括购买价款、相关税费、运输费、装卸费、保险费以及其他可归属于存货采购成本的费用；加工成本包括直接人工以及按照一定方法分配的制造费用，制造费用是指企业为生产产品和提供劳务而发生的各项间接费用；其他成本是指除采购成本、加工成本以外的，使存货达到目前场所和状态所发生的其他支出。

②存货的发出

发出材料、外购半成品、辅助材料、周转材料（包括低值易耗品和包装物）等存货，采用先进先出法进行计价。对发出的低值易耗品，采用一次摊销法将其成本按受益对象，计入相关资产成本或当期损益。包装物随同产品出售但不单独计价，发出的包装物按其成本一次计入销售费用。

发出产成品，采用月末一次加权平均法进行计价。

（2）存货盘存制度

存货盘存采用永续盘存制。每年12月份，对存货进行清查，根据盘点结果编制存货盘盈盘亏报告单，报经有关领导审批后，在年末结账前处理完毕。

（3）存货可变现净值的确定依据及存货跌价准备的计提方法

存货跌价准备按单个存货项目的成本与可变现净值计量，对于数量繁多、单价较低的周转材料，按照存货类别计量成本与可变现净值。产成品和用于出售的材料等可直接用于出售的存货，其可变现净值按该存货的估计售价减去估计的销售费用和相关税费后的金额确定；用于生产而持有的材料等存货，其可变现净值按所生产的产成品的估计售价减去至完工时估计将要发生的成本、估计的销售费用和相关税费后的金额确定；为执行销售合同或者劳务合同而持有的存货，其可变现净值以合同价格为基础计算；企业持有存货的数量多于销售合同订购数量的，超出部分的存货可变现净值以一般销售价格为基础计算。

3. 存货收发业务流程

（1）材料及半成品收发业务流程

采购部门外购材料及半成品（购销合同、发票）——质量检验部门（检查实物，并与购货合同核对，签发验收单，一式两联：一联为存根联，一联交仓库）——仓库（根据验收单清点实物后，签发入库单，一式三联：一联为存根联，一联用来登记仓库存货明细账，一联交财务部门）——财务会计部门（将购货合同、发票、入库单进行核对，无误后编制材料采购业务记账凭证，登记相关明细账簿；根据购货合同所规定的付款条件办理货款结算，如有现金折扣，需经有关负责人授权批准后方可办理货款支付，登记银行存款日记账或其他货币资金明细账）。

车间根据生产需要提出领料要求（填写领料单，一式三联：一联为存根联，一联交仓库，一联交财务部门）——仓库根据领料单发出材料（编制出库单，一式三联：一联为存根联，一联作为仓库登记存货明细账的依据，一联交财务部门）——财务部门（将领料单、出库单核对无误后，编制材料领用业务的记账凭证，登记相关明细账）。

（2）产成品收发业务流程

车间生产完成后提出入库申请（产品完工报告单）——质量检验部门验收（填写合格证，一品一证，验收报告一式三份：一份留存，一份交车间，一份交仓库）——仓库（根据清点实物结果和质量检验部门出具的合格证、验收报告，填写入库单，入库单一式三联：一联为存根联，一联作为仓库登记存货明细账的依据,一联交财务部门)——财务部门(取得入库单,与产品成本计算表一起,编制产成品入库记账凭证,登记有关明细账)。

销售部门接受顾客订单(签订销售合同,填写发货单,开具增值税专用发票,发货单一式两联:一联为存根联,一联交仓库;增值税发票三联:发票联和抵扣联交购货单位,记账联交财务部门)——仓库根据发货单发货(填写出库单,一式三联:一联为存根联,一联仓库登记存货明细账,一联交财务部门)——财务部门(将增值税发票、出库单、销售合同核对,无误后编制销售业务记账凭证,登记有关明细账)。

材料及半成品收发业务流程图如下:

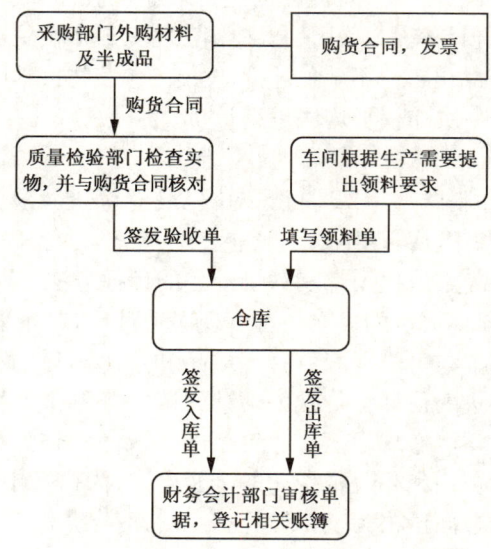

产成品收发业务流程图如下:

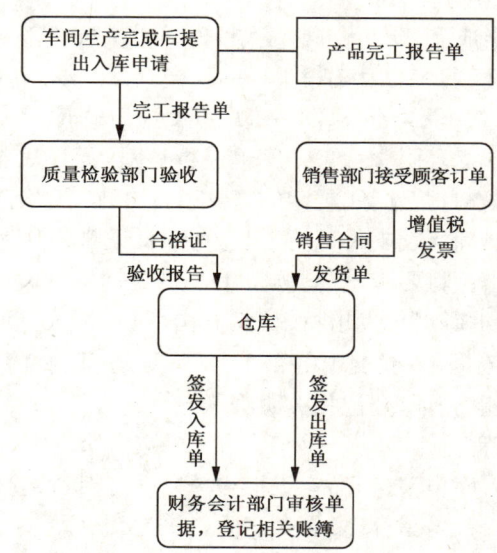

4. 产品成本的计算方法

(1)完工产品成本计算方法

产品按品种法计算成本。成本计算流程图见下页。

(2)产品成本计算方法

采用定额成本法。A 型数控机床单位定额成本为 27 550 元(其中:直接材料 18 700 元,直接人工 2 850 元,制造费用 6 000 元),B 型数控机床单位定额成本为 17 000 元(其中:直接材料 13 000 元,直接人工 1 350 元,制造费用 2 650 元)。所有产品原材料在开工时一次性投入,在产品完工程度为 50%。

(3)费用分配方法

①生产工人职工薪酬、基本生产车间制造费用的分配方法:均按生产产品的工时比例进行分配。

②辅助费用的归集与分配方法:机修车间为辅助生产车间,其所发生的全部费用直接记入"生产成本——辅助生产费用"账户,并按各基本生产车间、行政管理部门等实际耗用修理工时的比例分配,采用直接分配法。

③水费、电费的分配方法

各月水费、电费分别按固定比例分配。如果有重大异常情况发生,则考虑修改分摊比例。

水费的分摊比例为:机加工车间 45%,装配车间 25%,机修车间 15%,行政管理部门 15%,合计 100%。

电费的分摊比例为:机加工车间 50%,装配车间 28%,机修车间 12%,行政管理部门 10%,合计 100%。

(四)长期股权投资的确认与计量

1. 初始计量

长期股权投资的初始投资成本按取得方式的不同,分别采用如下方式计量:

(1)同一控制下企业合并取得的长期股权投资,在合并日按照取得的被合并方所有者权益账面价值的份额,作为长期股权投资的初始投资成本;转出资产等账面价值与初始投资成本之间的差额调整资本公积,资本公积不足冲减的,调整留存收益。

(2)非同一控制下企业合并取得的长期股权投资,按合并日所付出的资产、发行的权益性证券、发生或承担的负债的公允价值,作为长期股权投资的初始投资成本。

(3)其他方式取得的长期投资。

①以支付现金取得的长期股权投资,按照实际支付的购买价款作为初始投资成本。

②以发行权益性证券取得的长期股权投资,按照发行权益性证券的公允价值作为初始投资成本。

2. 后续计量

(1)对子公司的投资,采用成本法核算。

子公司为公司持有的、能够对被投资单位实施控制的权益性投资,若本公司持有某实体股权份额超过 50%,或者虽然股权份额少于 50%但本公司可以实质控制其实体,则该实体将作为本公司的子公司。

(2)对合营企业或联营企业的投资,采用权益法核算。

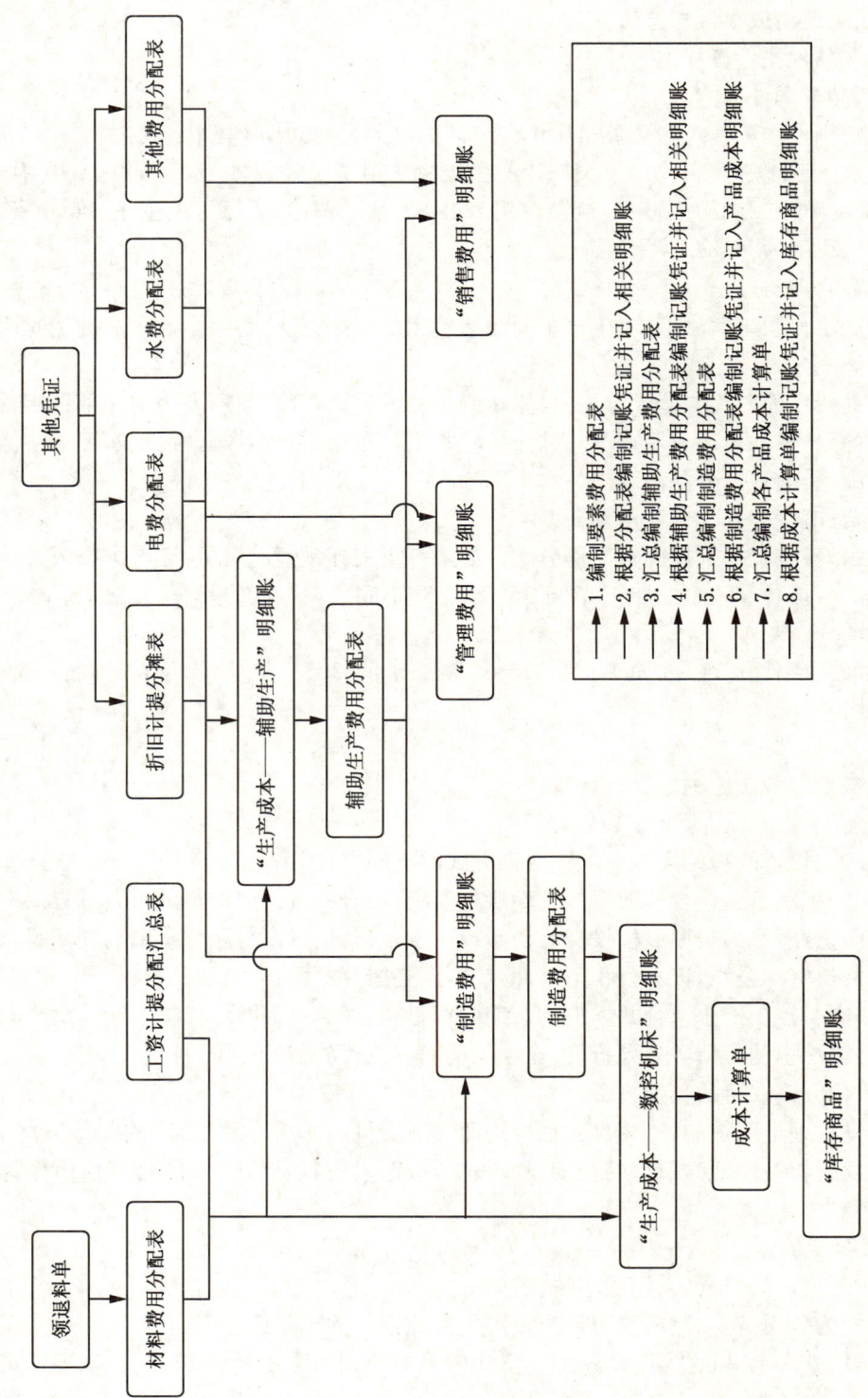

合营企业为本公司持有的、能够与其他合营方对被投资单位实施共同控制的权益性投资，联营企业为本公司持有的、能够对被投资单位施加重大影响的权益性投资，若本公司持有其股权份额介于20%至50%之间而且对该实体不存在实质控制，或者虽然本公司持有其股权份额低于20%但对该实体存在重大影响，则该实体将作为本公司的合营企业或联营企业。

3. 长期股权投资减值

期末检查发现长期股权投资存在减值迹象时，应估计其可收回金额；可收回金额低于其账面价值的，按其可收回金额低于账面价值的差额，计提长期股权投资减值准备。

4. 长期股权投资处置

企业处置长期股权投资时，应相应结转与所售股权相对应的长期股权投资的账面价值，出售所得价款与处置长期股权投资账面价值之间的差额，应确认为处置损益。采用权益法核算的长期股权投资，原计入其他综合收益、资本公积中的金额在处置时亦应进行结转，将与所出售股权相对应的部分在处置时自其他综合收益、资本公积转入当期损益。

（五）固定资产的确认与计量

1. 固定资产是指同时具有下列特征的有形资产：

（1）为生产商品、提供劳务、出租或经营管理而持有的；

（2）使用寿命超过一个会计年度。

2. 固定资产计价：固定资产按取得时的实际成本计价。

3. 固定资产折旧：对固定资产采用平均年限法分项计提折旧。各类固定资产的预计净残值率、预计使用年限见下表：

项　目	预计净残值率（%）	预计使用年限（年）
房屋及建筑物	10	50
生产用机器设备	5	20
运输工具	5	8
办公设备及其他	5	10

固定资产折旧方法、预计净残值率和预计使用年限都与税法规定一致，不存在差异。

固定资产在大修理期间照提折旧。

4. 固定资产增减变化的处理。

增加固定资产必须有申请，经过质量验收合格后，办理领用手续。

减少的固定资产（包括报废、出售等），应由使用部门提出报告，经质量检验部门鉴定，报有关领导审批后处理。固定资产处置净损益计入营业外收入或营业外支出。

5. 固定资产使用过程中发生的后续支出，符合资本化条件的，计入固定资产成本；不符合资本化条件的，计入当期损益。发生的固定资产修理费，除专设销售机构使用的固定资产修理费计入销售费用外，其他一律计入管理费用。

6. 每年年末对固定资产进行清查，根据清查结果编制盘盈盘亏报告单，报经有关领导审批后进行账务处理。固定资产盘盈作为前期重大差错处理，需通过"以前年度损益调整"账户调整年初留存收益。

7. 固定资产减值准备的确认标准、计提方法。

期末对固定资产进行检查，如存在减值迹象时，估计其可收回金额，按固定资产可回收金额低于其账面价值的差额确认并计提固定资产减值准备。计提时按单项资产计提，难以对单项资产的可收回金额进行估计的，按该资产所属的资产组为基础计提。减值准备一经计提，在资产存续期内不予转回。可收回金额根据固定资产的公允价值减去处置费用后的净额与资产预计未来现金流量的现值两者之间较高者确定。

（六）无形资产的确认与计量

1. 无形资产是指企业拥有或控制的没有实物形态的可辨认的非货币性资产。

2. 无形资产初始计量：无形资产按取得时的实际成本计量。

3. 无形资产摊销：使用寿命有限的无形资产，在使用寿命内采用年限平均法进行摊销；使用寿命不确定的无形资产不需要摊销，如果减值，计提减值准备。

无形资产的残值一般为零，但下列情况除外：

（1）有第三方承诺使用寿命结束时愿意购买；

（2）存在活跃市场的残值信息，并且市场一直存在。

源自合同性权利或其他法定权利取得的无形资产，其使用寿命通常不超过合同或其他法定的期限。没有明确的合同或法律规定无形资产的使用寿命的，企业应当综合各方面因素判断，来确定无形资产为企业带来未来经济利益的期限。

无形资产摊销方法、摊销年限与税法规定一致，不存在差异。

（七）职工薪酬的确认与计量

1. 职工薪酬包括的范围

职工薪酬主要包括：短期薪酬（职工工资、奖金、津贴和补贴，职工福利费，医疗保险、工伤保险、生育保险、住房公积金，工会经费、职工教育经费，短期带薪缺勤，短期利润分享计划，非货币性福利等）；离职后福利（设定提存计划和设定受益计划）；辞退福利；其他长期职工福利。

2. 职工薪酬的确认和计量

在职工为公司提供服务的会计期间，将应付的职工薪酬确认为负债，根据职工提供服务的受益对象，计入相关资产成本或当期损益。辞退福利除外。

3. 各项经费基金的计提标准

项　目	计提基数	计提比例（％）
住房公积金		10
基本养老保险		20
基本医疗保险		7
生育保险	本月基本工资总额	0.8
工伤保险		0.6
工会经费		2
职工教育经费		1.5

(八)销售收入的确认

1. 销售商品,同时满足以下条件时可确认为收入:

(1)企业已将商品所有权上的主要风险和报酬转移给购买方;

(2)企业既没有保留通常与所有权相联系的继续管理权,也没有对已出售的商品实施控制;

(3)收入的金额能可靠地计量;

(4)与交易有关的经济利益很可能流入企业;

(5)相关的已发生或将发生的成本能够可靠地计量。

2. 收入确认的具体条件包括:

若采用支票、银行汇票、汇兑、商业汇票等方式结算货款或赊销的,在开出发票并发出商品后确认收入;

若采用交款提货方式销售商品的,则在开出发票、收到款项时确认收入;

若采用托收承付方式销售商品的,则在开出发票、发出商品并办妥托收承付手续后确认收入;

若采用支付手续费方式委托代销商品的,则在收到代销方开具的代销清单时确认收入。

(九)税金的核算

1. 增值税的核算

公司为增值税一般纳税人,增值税税率为17%。

$$当月应纳增值税税额＝当月销项税额－当月进项税额$$

2. 营业税的核算

企业出售、转让无形资产、不动产等,以取得的收入为基数,乘以5%的税率来计算应纳营业税。应缴纳的营业税应在"营业税金及附加"账户中核算。

3. 城市维护建设税与教育费附加的核算

城市维护建设税及教育费附加是以应交增值税、应交营业税等项目总和为基数加以计算的。城市维护建设税税率为7%,教育费附加为3%,将所计算的应交城市维护建设税与教育费附加记入"营业税金及附加"账户。

4. 计入管理费用的税金

(1)计入管理费用税金包括房产税、土地使用税、车船使用税、印花税等。

(2)各种税额的计算方法是:

①房产税

以房产的原值为基数计算,税率为1.2%,具体计算公式如下:

$$应交房产税＝房屋原值×(1－20\%)×1.2\%$$

有租金收入的,按租金收入为基数,税率为12%,具体计算公式如下:

$$应交房产税＝租金收入×12\%$$

②土地使用税

该企业使用的纳税标准为年税额4元/平方米。

③车船使用税

车船税的具体税额如下:大型客车每辆全年税额标准为480元,中型客车420元,小型客车 360 元，微型客车 180 元；载货汽车（包括半挂、牵引车、挂车及客货两用车）按自重每吨全年80 元；三轮汽车和低速货车按自重每吨全年 50 元；摩托车每辆全年 40 元；专项作业车、轮式专用机械车按自重每吨全年 56 元。

④印花税

以实际从税务部门购买的印花税金额计量。

5. 企业所得税的核算

企业所得税采用资产负债表债务法进行会计核算。根据会计准则和税法的规定，分别确定资产、负债的账面价值和计税基础，如果存在差异，对符合确认条件的应纳税暂时性差异确认为递延所得税负债，对符合确认条件的可抵扣暂时性差异确认为递延所得税资产。

当期应纳税额为应纳税所得额乘以 25％的税率来计算。按照《企业所得税法》的规定，应纳税所得额为企业每一个纳税年度的收入总额，减除不征税收入、免税收入、各项扣除以及允许弥补的以前年度亏损后的余额。

应纳税所得额＝会计利润(利润总额)＋按照会计准则规定计入利润表但计税时不允许税前扣除的费用±计入利润表的费用与税法规定可予税前扣除的金额之间的差额±计入利润表的收入与税法规定计入应纳税所得额的收入之间的差额－税法规定不征税或免税收入±其他需要调整的因素

当期所得税费用＝当期应纳税额＋递延所得税
　　　　　　　　＝当期应纳税额＋(递延所得税负债的增加－递延所得税资产的增加)

6. 个人所得税

由公司根据职工每月的工资薪金所得，按 7 级超额累进税率代扣代缴。

7. 不享受国家税收减免等优惠（略）

8. 报税程序

首先，在纳税期（每月 1～15 日）填写上月的纳税申请报表；其次，通过税务局网上报税系统，完成电子报税；最后，在 15 日后，到公司开户银行取得税款缴纳凭证。

(十)借款利息确认与计量

(1)借款利息按月计提，按季度与银行结算。为了便于与银行核对利息支付金额，利息计提的期间为上月的 22 日至本月的 21 日。

(2)满足资本化条件的借款利息计入有关资产的成本，不符合资本化条件的借款利息均计入当期财务费用。

(十一)利润分配的确认与计量

根据公司章程的规定，公司税后利润按以下顺序和规定分配：

(1)按税后利润的 10％提取法定盈余公积。

(2)税后利润扣除法定盈余公积后，按其出资比例在各投资者之间进行分配。

(3)将"利润分配"账户所属的其他明细账户的借方发生额转入"利润分配——未分配利润"账户的借方，至此，"利润分配——提取法定盈余公积""利润分配——应付利润"账户结平。"利润分配——未分配利润"账户的期末余额则为截至年底留待以后年度分配的利润或需要弥补的亏损。

第二章 模拟实训的流程及要求

第一节 实训目的

　　会计综合模拟实训是对学生会计职业能力的训练和培养。该实训课程通过向学生提供一套仿真的业务活动资料,使其在一个仿真的会计实务环境中,完成对企业某个会计期间经济业务活动的会计处理(包括手工会计处理和电算化会计处理)、纳税申报和财务分析工作。目的是使学生熟悉会计工作流程和相关的会计技术规范要求,掌握会计业务处理中基本的确认、计量、记录和列报的原则、方法,掌握增值税、企业所得税等基本税种的纳税申报方法,掌握基本的财务报表分析方法,在加深对财务会计学、成本会计学、税法、财务管理等所学理论知识正确理解的基础上,训练学生对所学理论知识的综合运用能力,培养学生分析和解决问题的能力,增强合作意识,树立团队精神,提高组织、协调和沟通的能力,使学生具备处理企业日常会计业务的能力和胜任会计职业的素质。

第二节 实训的程序和内容

　　会计综合模拟实训的教学内容按照上市工业企业的会计实务流程和内容进行设计,主要包括以下五项内容:

　　1. 了解模拟实训企业的背景资料。了解模拟实训企业的性质、规模和组织机构设置,以及主要的人员分工,了解企业的生产业务类型和流程,了解企业所选用的会计政策和会计估计,了解企业对外投资业务、客户和供应商信息,了解企业的账务处理程序和所要使用的会计科目,了解各账户的期初余额及累计发生额等资料信息。

　　2. 学生根据实训资料,通过手工方法完成对该公司12月份经济业务的会计处理,包括记账凭证的编制和复核、科目汇总、登记账簿、期末对账等工作。

　　3. 向学生提供用友会计软件操作平台,使其通过计算机软件,将其手工处理的会计资料实现电算化,完成期末财务报表(资产负债表、利润表、现金流量表)的编制。

　　4. 学生根据会计核算的结果,按照税法相关要求,准确填写有关纳税申报表,模拟完成纳税申报工作。

　　5. 学生根据管理层决策的需要,对相关财务指标进行计算、分析,编写出财务分析报告,指出经营管理中存在的问题,并提出相应的解决对策。

第三节　实训的步骤及操作要求

一、建立会计账册

（一）设置会计账簿

1. 总账

总账账户按照一级会计科目开设，总账形式采用"三栏式"订本式总账。

2. 明细分类账

对反映债权、债务、资本、投资类账簿，如交易性金融资产、应收账款、其他应收款、长期股权投资、无形资产、累计折旧、累计摊销、短期借款、应付账款、应付职工薪酬、应交税费（应交增值税明细账除外）、其他应付款、实收资本、资本公积、盈余公积和未分配利润，以及主营业务收入、其他业务收入、主营业务成本、其他业务成本、投资收益、公允价值变动损益、资产减值损失、营业外收入、营业外支出等只需反映其金额，账簿形式采用活页式、只有金额的三栏式账，又称甲式账。反映存货、固定资产类的账簿，如原材料、库存商品、发出商品、周转材料、固定资产等账簿，账簿形式采用活页式、数量金额式账簿，又称乙式账。反映成本、费用类的账簿，如生产成本、制造费用、管理费用、销售费用和财务费用以及应交增值税等账簿，账簿形式采用活页式、多栏式账簿。

明细分类账户和其相应的总账账户具有所属和统驭的关系，凡设置了总账账户的，必然至少设置一个明细分类账户；凡设置了明细分类账户的，肯定应设置相应的总账账户。明细分类账根据需要分设二级明细账户、三级明细账户，甚至四级明细账户。

3. 日记账

日记账包括现金日记账和银行存款日记账，账簿形式采用订本式账簿。

（二）启用会计账簿

1. 在账簿封面上写明单位名称和账簿名称。

2. 填写账簿扉页，即账簿启用表。

启用日期的填写：对旧账换新账的，启用日期应是启用年的1月1日。

账簿页数的填写：订本式账簿，应从第一页到最后一页顺序编定页码，不得跳页、缺号；活页式账簿，应按账户顺序编号，待装订成册后再按实际使用的账页顺序编定总页次，并另加目录记明每个账户的名称和页次。

签名盖章：签署会计人员、会计机构负责人、会计主管人员的姓名，加盖名章，并加盖单位公章。

3. 登记期初余额和本年累计发生额。

资产、负债和所有者权益类的账户，按照模拟实训资料中所给的期初余额，对应记录到各总账和明细账以及日记账账户的第一行，记录时摘要栏写"月初余额"。收入、费用等损益类账户，按照模拟实训资料中所给的本年1月至11月累计发生额，对应记录到各总账和明细账账户的第一行，记录时摘要栏写"承前页"。

二、对本年 12 月份经济业务活动进行会计处理

(一)审核原始凭证

学生对所提供的业务活动凭证资料进行复核,确定业务活动所涉及的原始凭证是否真实、合法,原始凭证上的项目填写是否准确、完整,文字和金额填写是否规范,印章是否齐全,审批手续是否完备。

(二)编制记账凭证

根据审核无误的原始凭证,按照模拟实训资料中确定的会计处理方法和会计处理程序,按要求编制记账凭证,并复核记账凭证。

记账凭证使用通用的记账凭证。在编制记账凭证时,应遵循以下规范要求:

1. 填写记账凭证编号

记账凭证的编号按照业务发生的先后顺序统一编号,不得跳号或重号。一个会计分录需要填在 2 张或 2 张以上的记账凭证上时,记账凭证编号是一个号,此时编号采用分数的方法来表示。例如,22 号凭证有 3 张记账凭证,3 张记账凭证的编号应分别为 $22\frac{1}{3}$、$22\frac{2}{3}$、$22\frac{3}{3}$。

2. 填写记账凭证日期

日期应根据原始凭证的日期来填写,即填写经济业务发生的日期。

3. 填写记账凭证的摘要

摘要是经济业务的简要说明,记账凭证摘要的填写应做到真实准确、简明扼要。

4. 填写记账凭证的总账科目、明细科目和借贷方向

在一张记账凭证上,应反映一项经济业务内容。对原始凭证所反映的业务活动内容和类型进行分析后,正确选择需要使用的会计科目和借贷方向。会计科目写全称,根据需要填写明细科目。由凭证上的会计科目形成的会计分录,应当先借后贷。

5. 填写记账凭证的金额

记账凭证的金额必须与原始凭证的金额相符。金额的数字填写至分位。合计行应填写合计金额,并在合计金额前填写人民币"￥"符号。

6. 记账凭证应按行次逐项填写,不得跳行或留有空行

对记账凭证金额栏最后留有的空行,用直斜线注销,画直斜线以金额栏最后一笔金额数字下的空行划到合计数行上面的空行。

7. 计算和填写所附原始凭证张数

附件数用阿拉伯数字记在记账凭证"附件＿＿张"栏内。附件张数按照所附原始凭证的自然张数计算。

8. 记账凭证的签名或盖章

记账凭证填写完成后,首先由记账凭证的填写人员签名或盖章,交由审核人员审核后签名或盖章,再交给会计主管人员签名或盖章,最后由记账人员审核记账后,在凭证上签名或盖章。

9. 记账凭证错误的更正

(1)记账凭证填写错误的更正:原始凭证正确,记账凭证填写错误。在尚未登记入账时,重

新填写一张正确的记账凭证;已经登记入账的,采用红字冲销法或补充登记法。如果记账凭证用错了会计科目,或借贷方向错误,或金额多记,则用红字冲销法更正。更正时,首先填写一张内容与错误凭证完全相同而金额是红字的记账凭证,在凭证的摘要栏填写"注销×月×日×号凭证"字样,并据以登记入账,更正原错账。如果记账凭证的填写错误仅仅是因为所记金额小于应记金额,则采用补充登记法更正。更正时,填写一张借贷方向和会计科目与原记账凭证相同、金额为正确金额与错误金额之间差额的蓝字记账凭证,并据以登记入账,补记少记金额。

(2)因原始凭证错误而引起的记账凭证错误的更正。记账凭证错误是由原始凭证错误引起的,尚未登记入账时,应责成经办人员将错误的原始凭证退回,重新获取正确的原始凭证,以此作为填写记账凭证的依据;已经登记入账的,不得抽出原始凭证,应责成经办人员另外补填原始凭证,根据补填的正确的原始凭证,采用红字更正法或补充登记法进行更正。

(三)登记账簿

根据审核无误的会计凭证,按照模拟实训资料中确定的会计处理方法和会计处理程序,登记账簿。登记账簿时应遵循以下规范要求:

1. 及时登记会计账簿。总账根据月末编制的科目汇总表进行登记,明细账应及时登记。现金日记账和银行存款日记账,应在记账凭证编制的当日按凭证序号顺序登记,本日终了,结出余额。

2. 登记会计账簿时,应当将会计凭证日期、编号、业务内容摘要、金额和其他有关资料逐项记入账内,做到数字准确、摘要清楚、字迹工整。账簿登记完毕后,当即在记账凭证的"过账符号"栏画"√",表示该科目已登记账簿,并在记账凭证上"记账人员"栏内加盖记账人员名章,以示负责。账簿每一页第一笔业务的年月应在年月栏中填写,只要不跨月份,以后本页再登记时,一律不再填月份,只填日期。一张账页跨月登记时,应在上月的月结线下的月份栏内填写新的月份。

3. 账簿的书写要求。账簿按页次顺序连续登记,不得跳行、隔页。如果发现跳行、隔页,应将空行、空页画线注销,或者注明"此行空白""此页空白"字样,并由记账人员签名或盖章。账簿中书写的文字、数字,不要写满格,要留有适当空格,一般应占格距的1/2。

4. 转页。一张账页记满(预留最后一行)需要在下页继续登记时,应当结出本页合计数及余额,写在本页最后一行和下页第一行有关栏内,并在摘要栏内注明"过次页"和"承前页"字样;也可以将本页合计数及余额写在下页第一行有关栏内,并在摘要栏内注明"承前页"字样。

对于转页借贷方发生额的累计数,应分别不同情况加计。

(1)对需要结计本月发生额的账户,结计"过次页"的本页合计数应当为自本月初起至本页末止的发生额合计数。

(2)对需要结计本年累计发生额的账户,结计"过次页"的本页合计数应当为自年初起至本页末止的累计数。

(3)对既不需要结计本月发生额也不需要结计本年累计发生额的账户,可以只将页末的余额结转次页。

5. 凡在结账前需要结出余额的账户,应当在标明余额方向的"借或贷"栏内写明余额的方向"借"或"贷",若余额为零,则写"平"字,并在金额栏内以"—0—"表示。

6. 账簿登记错误的更正。

(1)记账凭证正确,账簿登记错误的更正方法。记账凭证无误,账簿记录有误,应采用画线更正法。更正时,将错误的文字或数字画红线注销,但必须使原有字迹可以辨认,然后在画线上方填写正确的文字或者数字,并由记账人员在更正处盖章。对于错误的数字应当全部画红线更正,对于文字错误可只画去错误的部分。

(2)记账凭证有误,导致账簿记录错误的更正方法。账簿登记错误是因记账凭证错误引起的,应采用红字冲销法或补充登记法,首先更正错误的记账凭证,然后根据更正的记账凭证登记账簿。具体方法见"记账凭证错误的更正"。

(四)对账

月末进行对账工作。

1. 账证核对。核对会计账簿记录与原始凭证、记账凭证的时间、凭证号、内容、金额是否一致,记账方向是否相符。

2. 账账核对。核对各会计账簿之间的记录是否相符,包括:总账各账户本期借方发生额和贷方发生额与所属明细账账户本期借方发生额合计数和贷方发生额合计数是否相等;总账各账户期末余额与所属明细账账户余额合计是否相等;现金日记账、银行存款日记账期末余额与总账现金账户、银行存款账户期末余额是否相等;会计部门财产物资明细账与财产物资保管、使用部门有关明细账记录是否相符。

3. 账实核对。核对财产物资的账面余额与实存数是否相符,包括:现金日记账账面余额与现金实际库存数相核对;银行存款日记账账面余额与银行对账单相核对;各种财产物资明细账账面余额与财产物资实存数相核对;各种应收、应付款明细账账面余额与有关债权债务单位或个人相核对。

(五)结账

结账是将本期内发生的经济业务登记入账,并将各账簿结算清楚,以便编制财务报表。结账时,应遵循以下程序和要求:

1. 结账前,必须将本期内所发生的各项经济业务全部登记入账。

2. 结账时,应当结出每个账户的期末余额。需要结出当月发生额的,应当在摘要栏内注明"本月合计"字样,并在下面通栏画单红线。需要结出本年累计发生额的,应当在摘要栏内注明"本年累计"字样,并在下面通栏画单红线;12月末的"本年累计"就是全年累计发生额,全年累计发生额下面通栏画双红线。

3. 年度终了结账时,所有总账账户都应结出全年发生额和年末余额。

4. 年度终了,要把各账户的余额结转到下一会计年度,并在摘要栏注明"结转下年"字样;在下一年度新建有关会计账簿的第一行余额栏内填写上年结转的金额,并在摘要栏注明"上年结转"字样。

(六)编制财务报表

根据账簿记录和提供的2015年1～11月相关会计资料,编制2015年12月和2015年度的财务报表,包括资产负债表、利润表和现金流量表。

1. 资产负债表的编制

资产负债表是反映企业在某一特定日期财务状况的会计报表。

"期末金额"栏各项目按以下方法填列:

(1)资产类

"货币资金"项目:库存现金、银行存款、其他货币资金的总账期末余额合计数。

"交易性金融资产"项目:交易性金融资产的总账期末余额。

"应收票据"项目:应收票据总账期末余额。

"应收账款"项目:应收账款和预收账款各明细科目借方余额合计数—坏账准备。

"预付款项"项目:预付账款和应付账款各明细科目借方余额合计数—坏账准备。

"应收利息"项目:应收利息总账期末余额。

"应收股利"项目:应收股利总账期末余额。

"其他应收款"项目:其他应收款总账期末余额—坏账准备。

"存货"项目:在途物资、原材料、周转材料、委托加工物资、生产成本、库存商品、发出商品的总账期末余额合计—存货跌价准备。

"1年内到期的非流动资产"项目:持有至到期投资、长期应收款、长期待摊费用中将于1年内到期部分余额合计数。

"其他流动资产"项目:除上述项目以外的流动资产。

"可供出售金融资产"项目:可供出售金融资产的总账期末余额。

"持有至到期投资"项目:持有至到期投资总账期末余额—将于1年内到期的持有至到期投资期末余额—持有至到期投资减值准备。

"长期应收款"项目:长期应收款总账期末余额—将于1年内到期的长期应收款期末余额—坏账准备—未确认融资收益期末余额。

"长期股权投资"项目:长期股权投资总账期末余额—长期股权投资减值准备。

"投资性房地产"项目:投资性房地产总账期末余额—投资性房地产累计折旧(摊销)—投资性房地产减值准备。

"固定资产"项目:固定资产总账期末余额—累计折旧—固定资产减值准备。

"在建工程"项目:在建工程总账期末余额—在建工程减值准备。

"工程物资"项目:工程物资总账期末余额—工程物资减值准备。

"固定资产清理"项目:固定资产清理总账期末借方余额,若贷方余额记为负数。

"无形资产"项目:无形资产总账期末余额—累计摊销—无形资产减值准备。

"开发支出"项目:研发支出——资本化支出的明细科目期末余额。

"长期待摊费用"项目:长期待摊费用总账期末余额—将于1年内摊销的长期待摊费用。

"递延所得税资产"项目:递延所得税资产总账期末余额。

"其他非流动资产"项目:反映除上述项目以外的其他长期资产。

(2)负债类

"短期借款"项目:短期借款总账期末余额。

"交易性金融负债"项目:交易性金融负债总账期末余额。

"应付票据"项目:应付票据总账期末余额。

"应付账款"项目:应付账款和预付账款各明细科目期末贷方余额合计数。

"预收款项"项目:预收账款和应收账款各明细科目期末贷方余额合计数。

"应付职工薪酬"项目:应付职工薪酬总账期末贷方余额。

"应付利息"项目:应付利息总账期末余额。

"应付股利"项目:应付股利总账期末余额。

"其他应付款"项目:其他应付款总账期末余额。

"1年内到期的非流动负债"项目:长期借款、应付债券、长期应付款将于1年内到期部分余额合计数。

"其他流动负债"项目:反映除上述项目以外的其他流动负债。

"长期借款"项目:长期借款总账期末余额－将于1年内到期的长期借款部分。

"应付债券"项目:应付债券总账期末余额－将于1年内到期的应付债券部分。

"长期应付款"项目:长期应付款总账期末余额－将于1年内到期的长期应付款部分－未确认融资费用期末余额。

"专项应付款"项目:专项应付款总账期末余额。

"预计负债"项目:预计负债总账期末余额。

"递延所得税负债"项目:递延所得税负债总账期末余额。

"其他非流动负债"项目:反映除上述项目以外的其他长期负债。

(3)所有者权益类

"实收资本(或股本)"项目:实收资本(或股本)总账期末余额。

"资本公积"项目:资本公积总账期末余额。

"盈余公积"项目:盈余公积总账期末余额。

"未分配利润"项目:利润分配——未分配利润明细科目期末余额。

2.利润表的编制

利润表是反映企业在一定期间经营成果的会计报表。

"本期金额"栏各项目按以下方法填列:

"营业收入"项目:主营业务收入和其他业务收入本期发生额合计。

"营业成本"项目:主营业务成本和其他业务成本本期发生额合计。

"营业税金及附加"项目:营业税金及附加本期发生额。

"销售费用"项目:销售费用本期发生额。

"管理费用"项目:管理费用本期发生额。

"财务费用"项目:财务费用本期发生额。若为贷方,用负数表示。

"资产减值损失"项目:资产减值损失本期发生额。若为贷方,用负数表示。

"公允价值变动损益"项目:公允价值变动收益本期发生额。若为损失,用负数表示。

"投资收益"项目:投资收益本期发生额。若为损失,用负数表示。

"营业利润"项目:营业利润＝营业收入－营业成本－营业税金及附加－管理费用－销售费用－财务费用－资产减值损失＋公允价值变动收益＋投资收益。

"营业外收入"项目:营业外收入本期发生额。

"营业外支出"项目:营业外支出本期发生额。

"利润总额"项目:利润总额＝营业利润＋营业外收入－营业外支出。

"所得税费用"项目:所得税费用本期发生额。

"净利润"项目:净利润＝利润总额－所得税费用。

"其他综合收益"项目:反映企业根据会计准则规定未在当期损益中确认而直接计入所有者权益的各项利得和损失。

"综合收益总额"项目:反映企业净利润与其他综合收益的合计金额。

3. 现金流量表的编制

现金流量表是反映企业一定会计期间现金和现金等价物流入和流出的会计报表。

(1)现金流量表主表各项目按以下方法填列:

①经营活动产生的现金流量:

"销售商品、提供劳务收到的现金"项目:销售商品、提供劳务收到的现金=营业收入+增值税的销项税额+(应收票据年初余额-应收票据年末余额)+(应收账款年初余额-应收账款年末余额)+(预收账款年末余额-预收账款年初余额)-当期计提的坏账准备±特殊调整项目。

"收到的税费返还"项目:根据"营业税金及附加""营业外收入""银行存款"等科目分析填列。

"收到的其他与经营活动有关的现金"项目:反映企业除上述项目外收到的其他与经营活动有关的现金,如罚款收入、经营租赁固定资产收到的现金、投资性房地产收到的租金收入、流动资产损失中由个人赔偿的现金收入、除税费返还外的其他政府补助收入等。本项目根据"营业外收入""管理费用""其他业务收入""库存现金""银行存款""其他应收款"等账户的记录分析填列。

"购买商品、接受劳务支付的现金"项目:购买商品、接受劳务支付的现金=营业成本+增值税的进项税额+(存货年末余额-存货年初余额)+(应付账款年初余额-应付账款年末余额)+(应付票据年初余额-应付票据年末余额)+(预付账款年末余额-预付账款年初余额)-当期列入生产成本、制造费用的职工薪酬-当期列入生产成本、制造费用的折旧费±特殊调整项目。

"支付给职工以及为职工支付的现金"项目:支付给职工以及为职工支付的现金=应付职工薪酬年初余额+本期生产成本、制造费用、管理费用、销售费用中职工薪酬-应付职工薪酬期末余额-(应付职工薪酬在建工程年初余额-应付职工薪酬在建工程年末余额)。

"支付的各项税费"项目:支付的各项税费=营业税金及附加+计入管理费用中的税金+已缴纳的增值税+所得税费用+(递延所得税负债增加额-递延所得税资产增加额)+应交税费(应交增值税以外)减少额。

"支付其他与经营活动有关的现金"项目:反映企业除上述项目外所支付的其他与经营活动有关的现金,如罚款支出、现金捐赠支出、差旅费、业务招待费、保险费支出、支付的离退休人员的各项费用、经营租赁支付的现金等。本项目根据"管理费用""销售费用""营业外支出"等账户的记录分析填列。

②投资活动产生的现金流量:

"收回投资收到的现金"项目:反映企业出售、转让或到期收回除现金等价物外的对其他企业的交易性金融资产、长期股权投资收到的现金。本项目根据"交易性金融资产""长期股权投资"等账户的记录分析填列。

"取得投资收益收到的现金"项目:反映企业因持有股权性投资而分得的现金股利或利润所收到的现金以及持有债权性投资取得的现金利息收入。本项目可以根据"应收股利""应收利息""投资收益""库存现金""银行存款"等账户的记录分析填列。

"处置固定资产、无形资产和其他长期资产而收到的现金净额"项目:反映企业处置固定资产、无形资产和其他长期资产所取得的现金,减去为处置这些资产而支付的有关费用后的净额。本项目可以根据"固定资产""固定资产清理""无形资产""银行存款""库存现金"等科目的记录分析填列。

"处置子公司及其他营业单位收到的现金净额"项目:反映企业处置子公司及其他营业单位所取得的现金,减去相关处置费用以及子公司及其他营业单位持有的现金和现金等价物后的净额。本项目可以根据"长期股权投资""银行存款""库存现金"等账户的记录分析填列。

"收到的其他与投资活动有关的现金"项目:反映除上述项目外收到的其他与投资活动有关的现金流入。本项目应根据"库存现金""银行存款"和其他有关账户的记录分析填列。

"购建固定资产、无形资产和其他长期资产支付的现金"项目:反映企业购买、建造固定资产、取得无形资产和其他长期资产所支付的现金(含增值税税款等)以及用现金支付的应由在建工程和无形资产负担的职工薪酬。为购建固定资产、无形资产而发生的借款利息资本化部分,在筹资活动产生的现金流量"分配股利、利润和偿付利息支付的现金"中反映。本项目根据"固定资产""在建工程""工程物资""无形资产""库存现金""银行存款"等账户的记录分析填列。

"投资支付的现金"项目:反映企业取得除现金等价物外的对其他企业的权益工具、债务工具和合营中的权益投资所支付的现金,包括除现金等价物外的交易性金融资产、长期股权投资以及支付的佣金、手续费等交易费用。企业购买股票时实际支付的价款中包含的已宣告而尚未领取的现金股利以及购买债券时支付的价款中包含的已到期尚未领取的债券利息,应在"支付的其他与投资活动有关的现金"项目中反映。取得子公司及其他营业单位支付的现金净额,应在"取得子公司及其他营业单位支付的现金净额"项目中反映。本项目根据"交易性金融资产""长期股权投资"等账户的记录分析填列。

"取得子公司及其他营业单位支付的现金净额"项目:反映企业购买子公司及其他营业单位购买出价中以现金支付的部分,减去子公司及其他营业单位持有的现金和现金等价物后的净额。本项目根据"长期股权投资""库存现金""银行存款"等账户的记录分析填列。

"支付的其他与投资活动有关的现金"项目:反映除上述项目外支付的其他与投资活动有关的现金流出。本项目根据"应收股利""应收利息""库存现金""银行存款"和其他有关账户的记录分析填列。

③筹资活动产生的现金流量:

"吸收投资收到的现金"项目:反映企业收到投资者投入的现金,包括企业发行股票、债券以及吸收投资人投资等方式筹集资金实际收到的款项净额(即发行收入减去支付的佣金、手续费后的净额)。本项目根据"实收资本(或股本)""资本公积""应付债券""库存现金""银行存款"等账户的记录分析填列。

"取得借款收到的现金"项目:反映企业举借各种短期、长期借款而收到的现金。本项目根据"短期借款""长期借款""库存现金""银行存款"等账户的记录分析填列。

"收到的其他与筹资活动有关的现金"项目:反映企业除上述项目外收到的其他与筹资活

动有关的现金。本项目根据有关账户的记录分析填列。

"偿还债务支付的现金"项目:反映企业偿还债务本金所支付的现金,包括偿还金融企业的借款本金、偿还债券本金等。企业支付的借款利息和债券利息在"分配股利、利润和偿付利息支付的现金"项目反映,不包括在本项目内。本项目根据"短期借款""长期借款""应付债券"等账户的记录分析填列。

"分配股利、利润和偿付利息支付的现金"项目:反映企业实际支付的现金股利、支付给其他投资单位的利润或用现金支付的借款利息、债券利息等。本项目根据"应付股利""应付利息""在建工程""制造费用""研发支出""财务费用"等账户的记录分析填列。

"支付的其他与筹资活动有关的现金"项目:反映企业除上述项目外支付的其他与筹资活动有关的现金。

"现金及现金等价物的净增加额"项目:是将本表中"经营活动产生的现金流量净额""投资活动产生的现金流量净额""筹资活动产生的现金流量净额"和"汇率变动对现金的影响"四个项目相加得出的。

期末现金及现金等价物余额的填列:本项目是将计算出来的现金及现金等价物净增加额加上期初现金及现金等价物金额求得的。它应该与企业期末的全部货币资金与现金等价物的合计余额相等。

(2)现金流量表补充资料表各项目按以下方法填列:

"净利润"项目:根据利润表中"净利润"项目填列。

"资产减值准备"项目:根据"资产减值损失"账户的记录分析填列。

"固定资产折旧"项目:根据"累计折旧"账户的贷方发生额分析填列。

"无形资产摊销"项目:根据"累计摊销"账户的贷方发生额分析填列。

"长期待摊费用摊销"项目:根据"长期待摊费用"账户的贷方发生额分析填列。

"处置固定资产、无形资产和其他长期资产损失"项目:根据"营业外收入""营业外支出"等账户所属明细账分析填列。

"固定资产报废损失"项目:根据"营业外收入""营业外支出"等账户所属明细账分析填列。

"公允价值变动损失"项目:根据利润表中"公允价值变动损益"项目填列。

"财务费用"项目:根据利润表中"财务费用"项目填列。

"投资损失"项目:根据利润表中"投资收益"项目填列。

"递延所得税资产减少"项目:根据"递延所得税资产"账户分析填列。

"递延所得税负债增加"项目:根据"递延所得税负债"账户分析填列。

"存货的减少"项目:根据资产负债表"存货"项目期初与期末数之间的差额填列。

"经营性应收项目的减少"项目:根据资产负债表中应收账款、应收票据、预付账款、其他应收款等项目的期初与期末数之间的差额填列。

"经营性应付项目的增加"项目:资产负债表中应付账款、应付票据、预收账款、应付职工薪酬、应交税费、其他应付款等项目期初与期末数之间的差额填列。

不涉及现金收支的重大投资和筹资活动:该项目反映企业一定期间内影响资产和负债但不形成现金收支的所有投资和筹资活动的信息。

现金及现金等价物净变动情况:根据比较资产负债表中货币资金项目的期末数和期初数,以及交易性金融资产中三个月到期债券的期末数和期初数填列。

三、对经济业务活动进行电算化会计处理

实训准备:安装用友 ERP-U8.72 系统

职责分工:

1. 系统管理员 admin 负责系统注册、设置用户、建立账套和设置用户权限的操作。

2. 账套主管 101 张伟负责总账管理系统初始设置、期初余额录入和编制财务报表的操作。

3. 102 张瑞英负责审核凭证、记账。

4. 103 王强负责编制材料(包括外购半成品)采购、领用、清查等业务的记账凭证,编制债权债务的记账凭证。

5. 104 李红负责编制费用发生、分配、结转等业务的记账凭证,编制职工薪酬业务的记账凭证。

6. 105 赵龙负责编制销售业务的记账凭证,编制各项应交税费的记账凭证,通过自定义转账结转各损益类账户至"本年利润"账户,将净利润结转至"利润分配——未分配利润"账户,并进行利润分配。

7. 106 杨杰负责编制与货币资金收付业务有关的记账凭证,编制与固定资产购建、折旧、清理等业务有关的记账凭证,进行出纳签字的操作。

(一)系统管理

1. 账套信息

(1)账套信息

账套号:888;账套名称:祥瑞公司;启用会计期间:2015 年 12 月;单位名称:祥瑞制造有限责任公司。

(2)核算类型

企业记账本位币:人民币;企业类型:工业;行业性质:2007 年新会计制度科目;账套主管:张伟;按行业性质预置科目。

(3)基础信息

存货、客户、供应商不分类,无外币核算。

(4)编码方案

科目编码:4222;部门编码:22,其他采用系统默认;数据精度:2,其他采用系统默认。

2. 用户及其权限

编号	姓名	所属部门	系统权限
101	张伟	财务会计部	账套的全部权限
102	张瑞英	财务会计部	公共单据、公用目录设置、总账
103	王强	财务会计部	公共单据、公用目录设置、总账(除凭证审核、记账的权限)
104	李红	财务会计部	公共单据、公用目录设置、总账(除凭证审核、记账的权限)

编号	姓名	所属部门	系统权限
105	赵龙	财务会计部	公共单据、公用目录设置、总账(除凭证审核、记账的权限)
106	杨杰	财务会计部	公共单据、公用目录设置、总账系统(凭证、出纳的所有权限)

3. 系统启用

启用总账管理,启用日期为 2015 年 12 月 1 日。

4. 基础档案

(1)部门档案

部门编码	部门名称	部门编码	部门名称
01	经理办公室	07	采购部
02	行政办公室	08	仓库
03	车队	09	销售部
04	财务会计部	10	机加工车间
05	人力资源部	11	装配车间
06	质量检验部	12	机修车间

(2)人员类别

本公司在职人员分为 3 类:

分类编码	分类名称
1001	管理人员
1002	业务人员
1003	生产人员

(3)人员档案

人员编号	人员姓名	性别	行政部门	人员类别	是否业务员	是否操作员	对应操作员编码
025	王健	男	采购部	管理人员	是		

(4)客户档案

客户编码	客户简称
01	南海市机床经销公司
02	福海贸易公司
03	泰安起重机厂
04	北方机电公司

续表

客户编码	客户简称
05	汉北有限公司
06	泰山公司
07	远航公司

（5）供应商档案

供应商编码	供应商简称
01	淮北钢铁厂
02	新伟钢铁厂
03	长峰钢厂
04	新华标准件厂
05	创新电子设备厂
06	新阳轴承厂

（二）总账管理系统的初始设置

1. 总账管理系统参数

制单序时控制；可以使用应收、应付、存货受控科目；取消"现金流量科目必录现金流量项目"选项；出纳凭证必须由出纳签字；不允许修改、作废他人填制的凭证；数量小数位和单价小数位设置为 2 位；部门、个人、项目按编码方式排序。

2. 期初余额表

应收票据期初余额

日　期	客户名称	摘　要	方　向	金　额
2015.11.30	北方机电公司	销售商品	借	760 000.00
2015.11.30	汉北有限公司	销售商品	借	632 400.00

应收账款期初余额

日　期	客户名称	摘　要	方　向	金　额
2015.11.30	南海市机床经销公司	销售商品	借	600 000.00
2015.11.30	福海贸易公司	销售商品	借	910 000.00
2015.11.30	泰安起重机厂	销售商品	借	100 000.00

坏账准备期初余额

日　期	客户名称	摘　要	方　向	金　额
2015.11.30	福海贸易公司	坏账准备	贷	232 000.00

续表

日 期	客户名称	摘 要	方 向	金 额
2015.11.30	南海市机床经销公司	坏账准备	贷	30 000.00
2015.11.30	泰安起重机厂	坏账准备	贷	5 000.00

应付账款期初余额

日 期	客户名称	摘 要	方 向	金 额
2015.11.30	新伟钢铁厂	购货款	贷	680 000.00
2015.11.30	长峰钢厂	购货款	贷	1 179 700.00
2015.11.30	新华标准件厂	购货款	贷	34 200.00
2015.11.30	创新电子设备厂	购货款	贷	98 000.00
2015.11.30	新阳轴承件厂	购货款	借	20 000.00

生产成本期初余额

科目名称	直接材料	直接人工	制造费用	合 计
A 型数控机床	149 600.00	11 400.00	24 000.00	185 000.00
B 型数控机床	78 000.00	4 050.00	7 950.00	90 000.00

3. 凭证类别

记账凭证。

4. 项目目录

项目目录

项目大类名称	生产成本			
项目分类	1	无分类		
核算科目	500101	A 型数控机床		
	500102	B 型数控机床		
	500103	辅助生产费用		
项目目录	编号	项目名称	是否结算	所属分类码
	001	直接材料	否	无分类
	002	直接人工	否	无分类
	003	制造费用	否	无分类

（三）实训步骤

1. 系统管理和基础设置

（1）系统注册

①执行【开始】/【程序】/【用友 ERP-U872】/【系统服务】/【系统管理】命令，进入"系统管理"窗口。

②执行【系统】/【注册】命令,打开"登录"系统管理对话框,系统管理员密码为空,选择系统默认账套(default),单击【确定】按钮后,以系统管理员的身份登录,进入系统管理。

(2)设置用户

①执行【权限】/【用户】命令,进入"用户管理"窗口。

②单击【增加】按钮,打开"增加用户"对话框,单击工具栏上的【增加】按钮,根据实训资料录入用户的编号、姓名、口令、认证方式、所属部门等内容,单击【增加】按钮即可完成对用户的增加。通过单击工具栏上的【修改】或【删除】按钮,可以对用户进行修改与删除。

(3)建立账套

①以系统管理员 admin 注册系统管理,执行【账套】/【建立】命令,打开"创建账套"对话框。

②根据实训资料,按系统提示录入账套信息、单位信息、核算类型、基础信息。

③单击"完成"按钮,系统提示"可以创建账套了么?"单击【是】按钮,系统打开"编码方案"对话框,开始创建账套。

④根据实训资料设置编码方案,确定后单击【取消】按钮。

⑤根据实训资料确定数据精度。

⑥系统弹出"创建账套"系统提示对话框,单击【否】按钮,结束建账过程。

(4)设置用户权限

①在"系统管理"窗口,执行【权限】/【权限】命令,打开"操作员权限"对话框。根据实训资料给各用户指定权限。

②选择"888 祥瑞公司"账套,2015 年度。从操作员列表中选择"101 张伟",选中"账套主管"复选框,确定张伟具有账套主管权限。

③从操作员列表中选择"102 张瑞英",选择"888"账套,单击【修改】按钮,在权限前单击打"√"表示具有该权限,单击【保存】按钮。同理,设置其他操作员的权限。

(5)系统启用

①执行【开始】/【程序】/【用友 ERP-U872】/【企业应用平台】命令,打开"登录"对话框。

②录入操作员"101";账套"888 祥瑞公司";操作日期 2015-12-01,进入"企业应用平台"窗口。

③单击【基础设置】/【基本信息】/【系统启用】选项,打开"系统启用"对话框,根据实训资料的要求启用总账系统。

(6)设置基础档案

①在企业应用平台中,单击【基础设置】/【基础档案】选项,进入基础档案信息设置界面。

②根据实训资料"4.基础档案",依次录入部门档案、人员类别、人员档案、客户档案、供应商档案的基础档案信息。

2. 总账管理系统初始设置

(1)设置总账系统参数

①以账套主管"101 张伟"身份注册进入企业应用平台,登录日期为 2015-12-01,在企业应用平台的"业务工作"选项卡中,执行【财务会计】/【总账】/【设置】/【选项】命令,打开"选项"对话框。

②单击【编辑】按钮,分别打开"凭证""账簿""权限""会计日历""其他"选项卡,根据实训

资料对参数进行相应的设置或调整。

（2）建立会计科目

①在企业应用平台的"基础设置"选项卡中，执行【基础档案】/【财务】/【会计科目】命令，进入"会计科目"窗口。

②单击【增加】按钮，根据实训资料录入需要增加的会计科目信息，录入完毕返回"会计科目"窗口。

③选中需修改的科目，单击【修改】按钮，根据实训资料的要求修改科目信息，完成后退出。

④执行【编辑】/【指定科目】命令，选中"1001 库存现金"为现金总账科目，"1002 银行存款"为银行总账科目，"1001 库存现金""100201 工商银行""100202 中国银行"为现金流量科目，确定后返回"会计科目"窗口。

（3）设置凭证类别

①在企业应用平台的"基础设置"选项卡中，执行【基础档案】/【财务】/【凭证类别】命令，打开"凭证类别预置"对话框。

②选择"记账凭证"单选钮，确定后进入"凭证类别"窗口，退出即可。

（4）设置项目目录

①在企业应用平台的"基础设置"选项卡中，执行【基础档案】/【财务】/【项目目录】命令，打开"项目档案"对话框。

②单击【增加】按钮，打开"项目大类定义——增加"对话框，录入项目大类名称"生产成本"，完成后返回"项目档案"对话框。

③打开"核算科目"选项卡，选择项目大类"生产成本"，根据实训资料将 500101、500102、500103 科目选为核算科目，单击【确定】按钮。

④打开"项目分类定义"选项卡，单击【增加】按钮，根据实训资料录入项目分类。

⑤打开"项目目录"选项卡，单击【维护】按钮，进入"项目目录维护"窗口，根据实训资料增加项目名称。

（5）录入期初余额

①在总账系统中，执行【设置】/【期初余额】命令，进入"期初余额录入"窗口。

②根据实训资料的要求直接录入库存现金、工行存款、交行存款、坏账准备、生产用原材料、库存商品、固定资产、累计折旧、实收资本等科目的期初余额。

③双击应收账款，进入"辅助期初余额"窗口，单击【往来明细】按钮，进入"期初往来明细"窗口，根据实训资料录入"应收票据"辅助账明细科目的期初余额，单击【汇总】按钮，系统弹出"完成了往来明细到辅助期初表的汇总"对话框，单击【确定】按钮。采用同样方法录入应收账款（客户往来）、预付账款（供应商往来）、坏账准备（客户往来）、应付账款（供应商往来）的辅助账的期初余额和辅助账明细科目的期初余额。

④根据实训资料"7.期初余额"录入"A 型数控机床"和"B 型数控机床"（项目核算）辅助账的期初余额，录入后返回。

⑤单击【试算】按钮，查看余额平衡情况，正确录入余额后借贷合计均为 12 688 383.98，表明试算平衡。如不平衡，继续调整，直到平衡为止。

⑥单击【对账】按钮，核对总账上下级、总账与辅助账、辅助账与明细账的期初余额是否一致，一致打上"Y"标记。

⑦退出"期初余额录入"窗口。

3．总账管理系统日常处理

（1）填制凭证

按照实训要求，以对应操作员的身份进入企业应用平台，再进入总账管理系统，执行【凭证】/【填制凭证】命令，进入"填制凭证"窗口，单击【增加】按钮，出现空白凭证，根据实训资料所给的经济业务内容填制凭证。

（2）出纳签字

以"106 杨杰"的身份进入企业应用平台，再进入总账管理系统，执行【凭证】/【出纳签字】命令，进入"出纳签字"窗口，进行出纳签字。

（3）审核凭证

以"102 张瑞英"的身份进入企业应用平台，再进入总账管理系统，执行【凭证】/【审核凭证】命令，进入"审核凭证"窗口，进行凭证审核。

（4）记账

以"102 张瑞英"的身份进入企业应用平台，再进入总账管理系统，执行【凭证】/【记账】命令，进入"记账"窗口，按照系统提示，进行记账操作。

4．报表管理系统

（1）以"101 张伟"的身份注册进入企业应用平台，登录日期为 2015－12－31，再进入报表管理系统。

（2）利用报表模板生成资产负债表、利润表和现金流量表。调整报表模板，在格式状态下，修改下列公式：

资产负债表：

C14＝QC("1123",全年,,,年,,)＋QC("2202",月,"借",,,"",,,,,)

C15＝…＋ QC("5001",月,,,,,,,,,)

D15＝…＋QM("5001",月,,,,,,,,,)

G10＝ QC("2202",全年,,,年,,)＋QC("2202",月,"借",,,"",,,,,)

H37＝…＋QM("4103",月,,,,,,,,,)

利润表：

C10＝fs（6603,月,"借",,年）－TFS（"6603",月,贷,"支付长峰钢厂钢板款",
"＝",,,,,,,）

C11＝fs（6701,月,"借",,年）－TFS（"6701",月,贷,"与福海贸易公司债务重组",
"＝",,,,,,,）

现金流量表：

C10＝XJLL（,,"流出","04",,,,月,,,,,,）－TFS（"6603",月,借,"办理一张银行汇票","＝",,,,,,,,）

C36＝TFS（"100201",月,贷,"办理一张银行汇票","＝",,,,,,,）－TFS（"101201",月,借,"办理一张银行汇票","＝",,,,,,,）

四、填写纳税申报表

(一)纳税申报要求

根据《税收征管法》第二十五条的规定,纳税人必须依照法律、行政法规规定或者税务机关依照法律、行政法规的规定确定的申报期限、申报内容如实办理纳税申报,报送纳税申报表、财务会计报表以及税务机关根据实际需要要求纳税人报送的其他纳税资料,如税控装置的电子报税资料、与纳税有关的合同、协议书及凭证等。因此,纳税申报是纳税人的法定义务。

实训资料中的祥瑞制造有限责任公司的经营活动包括机床的生产加工、销售以及货物运输。按税法规定,其作为纳税人,应依法缴纳增值税、企业所得税、城市维护建设税、教育费附加和印花税等;作为扣缴义务人,应依法代扣代缴个人所得税。税种不同,纳税申报的时限、内容也不同,以下分别就这些税种所涉及的纳税申报时间、申报表的填报要求和方法进行说明。

(二)增值税的纳税申报

该企业作为增值税一般纳税人,纳税期限为 1 个月,按照规定应于次月 1~15 日内进行纳税申报。

企业在纳税申报时,需要报送《增值税纳税申报表(一般纳税人适用)》和符合抵扣条件且在本期申报抵扣的防伪税控"增值税专用发票"、"货物运输业增值税专用发票"和普通发票的存根联等资料。

《增值税纳税申报表(一般纳税人适用)》填写说明:

1. 表首项目的填写

"税款所属时间":纳税人申报的增值税应纳税额的所属时间,应填写具体的起止年、月、日。

"填表日期":纳税人填写本表的具体日期。

"纳税人识别号":填写纳税人的税务登记证号码。

"所属行业":按照国民经济行业分类与代码中的小类行业填写。祥瑞制造有限责任公司所属行业为:其他金属加工机制造,代码:3529。

"纳税人名称":填写纳税人单位名称全称。

"法定代表人姓名":填写纳税人法定代表人的姓名。

"注册地址":填写纳税人税务登记证所注明的详细地址。按实训资料中所给企业地址填写。

"生产经营地址":填写纳税人实际生产经营地的详细地址。按实训资料中所给企业地址填写。

"开户银行及账号":填写纳税人开户银行的名称和纳税人在该银行的结算账户号码。按实训资料中所给企业基本存款账户信息填写。

"登记注册类型":填写纳税人的公司性质。按实训资料中所给企业类型填写。

"电话号码":填写纳税人的常用电话号码。按实训资料中所给企业的电话号码填写。

"即征即退货物、劳务和应税服务":填写纳税人按规定享受增值税即征即退政策的货物、劳务和应税服务的征(退)税数据。

"一般货物、劳务和应税服务"：填写除享受增值税即征即退政策以外的货物、劳务和应税服务的征(免)税数据。

2. 表内各项目的填写

该企业不享受增值税即征即退政策,所以增值税的征(免)税数据填写"一般货物、劳务和应税服务"一栏。

"按适用税率计税销售额"：填写纳税人本期按一般计税方法计算缴纳增值税的销售额,包含：在财务上不作销售但按税法规定应缴纳增值税的视同销售和价外费用的销售额；外贸企业作价销售进料加工复出口货物的销售额；税务、财政、审计部门检查后按一般计税方法计算调整的销售额。

"其中：应税货物销售额"：填写纳税人本期按适用税率计算增值税的应税货物的销售额,包含在财务上不作销售但按税法规定应缴纳增值税的视同销售货物和价外费用销售额,以及外贸企业作价销售进料加工复出口货物的销售额。

"应税劳务销售额"：填写纳税人本期按适用税率计算增值税的应税劳务的销售额。

"纳税检查调整的销售额"：填写纳税人因税务、财政、审计部门检查并按一般计税方法在本期计算调整的销售额。

"按简易办法计税销售额"：填写纳税人本期按简易计税方法计算增值税的销售额,包含纳税检查调整按简易计税方法计算增值税的销售额。

"其中：纳税检查调整的销售额"：填写纳税人因税务、财政、审计部门检查并按简易计税方法在本期计算调整的销售额。

"免、抵、退办法出口销售额"：填写纳税人本期适用免、抵、退税办法的出口货物、劳务和应税服务的销售额。

"免税销售额"：填写纳税人本期按照税法规定免征增值税的销售额和适用零税率的销售额,但零税率的销售额中不包括适用免、抵、退税办法的销售额。

"其中：免税货物销售额"：填写纳税人本期按照税法规定免征增值税的货物销售额及适用零税率的货物销售额,但零税率的销售额中不包括适用免、抵、退税办法出口货物的销售额。

"免税劳务销售额"：填写纳税人本期按照税法规定免征增值税的劳务销售额及适用零税率的劳务销售额,但零税率的销售额中不包括适用免、抵、退税办法的劳务销售额。

"销项税额"：填写纳税人本期按一般计税方法计税的货物、劳务和应税服务的销项税额。

"进项税额"：填写纳税人本期申报抵扣的进项税额。

"上期留抵税额"：按上期申报表"期末留抵税额"填写至"本月数","本年累计"填写"0"。

"进项税额转出"：填写纳税人已经抵扣但按税法规定本期应转出的进项税额。

"免、抵、退应退税额"：反映税务机关退税部门按照出口货物、劳务和应税服务免、抵、退办法审批的增值税应退税额。

"按适用税率计算的纳税检查应补缴税额"：填写税务、财政、审计部门检查,按一般计税方法计算的纳税检查应补缴的增值税税额。

"应抵扣税额合计"：填写纳税人本期应抵扣进项税额的合计数。应抵扣税额合计＝进项税额＋上期留抵税额－进项税额转出－免、抵、退应退税额＋按适用税率计算的纳税检查应补缴税额。

"实际抵扣税额"：只填"本月数"。如果本期应抵扣税额合计小于本期销项税额,实际抵扣税额则为应抵扣税额合计数;如果本期应抵扣税额合计大于本期销项税额,实际抵扣税额则为本期销项税额。

"应纳税额":反映纳税人本期按一般计税方法计算并应缴纳的增值税税额。按以下公式计算填写:应纳税额=销项税额-实际抵扣税额。

"期末留抵税额":只填写"本月数"。期末留抵税额=应抵扣税额合计-实际抵扣税额。

"简易计税办法计算的应纳税额":反映纳税人本期按简易计税方法计算并应缴纳的增值税税额,但不包括按简易计税方法计算的纳税检查应补缴税额。

"按简易计税办法计算的纳税检查应补缴税额":填写纳税人本期因税务、财政、审计部门检查并按简易计税方法计算的纳税检查应补缴税额。

"应纳税额减征额":填写纳税人本期按照税法规定减征的增值税应纳税额,包含按照规定可在增值税应纳税额中全额抵减的增值税税控系统专用设备费用以及技术维护费。当本期减征额小于或等于"应纳税额"与"简易计税办法计算的应纳税额"之和时,按本期减征额实际填写;当本期减征额大于"应纳税额"与"简易计税办法计算的应纳税额"之和时,按本期"应纳税额"与"简易计税办法计算的应纳税额"之和填写。本期减征额不足抵减部分结转下期继续抵减。

"应纳税额合计":反映纳税人本期应缴增值税的合计数。应纳税额合计=应纳税额+简易计税办法计算的应纳税额-应纳税额减征额。

"期初未缴税额(多缴为负数)":"本月数"按上一税款所属期申报表"期末未缴税额(多缴为负数)""本月数"填写。"本年累计"按上年度最后一个税款所属期申报表"期末未缴税额(多缴为负数)""本年累计"填写。

"实收出口开具专用缴款书退税额":本栏不填写。

"本期已缴税额":反映纳税人本期实际缴纳的增值税税额,但不包括本期入库的查补税款。本期已缴税额=分次预缴税额+出口开具专用缴款书预缴税额+本期缴纳上期应纳税额+本期缴纳欠缴税额。

"①分次预缴税额":填写纳税人本期已缴纳的准予在本期增值税应纳税额中抵减的税额。

"②出口开具专用缴款书预缴税额":本栏不填写。

"③本期缴纳上期应纳税额":填写纳税人本期缴纳上一税款所属期应缴未缴的增值税税额。

"④本期缴纳欠缴税额":反映纳税人本期实际缴纳和留抵税额抵减的增值税欠税额,但不包括缴纳入库的查补增值税税额。

"期末未缴税额(多缴为负数)":"本月数"反映纳税人本期期末应缴未缴的增值税税额,但不包括纳税检查应缴未缴的税额。"本年累计"与"本月数"相同。期末未缴税额=应纳税额合计+期初未缴税额+实收出口开具专用缴款书退税额-本期已缴税额。

"其中:欠缴税额(≥0)":反映纳税人按照税法规定已形成欠税的增值税税额。欠缴税额=期初未缴税额+实收出口开具专用缴款书退税额-本期已缴税额。

"本期应补(退)税额":反映纳税人本期应纳税额中应补缴或应退回的数额。

"即征即退实际退税额":反映纳税人本期因符合增值税即征即退政策规定而实际收到的税务机关退回的增值税税额。

"期初未缴查补税额":"本月数"按上一税款所属期申报表"期末未缴查补税额""本月数"

填写。"本年累计"按上年度最后一个税款所属期申报表"期末未缴查补税额""本年累计"填写。

"本期入库查补税额"：反映纳税人本期因税务、财政、审计部门检查而实际入库的增值税税额，包括按一般计税方法计算并实际缴纳的查补增值税税额和按简易计税方法计算并实际缴纳的查补增值税税额。

"期末未缴查补税额"："本月数"反映纳税人接受纳税检查后应在本期期末缴纳而未缴纳的查补增值税税额。"本年累计"与"本月数"相同。期末未缴查补税额＝按适用税率计算的纳税检查应补缴税额＋按简易计税办法计算的纳税检查应补缴税额＋期初未缴查补税额－本期入库查补税额。

（三）企业所得税纳税申报

企业所得税的纳税申报分预缴和汇算清缴，企业应当自月份或者季度终了之日起 15 日内，向主管税务机关报送预缴所得税纳税申报表，即《中华人民共和国企业所得税月（季）度纳税申报表（A 类）》，同时预缴税款。自年度终了之日起 5 个月内，向主管税务机关报送年度企业所得税纳税申报表，即《中华人民共和国企业所得税年度纳税申报表（A 类）》，并汇算清缴，结清应缴应退税款。

实训资料中该企业所得税采用查账征收方式申报，实行按月预缴、按年汇算清缴的方式，所得税税率为 25％。由于祥瑞制造有限责任公司是单独进行所得税申报，不存在汇总纳税，因此在 12 月份经营活动结束后不再预缴 12 月份所得税，直接进行年度所得税汇算清缴，即：不填写预缴所得税纳税申报表，直接填写年度所得税汇算清缴申报表。

1.《中华人民共和国企业所得税年度纳税申报表（A 类）》填报说明

（1）填报依据及内容

根据《中华人民共和国企业所得税法》及其实施条例的规定计算填报，并依据《利润表》以及纳税申报表相关附表的数据填报。

（2）表头项目的填写

"税款所属期间"：正常经营的纳税人，填报公历当年 1 月 1 日至 12 月 31 日。

"纳税人识别号"等其他项目的填写，同增值税申报表表头的填写。

（3）表体项目的填写

本表是在企业会计利润总额的基础上，加减纳税调整额后计算出"纳税调整后所得"（应纳税所得额）。会计与税法的差异（包括收入类、扣除类、资产类等一次性和暂时性差异）通过纳税调整明细表集中体现。本表包括利润总额的计算、应纳税所得额的计算、应纳税额的计算和附列资料四个部分。

"利润总额的计算"中的项目，根据《利润表》中的利润总额填列。

该部分的收入、成本费用明细项目，通过附表一《收入明细表》和附表二《成本费用明细表》反映。

"应纳税所得额的计算"和"应纳税额的计算"中的项目，除根据主表逻辑关系计算出的指标外，其余数据来自附表。

"附列资料"包括用于税源统计分析的上年度税款在本年入库金额。

（4）具体项目填写说明（按行次）

第1行"营业收入"：填报纳税人主要经营业务和其他业务所确认的收入总额。本项目应根据"主营业务收入"和"其他业务收入"科目的发生额分析填列，结合附表一《收入明细表》计算填列。

第2行"营业成本"，填报纳税人经营主要业务和其他业务发生的实际成本总额。本项目应根据"主营业务成本"和"其他业务成本"科目的发生额分析填列，结合附表二《成本费用明细表》计算填列。

第3行"营业税金及附加"：填报纳税人经营业务应负担的消费税、城市维护建设税、资源税、土地增值税和教育费附加等。本项目应根据"营业税金及附加"科目的发生额分析填列。

第4行"销售费用"：填报纳税人在销售商品过程中发生的包装费、广告费等费用和为销售本企业商品而专设的销售机构的职工薪酬、业务费等经营费用。本项目应根据"销售费用"科目的发生额分析填列。

第5行"管理费用"：填报纳税人为组织和管理生产经营发生的管理费用。本项目应根据"管理费用"科目的发生额分析填列。

第6行"财务费用"：填报纳税人为筹集生产经营所需资金等而发生的筹资费用。本项目应根据"财务费用"科目的发生额分析填列。

第7行"资产减值损失"：填报纳税人各项资产发生的减值损失。本项目应根据"资产减值损失"科目的发生额分析填列。

第8行"公允价值变动收益"：填报纳税人按照相关会计准则规定应当计入当期损益的资产或负债公允价值变动收益。本项目应根据"公允价值变动损益"科目的发生额分析填列，如为损失，用"－"号填列。

第9行"投资收益"：填报纳税人以各种方式对外投资所取得的收益。本项目应根据"投资收益"科目的发生额分析填列，如为损失，用"－"号填列。

第10行"营业利润"：填报纳税人当期的营业利润。根据上述行次计算填列。

第11行"营业外收入"：填报纳税人发生的与其经营活动无直接关系的各项收入，结合附表一《收入明细表》相关行次计算填报。

第12行"营业外支出"：填报纳税人发生的与其经营活动无直接关系的各项支出，结合附表二《成本费用明细表》相关行次计算填报。

第13行"利润总额"：填报纳税人当期的利润总额。根据上述行次计算填列。

第14行"纳税调整增加额"：填报纳税人未计入利润总额的应税收入项目、税收不允许扣除的支出项目、超出税收规定扣除标准的支出金额以及资产类应纳税调整的项目，包括房地产开发企业按本期预售收入计算的预计利润等。纳税人根据附表三《纳税调整项目明细表》"调增金额"列计算填报。

第15行"纳税调整减少额"：填报纳税人已计入利润总额但税收规定可以暂不确认为应税收入的项目，以及在以前年度进行了纳税调增、根据税收规定从以前年度结转过来在本期扣除的项目金额，包括不征税收入、免税收入、减计收入以及房地产开发企业已转销售收入的预售收入按规定计算的预计利润等。纳税人根据附表三《纳税调整项目明细表》"调减金额"列计算填报。

第16行"其中：不征税收入"：填报纳税人计入营业收入或营业外收入中的属于税收规定的财政拨款、依法收取并纳入财政管理的行政事业性收费、政府性基金以及国务院规定的其他不征税收入。

第17行"其中:免税收入":填报纳税人已并入利润总额中核算的符合税收规定免税条件的收入或收益,包括:国债利息收入;符合条件的居民企业之间的股息、红利等权益性投资收益;在中国境内设立机构、场所的非居民企业从居民企业取得与该机构、场所有实际联系的股息、红利等权益性投资收益;符合条件的非营利组织的收入。本项目应根据"主营业务收入""其他业务收入"和"投资收益"科目的发生额分析填列。

第18行"其中:减计收入":填报纳税人以《资源综合利用企业所得税优惠目录》规定的资源作为主要原材料,生产销售国家非限制和禁止并符合国家和行业相关标准的产品按10%的规定比例减计的收入。

第19行"其中:减、免税项目所得":填报纳税人按照税收规定应单独核算的减征、免征项目的所得额。

第20行"其中:加计扣除":填报纳税人当年实际发生的开发新技术、新产品、新工艺发生的研究开发费用,以及安置残疾人员和国家鼓励安置的其他就业人员所支付的工资。符合税收规定条件的,计算应纳税所得额按一定比例加计扣除的金额。

第21行"其中:抵扣应纳税所得额":填报创业投资企业采取股权投资方式投资于未上市的中小高新技术企业2年以上的,可以按照其投资额的70%在股权持有满2年的当年抵扣该创业投资企业的应纳税所得额;当年不足抵扣的,可以在以后纳税年度结转抵扣。

第22行"加:境外应税所得弥补境内亏损":依据《境外所得计征企业所得税暂行管理办法》的规定,纳税人在计算缴纳企业所得税时,其境外营业机构的盈利可以弥补境内营业机构的亏损,即:当"利润总额"加"纳税调整增加额"减"纳税调整减少额"为负数时,该行填报企业境外应税所得用于弥补境内亏损的部分,最大不得超过企业当年的全部境外应税所得;如为正数时,如以前年度无亏损额,本行填零;如以前年度有亏损额,取应弥补以前年度亏损额的最大值,最大不得超过企业当年的全部境外应税所得。

第23行"纳税调整后所得":填报纳税人当期经过调整后的应纳税所得额。金额等于本表第13+14-15+22行。当本项目为负数时,即为可结转以后年度弥补的亏损额(当年可弥补的所得额);如为正数时,应继续计算应纳税所得额。

第24行"弥补以前年度亏损":填报纳税人按税收规定可在税前弥补的以前年度亏损额。

第25行"应纳税所得额":金额等于本表第23-24行。本项目不得为负数。本表第23行或者依上述顺序计算结果为负数时,本项目金额填零。

第26行"税率":填报税法规定的税率25%。

第27行"应纳所得税额":金额等于本表第25×26行。

第28行"减免所得税额":填列纳税人按税收规定实际减免的企业所得税额。包括小型微利企业、国家需要重点扶持的高新技术企业、享受减免税优惠过渡政策的企业,其实际执行税率与法定税率的差额以及经税务机关审批或备案的其他减免税优惠。

第29行"抵免所得税额":填列纳税人购置用于环境保护、节能节水、安全生产等专用设备的投资额,其设备投资额的10%可以从企业当年的应纳税额中抵免;当年不足抵免的,可以在以后5个纳税年度结转抵免。

第30行"应纳税额":填报纳税人当期的应纳所得税额,根据上述有关的行次计算填列。金额等于本表第27-28-29行。

第31行"境外所得应纳所得税额"：填报纳税人来源于中国境外的应纳税所得额（如分得的所得为税后利润应还原计算），按税法规定的税率（居民企业25%）计算的应纳所得税额。

第32行"境外所得抵免所得税额"：填报纳税人来源于中国境外的所得，依照税法规定计算的应纳所得税额即抵免限额。企业已在境外缴纳的所得税额，小于抵免限额的，"境外所得抵免所得税额"按其在境外实际缴纳的所得税额填列；大于抵免限额的，按抵免限额填列；超过抵免限额的部分，可在以后五个年度内用每年度抵免限额抵免当年应抵税额后的余额进行抵补。可用境外所得弥补境内亏损的纳税人，其境外所得应纳税额公式中"境外应纳税所得额"项目和境外所得税税款扣除限额公式中"来源于某外国的所得"项目，为境外所得，不含弥补境内亏损部分。

第33行"实际应纳所得税额"：填报纳税人当期的实际应纳所得税额。金额等于本表第30+31-32行。

第34行"本年累计实际已预缴的所得税额"：填报纳税人按照税收规定本年已在月（季）累计预缴的所得税额。

第35行"其中：汇总纳税的总机构分摊预缴的税额"：填报汇总纳税的总机构1至12月份（或1至4季度）分摊的在当地入库预缴税额。

第36行"其中：汇总纳税的总机构财政调库预缴的税额"：填报汇总纳税的总机构1至12月份（或1至4季度）分摊的缴入财政调节入库的预缴税额。

第37行"其中：汇总纳税的总机构所属分支机构分摊的预缴税额"：填报分支机构就地分摊预缴的税额。

第38行"合并纳税（母子体制）成员企业就地预缴比例"：填报经国务院批准的实行合并纳税（母子体制）的成员企业按规定就地预缴的比例。

第39行"合并纳税企业就地预缴的所得税额"：填报合并纳税的成员企业就地应预缴的所得税额。根据"实际应纳税额"和"预缴比例"计算填列。

第40行"本年应补（退）的所得税额"：填报纳税人当期应补（退）的所得税额。金额等于本表第33-34行。

第41行"以前年度多缴的所得税在本年抵减额"：填报纳税人以前年度汇算清缴多缴的税款尚未办理退税且在本年抵缴的金额。

第42行"上年度应缴未缴在本年入库所得税"：填报纳税人以前年度损益调整税款、上一年度第四季度或第12月份预缴税款和汇算清缴的税款在本年入库金额。

2. 附表一《收入明细表》填报说明

（1）填报依据和内容

根据《中华人民共和国企业所得税法》及其实施条例以及企业会计准则等核算的"主营业务收入""其他业务收入"和"营业外收入"，以及根据税收规定应在当期确认收入的"视同销售收入"。

（2）具体项目填报说明

第1行"销售（营业）收入合计"：金额为本表第2+13行。本行数据作为计算业务招待费、广告费和业务宣传费支出扣除限额的计算基数。

第2行"营业收入合计"：金额为本表第3+8行。该行数额填入主表第1行。

第3至7行"主营业务收入"：根据不同行业的业务性质分别填报纳税人在会计核算中的

主营业务收入。

第4行"销售货物"：填报从事工业制造、商品流通、农业生产以及其他商品销售企业的主营业务收入。

第5行"提供劳务"：填报从事提供旅游饮食服务、交通运输、邮政通信、对外经济合作等劳务、开展其他服务的纳税人取得的主营业务收入。

第6行"让渡资产使用权"：填报让渡无形资产使用权（如商标权、专利权、专有技术使用权、版权、专营权等）而取得的使用费收入以及以租赁业务为基本业务的出租固定资产、无形资产、投资性房地产在主营业务收入中核算取得的租金收入。

第7行"建造合同"：填报纳税人建造房屋、道路、桥梁、水坝等建筑物以及船舶、飞机、大型机械设备等的主营业务收入。

第8至12行：按照会计核算中"其他业务收入"的具体业务性质分别填报。

第9行"材料销售收入"：填报销售材料、下脚料、废料、废旧物资等收入。

第10行"代购代销手续费收入"：填报从事代购代销、受托代销商品收取的手续费收入。

第11行"包装物出租收入"：填报出租、出借包装物的租金和逾期未退包装物没收的押金。

第12行"其他"：填报在"其他业务收入"会计科目核算的、上述未列举的其他业务收入，不包括已在主营业务收入中反映的让渡资产使用权取得的收入。

第13至16行"视同销售的收入"：视同销售是指会计上不作为销售核算，而在税收上作为销售、确认收入计缴税金的销售货物、转让财产或提供劳务的行为。

第14行"非货币性交易视同销售收入"：执行《企业会计制度》《小企业会计制度》或《企业会计准则》的纳税人，填报不具有商业实质或交换涉及资产的公允价值均不能可靠计量的非货币性资产交换，按照税收规定应视同销售确认收入的金额。

第15行"货物、财产、劳务视同销售收入"：执行《企业会计制度》《小企业会计制度》的纳税人，填报将货物、财产、劳务用于捐赠、偿债、赞助、集资、广告、样品、职工福利或者利润分配等用途的，按照税收规定应视同销售确认收入的金额。

第16行"其他视同销售收入"：填报税收规定的上述货物、财产、劳务之外的其他视同销售收入金额。

第17至26行"营业外收入"：填报在"营业外收入"会计科目核算的与其生产经营无直接关系的各项收入，并据此填报主表第11行。

第18行"固定资产盘盈"：执行《企业会计制度》《小企业会计制度》的纳税人，填报纳税人在资产清查中发生的固定资产盘盈数额。

第19行"处置固定资产净收益"：填报纳税人因处置固定资产而取得的净收益。

第20行"非货币性资产交易收益"：填报纳税人在非货币性资产交易行为中，执行《企业会计准则第7号——非货币性资产交换》具有商业实质且换出资产为固定资产、无形资产的，其换出资产公允价值和换出资产账面价值的差额计入营业外收入的；执行《企业会计制度》和《小企业会计制度》实现的与收到补价相对应的收益额，在本行填列。

第21行"出售无形资产收益"：填报纳税人因处置无形资产而取得的净收益。

第22行"罚款收入"：填报纳税人在日常经营管理活动中取得的罚款收入。

第23行"债务重组收益"：执行《企业会计准则第12号——债务重组》的纳税人，填报确认的债务重组利得。

第 24 行"政府补助收入"：填报纳税人从政府无偿取得的货币性资产或非货币性资产，包括实行会计制度下补贴收入核算的内容。

第 25 行"捐赠收入"：填报纳税人接受的来自其他企业、组织或者个人无偿给予的货币性资产、非货币性资产。

第 26 行"其他"：填报纳税人在"营业外收入"会计科目核算的、上述未列举的营业外收入。

3. 附表二《成本费用明细表》填报说明

（1）填报依据和内容

根据《中华人民共和国企业所得税法》及其实施条例以及会计制度核算的"主营业务成本""其他业务支出"和"营业外支出"，以及根据税收规定应在当期确认收入对应的"视同销售成本"。

（2）具体项目填报说明

第 1 行"销售（营业）成本合计"：填报纳税人根据会计制度核算的"主营业务成本""其他业务成本"，并据以填入主表第 2 行。第 1 行＝第 2＋7＋12 行。

第 2 至 6 行"主营业务成本"：纳税人根据不同行业的业务性质分别填报在会计核算中的主营业务成本。第 2 行＝第 3＋4＋5＋6 行。本表第 3 至 6 行的数据，分别与附表一《收入明细表》的"主营业务收入"对应行次的数据配比。

第 7 至 11 行"其他业务支出"：按照会计核算中"其他业务成本"的具体业务性质分别填报。第 7 行＝第 8＋9＋10＋11 行。本表第 8 至 11 行的数据，分别与附表一《收入明细表》的"其他业务收入"对应行次的数据配比。第 11 行"其他"项目，填报纳税人按照会计制度应在"其他业务成本"中核算的其他成本费用支出。

第 12 至 15 行"视同销售确认的成本"：填报纳税人按税收规定计算的与视同销售收入对应的成本。第 12 行＝第 13＋14＋15 行。本表第 13 至 15 行的数据，分别与附表一《收入明细表》的"视同销售收入"对应行次的数据配比。每一笔被确认为视同销售的经济事项，在确认计算应税收入的同时，均有与此收入相配比的应税成本。

第 16 至 24 行"营业外支出"：填报纳税人按照会计制度在"营业外支出"中核算的有关项目。第 16 行＝第 17＋18＋19＋20＋21＋22＋23＋24 行，并据以填入主表第 12 行。

第 17 行"固定资产盘亏"：填报纳税人按照会计制度规定在营业外支出中核算的固定资产盘亏的数额。

第 18 行"处置固定资产净损失"：填报纳税人按照会计制度规定在营业外支出中核算的处置固定资产净损失的数额。

第 19 行"出售无形资产损失"：填报纳税人按照会计制度规定在营业外支出中核算的出售无形资产损失的数额。

第 20 行"债务重组损失"：填报纳税人执行《企业会计准则——债务重组》确认的债务重组损失。

第 22 行"非常损失"：填报纳税人按照会计制度规定在营业外支出中核算的各项非正常的财产损失（包括流动资产损失、坏账损失等）。

第 23 行"捐赠支出"：填报纳税人实际发生的捐赠支出数。

第 24 行"其他"：填报纳税人按照会计制度核算的在会计账务记录的其他支出。执行《企业会计准则第 8 号——资产减值》的企业计提的各项减值准备不在此行反映。

第25至28行"期间费用"：填报纳税人按照会计制度核算的销售费用、管理费用和财务费用。第25行＝第26＋27＋28行。

第26行"销售（营业）费用"：填报纳税人按照会计制度核算的销售（营业）费用,并据以填入主表第4行。

第27行"管理费用"：填报纳税人按照会计制度核算的管理费用,并据以填入主表第5行。

第28行"财务费用"：填报纳税人按照会计制度核算的财务费用,并据以填入主表第6行。

4. 附表三《纳税调整项目明细表》填报说明

（1）填报依据和内容

《中华人民共和国企业所得税法》第二十一条规定："在计算应纳税所得额时,企业财务、会计处理办法与税收法律、行政法规的规定不一致的,应当依照税收法律、行政法规的规定计算。"填报纳税人按照会计制度核算与税收规定不一致的,应进行纳税调整增加、减少项目的金额。

（2）具体项目填报说明

本表纳税调整项目按照"收入类项目""扣除类项目""资产类调整项目""准备金调整项目""房地产企业预售收入计算的预计利润""其他"六个大项分类填报汇总,并计算出纳税"调增金额"和"调减金额"的合计数。

数据栏分别设置"账载金额""税收金额""调增金额""调减金额"四个栏次。"账载金额"是指纳税人在计算主表"利润总额"时,按照会计核算计入利润总额的项目金额。"税收金额"是指纳税人在计算主表"应纳税所得额"时,按照税收规定计入应纳税所得额的项目金额。

"收入类调整项目"："税收金额"扣减"账载金额"后的余额为正,填报在"调增金额"；余额如为负数,填报在"调减金额"。其中第4行"3.不符合税收规定的销售折扣和折让"除外,按"扣除类调整项目"的规则处理。

"扣除类调整项目""资产类调整项目"："账载金额"扣减"税收金额"后的余额为正,填报在"调增金额"；余额如为负数,将其绝对值填报在"调减金额"。

"其他"：填报其他项目的"调增金额""调减金额"。

本表打＊号的栏次均不填报。

（3）收入类调整项目的填写

第1行"一、收入类调整项目"：填报收入类调整项目第2行至第19行的合计数。

第2行"1.视同销售收入"：填报会计上不作为销售核算,而在税收上应作应税收入缴纳企业所得税的收入。第3列"调增金额"取自附表一《收入明细表》第13行。

第3行"2.接受捐赠收入"：第2列"税收金额"填报执行企业会计制度的纳税人接受捐赠纳入资本公积核算应进行纳税调整的收入。第3列"调增金额"等于第2列"税收金额"。

第4行"3.不符合税收规定的销售折扣和折让"：填报不符合税收规定的销售折扣和折让应进行纳税调整的金额。第1列"账载金额"填报纳税人销售货物给购货方的销售折扣和折让金额。第2列"税收金额"填报按照税收规定可以税前扣除的销售折扣和折让。第3列"调增金额"填报第1列与第2列的差额。

第5行"4.未按权责发生制原则确认的收入"：填报会计上按照权责发生制原则确认收入,计税时按照收付实现制确认的收入,如分期收款销售商品销售收入的确认、税收规定按收付实现制确认的收入、持续时间超过12个月收入的确认、利息收入的确认、租金收入的确认等企业财务会计处理办法与税收规定不一致应进行纳税调整产生的暂时性差异的项目数据。第1列"账载金额"填报会计核算确认的收入；第2列"税收金额"填报按税收规定确认的应纳税收入或可抵减收入；第3列"调增金额"填报按会计核算与税收规定确认的应纳税暂时性差异；第4列"调减金额"填报按会计核算与税收规定确认的可抵减暂时性差异。

第6行"5.按权益法核算长期股权投资对初始投资成本调整确认收益"：填报纳税人在权益法核算下，初始投资成本小于取得投资时应享有被投资单位可辨认净资产公允价值份额的，两者之间的差额计入取得投资当期的营业外收入的金额。

第7行"6.按权益法核算的长期股权投资持有期间的投资损益"：填报纳税人在权益法核算下持有期间确认的应享有被投资单位的利润或分担的亏损金额。

第8行"7.特殊重组"：填报非同一控制下的企业合并、免税改组产生的企业财务会计处理与税收规定不一致应进行纳税调整的金额。第1列"账载金额"填报会计核算的账面金额；第2列"税收金额"填报税收规定的收入金额；第3列"调增金额"填报按照税收规定应纳税调整增加的金额；第4列"调减金额"填报按照税收规定应纳税调整减少的金额。

第9行"8.一般重组"：填报同一控制下的企业合并产生的企业财务会计处理办法与税收规定不一致应进行纳税调整的数据。第1列"账载金额"填报会计核算的账面金额；第2列"税收金额"填报税收规定的收入金额；第3列"调增金额"填报按照税收规定应纳税调整增加的金额；第4列"调减金额"填报按照税收规定应纳税调整减少的金额。

第10行"9.公允价值变动净收益"：填报企业持有的以公允价值计量且其变动计入当期损益的金融资产、金融负债以及投资性房地产的账面价值与计税基础差异对本期应纳税所得额的调整金额。

第11行"10.确认为递延收益的政府补助"：填报纳税人收到不属于税收规定的不征税收入、免税收入以外的其他政府补助，会计上计入递延收益，税收规定应计入应纳税所得额征收企业所得税而产生的差异应进行纳税调整的数据。第1列"账载金额"填报会计核算的账面金额；第2列"税收金额"填报税收规定的收入金额；第3列"调增金额"填报按照税收规定应纳税调整增加的金额；第4列"调减金额"填报按照税收规定应纳税调整减少的金额。

第12行"11.境外应税所得"：第4列"调减金额"填报来自境外的收入总额（包括生产经营所得和其他所得），扣除按税收规定允许扣除的境外发生的成本费用后的金额。

第13行"12.不允许扣除的境外投资损失"：第3列"调增金额"填报境外投资除合并、撤销、依法清算外形成的损失。

第14行"13.不征税收入"：第4列"调减金额"，为事业单位、社会团体等单位填报取得的财政拨款、行政性事业收费、政府性基金等不征税收入。

第15行"14.免税收入"：第4列"调减金额"填报企业取得的国债利息收入、直接投资于另一居民企业所取得的投资收益、符合条件的非营利组织的收入，以及其他符合税收优惠政策的免税收入。

第16行"15.减计收入"：第4列"调减金额"填报纳税人以《资源综合利用企业所得税优惠目录》内的资源作为主要原材料，生产非国家限定并符合国家和行业相关标准的产品所取得的收入，减计10%收入的部分，以及税收优惠政策规定的其他减计收入。

第17行"16.减、免税项目所得"：第4列"调减金额"填报纳税人取得的农、林、牧、渔和符合税收优惠条件的基础设施投资经营、环境保护、节能节水项目、技术转让等所得额。

第18行"17.抵扣应纳税所得额"：第4列"调减金额"填报创业投资企业采取股权投资方式投资于未上市的中小高新技术企业2年以上的，可以按照其投资额的70%在股权持有满2年的当年抵扣该创业投资企业的应纳税所得额；当年不足抵扣的，可以在以后纳税年度结转抵扣。

第19行"18.其他"：填报会计与税收有差异需要纳税调整的其他收入类项目金额。

（4）扣除类调整项目的填写

第20行"二、扣除类调整项目"：填报扣除类调整项目第21行至第40行的合计数。

第21行"1.视同销售成本"：第4列"调减金额"填报视同销售收入相对应的成本费用。根据附表二《成本费用明细表》第12行填报。

第22行"2.工资薪金支出"：第1列"账载金额"填报企业计入"应付职工薪酬"和直接计入成本费用的职工工资、奖金、津贴和补贴；第2列"税收金额"填报税收允许扣除的工资薪金额，对工效挂钩企业需对当年实际发放的职工薪酬中应计入当年的部分予以填报，对非工效挂钩企业即为账载金额，本数据作为计算职工福利费、职工教育经费、工会经费的基数；第3列"调增金额"、第4列"调减金额"需分析填列。

第23行"3.职工福利费支出"：第1列"账载金额"填报企业计入"应付职工薪酬"和直接计入成本费用的职工福利费；第2列"税收金额"填报税收规定允许扣除的职工福利费，金额小于等于第22行"工资薪金支出"第2列"税收金额"×14%；如本行第1列≥第2列，第1列减去第2列的差额填入本行第3列"调增金额"，如本行第1列＜第2列，则第3列不填；第4列"调减金额"填报继续执行"工效挂钩"的企业按规定应纳税调减的金额等。

第24行"4.职工教育经费支出"：第1列"账载金额"填报企业计入"应付职工薪酬"和直接计入成本费用的职工教育经费；第2列"税收金额"填报税收规定允许扣除的职工教育经费，金额小于等于第22行"工资薪金支出"第2列"税收金额"×2.5%，或国务院财政、税务主管部门另有规定的金额；如本行第1列≥第2列，第1列减去第2列的差额填入本行第3列"调增金额"，如本行第1列＜第2列，则第3列不填；第4列"调减金额"填报继续执行"工效挂钩"的企业按规定应纳税调减的金额等。

第25行"5.工会经费支出"：第1列"账载金额"填报企业计入"应付职工薪酬"和直接计入成本费用的工会经费；第2列"税收金额"填报税收规定允许扣除的工会经费，金额等于第22行"工资薪金支出"第2列"税收金额"×2%减去没有工会专用凭据列支的工会经费后的余额，如本行第1列≥第2列，第1列减去第2列的差额填入本行第3列"调增金额"，如本行第1列＜第2列，则第3列不填；第4列"调减金额"填报继续执行工效挂钩的企业按规定应纳税调减的金额等。

第26行"6.业务招待费支出"：第1列"账载金额"填报企业发生的业务招待费；第2列"税收金额"经比较后填列，即比较"本行第1列×60%"与"附表一《收入明细表》第1行×5‰"或"主表第1行×5‰"两数，孰小者填入本行第2列；如本行第1列≥第2列，本行第1列减去第2列的余额填入本行第3列"调增金额"。

第27行"7.广告费与业务宣传费支出"：第3列"调增金额"填报"本年广告费和业务宣传费支出纳税调整额"，第4列"调减金额"填报"本年扣除的以前年度广告费和业务宣传费的结转额"。

第28行"8.捐赠支出"：第1列"账载金额"填报企业实际发生的所有捐赠。第2列"税收金额"填报按税收规定可以税前扣除的捐赠限额；如本行第 1 列≥第 2 列，第 1 列减去第 2 列的差额填入本行第 3 列"调增金额"，如本行第 1 列＜第 2 列，则第 3 列不填。

第 29 行"9.利息支出"：第 1 列"账载金额"填报企业向非金融企业借款计入财务费用的利息支出；第 2 列"税收金额"填报企业向非金融企业借款按照金融企业同期同类贷款利率计算的数额的部分；如本行第 1 列≥第 2 列，第 1 列减去第 2 列的差额填入本行第 3 列"调增金额"，如本行第 1 列＜第 2 列，第 2 列减去第 1 列的差额填入本行第 4 列"调减金额"。

第 30 行"10.住房公积金"：第 1 列"账载金额"填报本纳税年度实际发生的住房公积金；第 2 列"税收金额"填报按税收规定允许税前扣除的住房公积金；如本行第 1 列≥第 2 列，第 1 列减去第 2 列的差额填入本行第 3 列"调增金额"，如本行第 1 列＜第 2 列，则第 3 列不填。

第 31 行"11.罚金、罚款和被没收财物的损失"：第 1 列"账载金额"填报本纳税年度实际发生的罚金、罚款和被罚没财物的损失，不包括纳税人按照经济合同规定支付的违约金（包括银行罚息）、罚款和诉讼费；第 3 列"调增金额"等于第 1 列。

第 32 行"12.税收滞纳金"：第 1 列"账载金额"填报本纳税年度实际发生的税收滞纳金。第 3 列"调增金额"等于第 1 列。

第 33 行"13.赞助支出"：第 1 列"账载金额"填报本纳税年度实际发生且不符合税收规定的公益性捐赠范围的捐赠，包括直接向受赠人的捐赠、各种赞助支出。第 3 列"调增金额"等于第 1 列。

第 34 行"14.各类基本社会保障性缴款"：第 1 列"账载金额"填报本纳税年度实际发生的各类基本社会保障性缴款，包括基本医疗保险费、基本养老保险费、失业保险费、工伤保险费和生育保险费；第 2 列"税收金额"填报按税收规定允许扣除的金额；本行第 1 列≥第 2 列，第 1 列减去第 2 列的差额填入本行第 3 列"调增金额"，如本行第 1 列＜第 2 列，则第 3 列不填；第 4 列"调减金额"填报会计核算中未列入当期费用、按税收规定允许当期扣除的金额。

第 35 行"15.补充养老保险、补充医疗保险"：第 1 列"账载金额"填报本纳税年度实际发生的补充性质的社会保障性缴款；第 2 列"税收金额"填报按税收规定允许扣除的金额；如本行第 1 列≥第 2 列，第 1 列减去第 2 列的差额填入本行第 3 列"调增金额"，如本行第 1 列＜第 2 列，则第 3 列不填；第 4 列"调减金额"填报会计核算中未列入当期费用、按税收规定允许当期扣除的金额。

第 36 行"16.与未实现融资收益相关在当期确认的财务费用"：第 1 列"账载金额"填报纳税人采取分期收款销售商品时，按会计准则规定应收的合同或协议价款与其公允价值之间的差额，分期摊销冲减财务费用的金额。第 4 列"调减金额"和第 3 列"调增金额"需分析填列。

第 37 行"17.与取得收入无关的支出"：第 1 列"账载金额"填报本纳税年度实际发生与取得收入无关的支出；第 3 列"调增金额"等于第 1 列。

第 38 行"18.不征税收入用于支出所形成的费用"：第 1 列"账载金额"填报本年度实际发生的与不征税收入相关的支出；第 3 列"调增金额"等于第 1 列。

第 39 行"19.加计扣除"：第 4 列"调减金额"填报纳税人为开发新技术、新产品、新工艺发生的研究开发费用，未形成无形资产计入当期损益的，在按规定实行 100％扣除的基础上，按研究开发费用的 50％加计扣除的金额；安置残疾人员的，在支付给残疾职工工资据实扣除的基础上，按照支付给残疾职工工资的 100％加计扣除额；其他符合税收优惠政策的加计扣除金额。

第40行"20.其他":填报会计与税收有差异需要纳税调整的其他扣除类项目金额,如分期收款销售方式下应结转的存货成本、一般重组和特殊重组的相关扣除项目调整。

(5)资产类调整项目的填写

第41行"三、资产类调整项目":填报资产类调整项目第42行至第48行的合计数。

第42行"1.财产损失":第1列"账载金额"填报本纳税年度实际发生的需报税务机关审批的财产损失金额,以及固定资产、无形资产转让、处置所得(损失)和金融资产转让、处置所得等损失金额;第2列"税收金额"填报税务机关审批的本纳税年度财产损失金额,以及按照税收规定计算的固定资产、无形资产转让、处置所得(损失)和金融资产转让、处置所得等损失金额,长期股权投资除外;如本行第1列≥第2列,第1列减去第2列的差额填入本行第3列"调增金额";如本行第1列＜第2列,第1列减去第2列的差额的绝对值填入第4列"调减金额"。

第43行"2.固定资产折旧":第3列"调增金额"和第4列"调减金额",填报纳税人按照会计准则核算的固定资产折旧与税收核算的差异对本期应纳税所得额的影响金额。

第44行"3.生产性生物资产折旧":第3列"调增金额"和第4列"调减金额",填报纳税人按照会计准则核算的生产性生物资产折旧与税收核算的差异对本期应纳税所得额的影响金额。

第45行"4.长期待摊费用":第3列"调增金额"和第4列"调减金额",填报纳税人按照会计准则核算的长期待摊费用摊销额与税收核算的差异对本期应纳税所得额的影响金额。

第46行"5.无形资产摊销":第3列"调增金额"和第4列"调减金额",填报纳税人按照会计准则核算的无形资产摊销与税收核算的差异对本期应纳税所得额的影响金额。

第47行"6.投资转让、处置所得":第3列"调增金额"和第4列"调减金额",填报按照会计准则确认的投资转让所得或损失与税收计算的投资所得或损失的差异对本期应纳税所得额的影响金额。

第48行"7.油气勘探投资":第3列"调增金额"和第4列"调减金额",填报纳税人按照会计准则核算的油气勘探投资折旧与税收核算的差异对本期应纳税所得额的影响金额。

第49行"油气开发投资":第3列"调增金额"和第4列"调减金额",填报纳税人按照会计准则核算的油气开发投资折旧、摊销与税收核算的差异对本期应纳税所得额的影响金额。

第50行"7.其他":填报会计与税收有差异需要纳税调整的其他资产类项目金额。

(6)准备金调整项目的填写

第51行"四、准备金调整项目":第3列"调增金额"和第4列"调减金额",填报纳税人由于计提各项资产减值准备而产生的会计核算与税收差异对当期应纳税所得额的影响金额。金额等于各项资产减值准备本期计提金额减去本期转回金额,如为正数,则为调增额;如为负数,则为调减额。

(7)房地产企业预售收入计算的预计利润

第52行"五、房地产企业预售收入计算的预计利润":第3列"调增金额"填报从事房地产业务的纳税人本期取得的预售收入,按照税收规定的预计利润率计算的预计利润;第4列"调减金额"填报本期将预售收入转为销售收入,其结转的预售收入已按税收规定的预计利润率计算的预计利润转回数。

(8)特别纳税调整应税所得项目的填写

第53行"六、特别纳税调整应税所得":第3列"调增金额"填报纳税人按特别纳税调整规定自行调增的当年应税所得。

（9）其他项目的填写

第54行"六、其他"：其他会计与税收存在差异的项目，第1列"账载金额"、第2列"税收金额"不填报。

（四）扣缴个人所得税纳税申报

企业代扣代缴个人所得税，纳税申报填写个人所得税基础信息表（A表）和扣缴个人所得税报告表。

个人所得税基础信息表（A表）适用于扣缴义务人办理全员全额扣缴明细申报时，其支付所得纳税人基础信息的填报。初次申报后，以后月份只需报送基础信息发生变化的纳税人的信息。

扣缴个人所得税报告表按月份申报，申报期限为次月15日内。扣缴义务人应于次月15日内将所扣税款缴入国库，并向主管税务机关报送本表。

（五）地方税费综合申报表

《地方税（费）综合申报表》适用于纳税人按月申报缴纳城市维护建设税、教育费附加、车船税、房产税、城镇土地使用税等各类地方税费时使用。

1. 基本项目填报说明

"填报日期"：填写办理纳税申报的实际日期。

"编码"：填写纳税人税务登记号码。

"名称"：填写税务机关核发的税务登记证纳税人全称。

"地址""行业类别""注册类型"：按税务登记内容填写。

"开户银行"：填写纳税人开户缴税专户银行。

"银行账号"：填写纳税人缴税专户银行账号。

"电话"：按税务登记内容填写。

"主管机关""税务管理人员"：填写主管税务机关名称及专管人员。

"税（费）种"：填写申报的相应税（费）种。

"税目"：填写申报税种对应税目。

"税（费）款所属时间"：填写纳税人申报的相应税（费）种应纳税额的所属时间，应填写具体的起止年、月、日。

"计税（费）依据或课税（费）数量"：填写当期实际发生的计税（费）依据或课税（费）数量。

"税（费）率或单位税（费）额"：按照税法规定的应适用的税（费）率、单位税（费）额填写。

"本期应纳税（费）额"：计税（费）依据或课税（费）数量×税（费）率或单位税（费）额。

"累计欠缴或已缴税（费）额"：填写前期累计欠缴税（费）额或当期应纳税（费）额已预缴的税（费）额。

"减免税（费）额"：填报按照税收规定当期实际享受的减免税（费）额。

"本期应纳税（费）额合计"：本期应纳税（费）额＋累计欠缴税（费）额－已缴税（费）额－减免税（费）额。

2. 地方税（费）项目填报说明

（1）房产税项目填报说明

①税目：自用房产

计税依据：计税房产原值×（1－税法规定的扣除率20%）。

税率：按照税法规定的应适用的税率（1.2%）填写。

本期应纳税额＝计税依据×税率。

②税目：租金收入

计税依据：填写当期房产租金实际收入。

税率：按照税法规定的应适用的税率（12%）填写。

本期应纳税额＝计税依据×税率。

（2）城镇土地使用税项目填报说明

税目：按照纳税人占用的土地所在地、县、市人民政府划分的土地等级填列。

课税数量：应税面积，按照纳税人实际占用面积减去免税面积填写。

单位税额：按照市、县政府批准的各类别土地使用税征收标准填写。

本期应纳税额＝应税面积×单位税额。

（3）城市维护建设税项目填报说明

税目：按照纳税人所在城市、县城、建制镇或其他地区填写。

计税依据：按纳税人实际缴纳的增值税、消费税和营业税税额之和填写。

税率：7%。

本期应纳税额＝计税依据×税率。

（4）教育费附加项目填报说明

计税依据：按纳税人实际缴纳的增值税、消费税和营业税税额之和填写。

税率：税率为3%。

本期应纳税额＝计税依据×税率。

（5）车船税项目填报说明

税目：依照车船税税目表列举的不同车船种类分别填列。船舶和载货汽车依照不同吨位的车船分别填列。其他车辆依照车船使用税税额表规定的不同税额标准分别填列。

计税数量：按照车船的辆数（按辆计征）或吨位（按吨位计征）分别填写。

单位税额：依照车船使用税税额表规定的不同税额标准分别填列。

本期应纳税额＝计税数量×单位税额。

五、财务报表分析

本实训主要根据资产负债表和利润表对公司的财务变动状况、偿债能力、营运能力和盈利能力等进行分析，在此基础上综合评价公司的财务状况和经营成果。

1. 编制资产负债表的规模分析表：

（1）分析2015年公司总资产增减变动的主要原因。

（2）分析2015年公司净资产增减变动的主要原因。

（3）分析2015年公司负债增减变动的主要原因。

2. 编制利润表的规模分析表，分析2013年公司净利润的增减变动，分析增减变动的主要原因。

3. 编制资产负债表的结构分析表：

(1)分析 2015 年公司的资产结构,指出哪些资产项目的变动比较大。

(2)分析 2015 年公司的负债,指出哪些项目的变动比较大。

(3)分析 2015 年公司的权益结构,指出哪些项目的变动比较大。

4. 编制利润表的结构分析表,分析 2015 年公司的利润结构,对公司的盈利能力做出评价。

5. 计算财务比率,对公司 2015 年的偿债能力进行评价。

流动比率＝流动资产÷流动负债；

速动比率＝速动资产÷流动负债；

现金比率＝现金及现金等价物÷流动负债；

资产负债率＝负债总额÷资产总额×100%；

权益乘数＝资产总额÷负债总额；

长期资本负债率＝长期负债÷(长期负债＋所有者权益)×100%。

6. 计算财务比率,对公司 2015 年的营运能力进行评价。

应收账款周转率＝收入÷应收账款余额；

存货周转率＝收入÷存货余额；

流动资产周转率＝收入÷流动资产余额；

非流动资产周转率＝收入÷非流动资产余额；

总资产周转率＝收入÷总资产余额。

注:收入数据选取的是主营业务收入,资产数据均为期末数据。

7. 计算财务比率,对公司 2015 年的盈利能力进行评价。

销售净利率＝净利润÷收入×100%；

总资产净利率＝净利润÷期末资产总额×100%；

权益净利率＝净利润÷所有者权益×100%。

8. 利用杜邦分析体系综合评价公司 2015 年的财务状况和盈利能力。

权益净利率是杜邦分析体系的核心比率,对其进行两年的对比分析。

权益净利率＝销售净利率×总资产周转率×权益乘数。

第三章　模拟实训的组织及评价

第一节　实训的组织方式

学生在指导老师的指导下集中进行实训。在实训过程中,指导老师起引导、答疑和释惑的作用,课堂的主体是学生。

模拟企业会计部门的管理形式,学生采用分组的方式进行实训,每组6人左右,模拟担任不同的岗位职责,包括会计部门负责人、会计主管及其他会计核算岗位,分别负责部门全面工作、总账、稽核、材料核算、成本核算、销售及利润核算和出纳等工作。小组由学生自愿和老师指定相结合的方式产生,减少小组之间的力量差异,使每个小组成员之间的特长和能力都能形成互补,以胜任实训任务的要求。小组负责人由小组成员共同商议确定。

第二节　实训成绩的评价

一、评价方法

1. 评价方式:团队活动考核,即对每个实训小组的实训情况进行评价,实训小组的成绩就是小组中每一名学生的成绩。

2. 评价周期:教学全程考核与期末考核相结合。在实训过程中,根据实训的内容、目的,在每个阶段都要对其专业知识的运用、专业规范和技能的掌握以及所表现的专业能力水平按照评价标准及时加以评价。

3. 评价方法:现场观察、任务完成情况评价和答辩等方法。会计综合实训课程总评成绩由平时成绩和期末成绩组成。平时成绩根据学生对实训任务的完成情况来评价。期末考核(即实训任务完成后)根据学生的现场答辩情况来评价。

二、评价指标

评价指标包括态度与情意、智能与技能、实训任务完成的质量、答辩水平四个大项。

1. 态度与情意,评价学生对实训课程的态度、情感、意志、兴趣等。由出勤、纪律、主体性、团队协作精神、实训任务完成进度五个要素组成,可从学生在这五个方面的表现进行评价。这是对学生从主观上作的基本要求,是每一个学生都能做到的。

2. 智能与技能,评价学生对实训任务的理解、分析和判断能力以及专业规范和技能的掌握等。这项指标是对学生完成实训课程在知识上、技能上提出的基本要求,通过对以前所学课程必要的复习、回顾,在指导老师的指导下,每一个学生基本能做到。包括四个要素:

(1)对相关专业知识的理解、运用能力,即能将所学过的财务会计、成本会计、财务管理、税法等课程的知识集中起来,在正确理解的基础上,恰当地运用到实训任务中。

(2)认知能力,对相关实训资料的理解能力,对经济业务活动的分析能力。对提供的实训资料,能进行系统的梳理,运用所学的知识,正确分析,把握住问题的实质和重点。

(3)操作技能,对实训过程中所需要的专业操作规范技能、技巧的掌握程度,如填制记账凭证、登记账簿的要求、方法等。

(4)沟通协调能力,与相关人员(团队成员、指导老师等)的沟通能力,团队成员之间任务的分配、对意见分歧的处理能力。

3. 实训任务完成质量,从质和量两个方面评价学生实训任务完成情况。这项指标是对学生完成实训课程的核心要求,是对实训结果的质量进行的评价,是反映学生对相关知识的理解、运用能力,以及专业规范技能掌握熟练程度的指标。主要包括三个要素:

(1)运用相关专业知识的水平;所用的专业理论知识是否正确恰当,所提供的会计信息是否客观反映了企业的财务状况、经营成果和现金流量。

(2)实训任务的量:是否按照实训要求完成了手工会计处理、电算化处理、纳税申报和财务分析等所有阶段的任务要求,实训任务量的饱满程度。

(3)实训任务的质:各项实训任务的完成是否符合规范要求,纳税申报结果和财务分析的结论与会计处理之间的关联性,有无抄袭之嫌。

4. 答辩,这项指标是对学生完成实训课程提出的较高层次要求,用来评价学生的语言表达与临场应变能力。

(1)陈述,对实训过程和内容进行简要的概括。陈述思路清晰,语言表达准确、流畅,语速适中,语气坚定。

(2)回答问题,临场反应、正确性、流畅性等。

三、评价标准

首先,对学生的态度与情意进行评价,分值占总评成绩的20%,20分,作为基础分。

其次,对学生的智能与技能进行评价,分值占总评成绩的25%,25分,作为基础分。

再次,对学生实训任务的完成质量进行评价,分值占总评成绩的40%,40分,作为核心分。

最后,对学生的答辩水平进行评价,分值占总评成绩的15%,15分,作为提高分。

评价标准见下表:

实训小组序号：_____　成员姓名：_____

会计综合模拟实训评价标准

评价指标	评价要素及权重		权重(%)	评价等级/分数				评价标准细则
	评价要素			A	B	C	D	
态度与情意（20%）	出勤		5	5	3	1	0	缺勤1次，扣0.5分；缺勤9次（含9次）以上，出勤为0分。
	主体性、积极性、主动性		5	5	3	1	0	在老师的引导下，能够独立思考，态度积极主动的5分；有一定的独立思考能力，态度积极主动的3分；独立思考能力较差，态度积极主动的1分；态度不端正的0分。
	团队协作精神		5	5	3	1	0	小组成员之间能相互合作，和谐相处的5分；能相互合作，成员之间的分歧要得到外力帮助才能解决的3分；缺乏合作的主动性，成员之间的分歧不能解决的1分；成员之间不能相互合作的0分。
	实训任务完成进度		5	5	3	1	0	能按照教学进度要求完成实训任务的5分；与教学进度相差20%的3分；与教学进度相差50%的1分；与教学进度相差50%以上的0分。
智能与技能（25%）	对相关专业知识的理解、运用能力		5	5	4	3	2	对相关专业知识能正确理解并给予恰当运用的5分；能够正确理解，运用存在明显不完全恰当的4分；基本能够理解，运用存在误的3分；基本能够理解，运用不当失当的2分。
	认知能力		5	5	4	3	2	通过对实训资料的分析，能够准确把握问题实质和重点的5分；基本能够正确把握问题的关键和重点的4分；基本能够把握重点但关键问题有遗漏的3分；基本能够把握重点但关键问题有错误的2分。
	操作技能		5	5	4	3	2	能够熟练掌握专业操作规范，要求的5分；基本能够掌握专业操作规范，要求的4分；能够较好掌握专业操作规范，要求的3分；基本能够掌握专业操作规范，要求但存在明显失当的2分。
	独立分析、解决问题的能力		5	5	4	3	2	在实训过程中，对问题能够独立分析，提出恰当应对措施的5分；对问题基本能提出应对措施的4分；对问题能够独立分析但提出的应对措施存在明显不恰当的3分；对问题能够独立分析但提出的应对措施存在错误的2分。
	沟通协调能力		5	5	4	3	2	小组内部分工明确合理，沟通合理，沟通顺畅，能有效处理成员之间意见分歧的5分；小组内部分工明确合理，沟通基本顺畅，能进行沟通，成员之间意见分歧能处理的4分；小组内部分工基本合理，沟通基本能沟通，成员之间有分工但小组内部分歧的3分；小组内部分工基本合理，沟通有分歧，借助外部力量处理意见分歧的2分。

续表

评价指标	评价要素及权重		评价等级/分数				评价标准细则
	评价要素	权重(%)	A	B	C	D	
实训任务完成质量（40%）	实训任务的质量	20	20	15	10	5	能够正确恰当地运用会计、税法、财务分析等相关专业理论知识，操作规范、完成的财务报表、纳税申报正确，结果正确，恰当的20分；基本能够正确地运用相关专业理论知识，操作基本规范，完成的财务报表、纳税申报表以及形成的财务分析是建立在其会计处理基础上，结果基本正确，完成的财务报表的15分；基本能够正确恰当地运用相关专业理论知识，操作结论是建立在其会计处理基础上，操作存在明显缺略，完成的财务报表、纳税申报表以及形成的财务分析结论存在严重缺陷，完成的财务报表的10分；不能正确运用相关专业理论知识，纳税申报表、形成的财务报表以及形成的财务分析结论不正确的5分。
	实训任务的量	20	20	15	10	5	能够按照教学要求完成对实训单位发生的经济业务的手工会计处理、电算化会计处理、纳税申报和财务分析任务要求，实训任务的饱满程度高的20分；按照教学要求完成对实训单位发生的经济业务的手工会计处理、电算化会计处理，纳税申报实训任务要求，实训任务的饱满程度较高的15分；按照教学要求完成对实训单位发生的经济业务的手工会计处理、电算化会计处理，完成了基本实训任务量的10分；没有按照教学要求完成基本实训任务的5分。
答辩水平（15%）	陈述：条理、完整、重点突出	8	8	6	4	2	对实训过程及结果陈述时，思路清晰、内容完整、重点突出，语言表达准确、流畅，语速适中，语气坚定的8分；陈述思路清晰、内容完整，语言表达基本准确、流畅，语速适中的6分；陈述思路较慢或较快、语速较快或较慢的4分；陈述思路基本清晰、内容完整、重点不明确、语言表达不准确、重点不明确的2分。
	回答问题从容、流利、正确	7	7	5	3	1	在回答指导老师的现场提问时，问题回答及时，问题回答正确，语言表达流畅，具有很强临场应变能力的7分；问题回答正确，语言表达基本流畅，具有较强临场应变能力的5分；问题回答基本正确，语言表达基本流畅，具有一定临场应变能力的3分；问题回答存在错误，临场应变能力较差的1分。
总评分数/等级							

根据量化总分评定等级：优（总评分数≥90），良（90＜总评分数≥80），中（80＜总评分数≥70），及格（＜70总评分数≥60），不及格（总评分数＜60）。

第四章　建账资料

第一节　会计科目表

一、会计科目表

顺序号	编号	名称	顺序号	编号	名称
		一、资产类	50	2203	预收账款
1	1001	库存现金	51	2211	应付职工薪酬
2	1002	银行存款	52	2221	应交税费
3	1012	其他货币资金	53	2231	应付利息
4	1101	交易性金融资产	54	2241	其他应付款
5	1121	应收票据	55	2501	长期借款
6	1122	应收账款	56	2901	递延所得税负债
7	1123	预付账款			三、所有者权益
8	1131	应收利润	57	4001	实收资本
9	1221	其他应收款	58	4002	资本公积
10	1231	坏账准备	59	4003	其他综合收益
11	1402	在途物资	60	4101	盈余公积
12	1403	原材料	61	4103	本年利润
13	1405	库存商品	62	4104	利润分配
14	1406	发出商品			四、成本类
15	1411	周转材料	63	5001	生产成本
16	1471	存货跌价准备	64	5101	制造费用
17	1511	长期股权投资			五、损益类
18	1512	长期股权投资减值准备	65	6001	主营业务收入
19	1601	固定资产	66	6051	其他业务收入
20	1602	累计折旧	67	6101	公允价值变动损益
21	1603	固定资产减值准备	68	6111	投资收益
41	1606	固定资产清理	69	6301	营业外收入
42	1701	无形资产	70	6401	主营业务成本
43	1702	累计摊销	71	6402	其他业务成本
44	1703	无形资产减值准备	72	6405	营业税金及附加
45	1811	递延所得税资产	73	6601	销售费用
46	1901	待处理财产损溢	74	6602	管理费用
		二、负债类	75	6603	财务费用
47	2001	短期借款	76	6701	资产减值损失
48	2201	应付票据	77	6711	营业外支出
49	2202	应付账款	78	6801	所得税费用

二、客户和供应商信息资料

类别	序号	单位名称	纳税人识别号	开户行	账户	地址	邮编	电话	传真	联系人
客户	1	南海市机床经销公司	150113445672571	交通银行南海市长洽路分行	6225207144481777	南海市长洽路M号	030006	0561-7985555	0561-7985556	王强
	2	福海贸易公司	150113442414251	中国农业银行南海市府东街支行	5310010440004998	南海市府东街N号	030007	0561-7273456	0561-7273457	张瑞
	3	泰安起重机厂	120412425357421	中国建设银行滨海市解放路分理处	62270039200602125282	滨海市解放路X号	050006	0391-7980449	0391-7980450	李欣
	4	北方机电公司	140126423157892	中国光大银行中原市南内环分理处	398401880008082145	中原市南内环X号	040012	0371-7273049	0371-7273050	李梅
	5	汉北有限公司	110312402856972	中国农业银行大江市五一路支行	5310010440005660	大江市五一路Z号	030012	031-7271275	031-7271276	王思宇
	6	泰山公司	120412423574258	中国工商银行滨海市迎泽路支行	02000001009014413888	滨海市迎泽路X号	030086	0391-6698865	0391-6698866	李海峰
	7	远航公司	160245312545835	中国建设银行江宁市青年路分理处	62270039200602125202	江宁市青年路X号	070016	039-8965321	039-8965322	张祖华
供应商	1	淮北钢铁厂	150113445664235	中国农业银行南海市长江路支行	5310010440004115	南海市长江路Y号	030096	0561-7950823	0561-7950824	李红
	2	新伟钢铁厂	130231254232541	中国农业银行南江市北外环分理处	5310010440003009	南江市北外环Z号	030052	0581-7275586	0581-7275587	张珊
	3	长峰铜厂	150113445686935	中国光大银行南海市南内环支行	398401880008082186	南海市南内环Z号	030042	0561-7276652	0561-7276653	韩丽
	4	新华标准件厂	150113445612583	中国工商银行南海市闽江路分理处	02000001009014413200	南海市闽江路X号	030062	0561-7357778	0561-7357779	赵美丽
	5	创新电子设备厂	150113444175042	中国工商银行南海市兴旺路支行	02000001009014413211	南海市兴旺路Z号	030042	0561-7355555	0561-7355556	孙雅莉
	6	新阳轴承厂	150113444435684	中国工商银行南海市远大路支行	02000001009014413253	南海市远大路Z号	030052	0561-7253344	0561-7253345	王骏

第二节　各账户信息资料

一、各账户名称、账页格式及 2015 年 12 月初有关账户余额

科目编号	总账科目	二级明细科目	三级明细科目	借方余额	贷方余额	辅助账类型	账页格式	所需账页数
1001	库存现金			238.50		日记账	日记账	
1002	银行存款			413 665.47			日记账	
100201		工商银行		389 815.47		日记账		
100202		中国银行		23 850.00		日记账		
1012	其他货币资金						甲式账	2 页
101201		银行汇票存款						
1101	交易性金融资产			156 500.00			甲式账	4 页
110101		阳光股份		156 500.00				
11010101			成本	148 500.00				
11010102			公允价值变动	8 000.00				
1121	应收票据			1 392 400.00		客户往来	甲式账	3 页
112101		北方机电公司（商业承兑汇票）		760 000.00				
112102		汉北有限公司（银行承兑汇票）		632 400.00				
1122	应收账款			1 610 000.00		客户往来	甲式账	8 页
112201		南海市机床经销公司		600 000.00				

续表

科目编号	总账科目	二级明细科目	三级明细科目	借方余额	贷方余额	辅助账类型	账页格式	所需账页数
112202	福海贸易公司			910 000.00				
112203	泰安起重机厂			100 000.00				
1221	其他应收款			1 280.00			甲式账	2 页
122101		南海市机床经销公司		1 280.00				
12210101			押金	1 280.00				
122102		职工借款				个人往来		
1231	坏账准备				267 000.00		甲式账	4 页
123101		福海贸易公司			232 000.00			
123102		南海市机床经销公司			30 000.00			
123103		泰安起重机厂			5 000.00			
1403	原材料			478 000.00			乙式账	15 页
140301		原材料		55 000.00				
14030101			圆钢	28 000.00		数量核算		
14030102			钢板	27 000.00		数量核算		
140302		外购半成品		322 400.00				
14030201			轴承	140 000.00		数量核算		
14030202			电机	7 1400.00		数量核算		
14030203			标准件	36 000.00		数量核算		
14030204			数控板	75 000.00		数量核算		
140303		辅助材料		100 600.00				
14030301			油漆	100 000.00		数量核算		

续表

科目编号	总账科目	二级明细科目	三级明细科目	借方余额	贷方余额	辅助账类型	账页格式	所需账页数
14030302			润滑油	600.00		数量核算		
1405	库存商品			1 352 513.40			乙式账	3 页
140501		A型数控机床		842 256.00		数量核算		
140502		B型数控机床		510 257.40		数量核算		
1406	发出商品			433 290.80			乙式账	3 页
140601		A型数控机床		263 205.00		数量核算		
140602		B型数控机床		170 085.80		数量核算		
1411	周转材料			17 800.00			乙式账	10 页
141101		低值易耗品		12 800.00				
14110101			工作服	500.00		数量核算		
14110102			手套	100.00		数量核算		
14110103			专用工具	2 000.00		数量核算		
14110104			扳手	200.00		数量核算		
14110105			螺钉	10 000.00		数量核算		
141102		包装物		5 000.00				
14110201			包装箱	5 000.00		数量核算		
1511	长期股权投资			1 150 000.00			甲式账	3 页
151101		伟业房地产公司		1 150 000.00				
15110101			成本	1 000 000.00				
15110102			损益调整	150 000.00				
1601	固定资产			5 120 370.00			固定资产明细账	30 页

续表

科目编号	总账科目	二级明细科目	三级明细科目	借方余额	贷方余额	辅助账类型	账页格式	所需账页数
160101	房屋建筑物			2 255 930.00				
16010101			办公楼	1 239 060.00				
16010102			机加工车间	516 350.00				
16010103			装配车间	450 260.00				
16010104			机修车间	50 260.00				
160102		机器设备		2 191 240.00				
16010201			车床 1	52 580.00				
16010202			车床 2	52 580.00				
16010203			铣床 1	86 800.00				
16010204			铣床 2	86 800.00				
16010205			磨床	48 500.00				
16010206			剪板机	35 000.00				
16010207			折弯机	45 800.00				
16010208			A 型数控机床装配线	853 800.00				
16010209			B 型数控机床装配线	903 580.00				
16010210			车床 3	18 500.00				
16010211			电焊机	7 300.00				
16010212			W 车床					
160103		运输工具		673 200.00				
16010301			桑塔纳轿车 1	83 500.00				

续表

科目编号	总账科目	二级明细科目	三级明细科目	借方余额	贷方余额	辅助账类型	账页格式	所需账页数
16010302			帕萨特轿车	225 600.00				
16010303			桑塔纳轿车 2	80 500.00				
16010304			五十铃客货车	158 000.00				
16010305			中型自卸货车	125 600.00				
1602	累计折旧				645 839.19		固定资产明细账	30 页
160201		房屋建筑物			138 739.90			
16020101			办公楼		76 202.19			
16020102			机加工车间		31 755.73			
16020103			装配车间		27 690.99			
16020104			机修车间		3 090.99			
160202		机器设备			306 079.50			
16020201			车床 1		8 533.33			
16020202			车床 2		6 035.77			
16020203			铣床 1		14 086.78			
16020204			铣床 2		9 963.82			
16020205			磨床		7 871.18			
16020206			剪板机		5 680.14			
16020207			折弯机		7 432.89			
16020208			A 型数控机床装配线		138 564.83			
16020209			B 型数控机床装配线		103 723.43			

续表

科目编号	总账科目	二级明细科目	三级明细科目	借方余额	贷方余额	辅助账类型	账页格式	所需账页数
16020210			车床 3		3 002.43			
16020211			电焊机		1 184.9			
16020212			W 车床					
160203		运输工具			201 019.79			
16020301			桑塔纳轿车 1		33 878.30			
16020302			帕萨特轿车		51 347.50			
16020303			桑塔纳轿车 2		23 101.69			
16020304			五十铃客货车		64 105.14			
16020305			中型自卸货车		28 587.16			
1701	无形资产			1 220 950.00			甲式账	3 页
170101		土地使用权（年限 50 年，土地使用权证）		1 152 000.00				
170102		专利技术		68 950.00				
1702	累计摊销				87 535.00		甲式账	3 页
170201		土地使用权			80 640.00			
170202		专利技术			6 895.00			
1811	递延所得税资产			66 750.00			甲式账	1 页
1901	待处理财产损溢						甲式账	2 页
190101		待处理流动资产财产损溢						
190102		待处理固定资产财产损溢						
2001	短期借款				2 000 000.00		甲式账	2 页

续表

科目编号	总账科目	二级明细科目	三级明细科目	借方余额	贷方余额	辅助账类型	账页格式	所需账页数
200101		中国银行			2 000 000.00			
2201	应付票据					供应商往来	甲式账	2 页
2202	应付账款				1 971 900.00	供应商往来	甲式账	9 页
220201		新伟钢铁厂			680 000.00			
220202		长峰钢厂			1 179 700.00			
220203		新华标准件厂			34 200.00			
220204		创新电子设备厂			98 000.00			
220205		新阳轴承厂		20 000.00				
2211	应付职工薪酬				376 558.40		甲式账	15 页
221101		短期薪酬			345 838.40			
22110101			工资		307 200.00			
22110102			福利费					
22110103			公积金		15 360.00			
22110104			医疗保险		1 0752.00			
22110105			工伤保险		921.60			
22110106			生育保险		1 228.80			
22110107			工会经费		5 072.00			
22110108			职工教育经费		5 304.00			
221102		离职后福利			3 0720.00			
22110201			养老保险		3 0720.00			
2221	应交税费				234 094.00		甲式账	10 页

续表

科目编号	总账科目	二级明细科目	三级明细科目	借方余额	贷方余额	辅助账类型	账页格式	所需账页数
222101		应交城市建设维护税			13 253.80			
222102		应交企业所得税			25 820.00			
222103		应交个人所得税						
222104		未交增值税			189 340.00			
222105		应交增值税			0		增值税多栏账	4 页
22210501		进项税额						
22210502		销项税额						
22210503		转出未交增值税						
222106		应交教育费附加			5 680.20			
222107		应交土地使用税						
222108		应交房产税						
222109		应交车船税						
2231	应付利息				7 088.89		甲式账	2 页
223101		中国银行			7 088.89			
2241	其他应付款						甲式账	5 页
224101		公积金						
224102		养老保险						
224103		医疗保险						
2901	递延所得税负债				2 000.00		甲式账	1 页
4001	实收资本				5 000 000.00		甲式账	3 页
400101		长达股份有限公司			1 250 000.00			

续表

科目编号	总账科目	二级明细科目	三级明细科目	借方余额	贷方余额	辅助账类型	账页格式	所需账页数
400102		蓝海股份公司			3 750 000.00			
4002	资本公积				250 000.00		甲式账	2 页
400201		其他资本公积			250 000.00			
4003	其他综合收益						甲式账	2 页
4101	盈余公积				205 206.50		甲式账	2 页
410101		法定盈余公积			205 206.50			
4103	本年利润				1 208 861.74		甲式账	1 页
4104	利润分配				1 432 674.45		甲式账	3 页
410401		未分配利润			1 432 674.45			
5001	生产成本			275 000.00			多栏式账	5 页
500101		A型数控机床		185 000.00		项目核算		
500102		B型数控机床		90 000.00		项目核算		
500103		辅助生产费用				项目核算		
5101	制造费用						多栏式账	30 页
510101		机加工车间				部门核算		
51010101			工资			部门核算		
51010102			福利费			部门核算		
51010103			公积金			部门核算		
51010104			养老保险			部门核算		
51010105			医疗保险			部门核算		
51010106			工伤保险			部门核算		

续表

科目编号	总账科目	二级明细科目	三级明细科目	借方余额	贷方余额	辅助账类型	账页格式	所需账页数
51010107			生育保险			部门核算		
51010108			材料消耗			部门核算		
51010109			低值易耗品摊销			部门核算		
51010110			折旧费			部门核算		
51010111			水电费			部门核算		
51010112			电话费			部门核算		
51010113			办公费			部门核算		
51010114			其他			部门核算		
51010102		装配车间						
51010201			工资					
51010202			福利费					
51010203			公积金					
51010204			养老保险					
51010205			医疗保险					
51010206			工伤保险					
51010207			生育保险					
51010208			材料消耗					
51010209			低值易耗品摊销					
51010210			折旧费					
51010211			水电费					
51010212			电话费					

续表

科目编号	总账科目	二级明细科目	三级明细科目	借方余额	贷方余额	辅助账类型	账页格式	所需账页数
51010213			办公费					
51010214			其他					
6601	销售费用						多栏式账	20 页
660101		工资及福利费						
660102		公积金						
660103		医疗保险						
660104		养老保险						
660105		工伤保险						
660106		生育保险						
660107		工会经费						
660108		教育经费						
660109		折旧						
660110		运输费						
660111		广告费						
660112		差旅费						
660113		其他						
6602	管理费用						多栏式账	20 页
660201		工资及福利费						
660202		公积金						
660203		医疗保险						
660204		养老保险						

续表

科目编号	总账科目	二级明细科目	三级明细科目	借方余额	贷方余额	辅助账类型	账页格式	所需账页数
660205		工伤保险						
660206		生育保险						
660207		工会经费						
660208		教育经费						
660209		折旧						
660210		无形资产摊销						
660211		业务招待费						
660212		差旅费						
660213		其他						
660215								
6603	财务费用						多栏式账	5 页
660301		利息费用						
660302		现金折扣						
660303		手续费						
6711	营业外支出						甲式账	5 页
671101		处置非流动资产损失						
671102		罚款						
671103		捐赠						

二、存货类账户设置及 2015 年 12 月初余额

1."生产成本"账户及其12月初余额

"生产成本"的二级明细为：A型数控机床、B型数控机床、辅助生产费用（为机修车间发生的支出）。

三级明细为成本构成项目：直接材料、直接人工、制造费用。

成本项目　产品名称	直接材料	直接人工	制造费用	合计（元）
A 型数控机床	149 600.00	11 400.00	24 000.00	185 000.00
B 型数控机床	78 000.00	4 050.00	7 950.00	90 000.00

2."原材料"明细账户及其12月初余额

明细账户 二级明细	三级明细	计量单位	结存数量	单价	结存金额（元）
原材料	圆钢	吨	8.75	3 200	28 000.00
	钢板	吨	9	3 000	27 000.00
外购半成品	轴承	套	500	280	140 000.00
	电机	台	51	1 400	71 400.00
	标准件	套	900	40	36 000.00
	数控板	个	150	500	75 000.00
外购半成品	油漆	千克	5 000	20	100 000.00
	润滑油	千克	60	10	600.00
合　计		—	—	—	478 000.00

3."周转材料"明细账户及其12月初余额

明细账户 二级明细	三级明细	计量单位	结存数量	单价	结存余额（元）
低值易耗品	工作服	套	25	20	500.00
	手套	副	20	5	100.00
	专用工具	套	20	100	2 000.00
	扳手	把	40	5	200.00
	螺钉	盒	500	20	10 000.00
包装物	包装箱	个	100	50	5 000.00
合　计		—	—	—	17 800.00

4."库存商品"明细账及其12月初余额

明细账户	计量单位	结存数量	单价	结存金额(元)
A 型数控机床	台	32	26 320.50	842 256.00
B 型数控机床	台	30	17 008.58	510 257.40
合　计				1 352 513.40

5."发出商品"明细账及其12月初余额

明细账户	计量单位	结存数量	单价	结存金额(元)
A 型数控机床	台	10	26 320.50	263 205.00
B 型数控机床	台	10	17 008.58	170 085.80
合　计				433 290.80

三、应收账款账龄表

2015 年 12 月 1 日

客　户	应收账款金额	账　龄	坏账计提比例(%)	坏账计提金额
南海市机床经销公司	600 000.00	3 个月	5	30 000.00
福海贸易公司	250 000.00	2 年 5 个月	40	100 000.00
	450 000.00	1 年 10 个月	20	90 000.00
	210 000.00	1 年 8 个月	20	42 000.00
小　计	910 000.00			232 000.00
泰安起重机厂	100 000.00	2 个月	5	5 000.00
合　计	1 610 000.00			267 000.00

四、固定资产台账信息

类别	项目名称	用途	购建时间	入账价值	预计净残值率(%)	预计使用年限	年折旧率(%)	2015年11月底累计折旧额
房屋建筑物	办公楼	管理活动	2012.6.20	1 239 060.00	10	50	1.8	76 202.19
	机加工车间	产品生产	2012.6.20	516 350.00	10	50	1.8	31 755.73
	装配车间	产品生产	2012.6.20	450 260.00	10	50	1.8	27 690.99
	机修车间	产品生产	2012.6.20	50 260.00	10	50	1.8	3 090.99
	小 计			2 255 930.00				138 739.90
	车床1	产品生产	2012.6.20	52 580.00	5	20	4.75	8 533.33
	车床2	产品生产	2013.6.5	52 580.00	5	20	4.75	6 035.77
	铣床1	产品生产	2012.6.20	86 800.00	5	20	4.75	14 086.78
	铣床2	产品生产	2013.6.5	86 800.00	5	20	4.75	9 963.82
	磨床	产品生产	2012.6.20	48 500.00	5	20	4.75	7 871.18
	剪板机	产品生产	2012.6.20	35 000.00	5	20	4.75	5 680.14
	折弯机	产品生产	2012.6.20	45 800.00	5	20	4.75	7 432.89
机器设备	机加工车间小计			408 060.00				59 603.91
	A型数控机床装配线	产品生产	2012.6.20	853 800.00	5	20	4.75	138 564.83
	B型数控机床装配线	产品生产	2013.6.20	903 580.00	5	20	4.75	103 723.43
	装配车间小计			1 757 380.00				242 288.26
	车床3	产品生产	2012.6.20	18 500.00	5	20	4.75	3 002.43
	电焊机(2个)	产品生产	2012.6.20	7 300.00	5	20	4.75	1 184.9
	机修车间小计			25 800.00				4 187.33
	机器设备小计			2 191 240.00				306 079.50

续表

类别	项目名称	用途	购建时间	入账价值	预计净残值率(%)	预计使用年限	年折旧率(%)	2015年11月底累计折旧额
	桑塔纳轿车1	管理活动	2012.6.20	83 500.00	5	8年	11.875	33 878.30
	帕萨特轿车	管理活动	2013.12.20	225 600.00	5	8年	11.875	51 347.50
	桑塔纳轿车2	管理活动	2013.6.20	80 500.00	5	8年	11.875	23 101.69
	五十铃客货车(1吨)2辆	管理活动	2012.6.20	158 000.00	5	8年	11.875	64 105.14
运输工具	中型自卸货车(6吨)1辆	运输业务	2013.12.1	125 600.00	5	8年	11.875	28 587.16
	小 计			673 200.00				201 019.79
	合 计			5 120 370.00				645 839.19

五、无形资产明细表

项目名称	取得时间	入账价值	预计使用年限	年摊销率(%)	2015年11月底累计摊销额
土地使用权	2012.6.20	1 152 000.00	50	2	80 640.00
生产专利技术(机加工车间)	2014.12.8	68 950.00	10	10	6 895.00

第五章 记录及证明 2015 年 12 月份经济业务发生的原始凭证

1—1

中国工商银行
现金支票存根
B **B**
0 2 20131201

附加信息

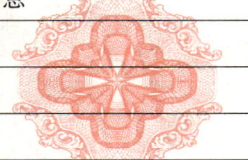

出票日期 2015 年 12 月 01 日

| 收款人:祥瑞制造有限责任公司 |
| 金　　额:￥8 000.00 |
| 用　　途:备用金 |

单位主管　　会计

2—1

增值税专用发票 № 00131201

1100131140

此联不作报销 扣税凭证使用　开票日期：2015 年 12 月 1 日

| 购货单位 | 名　　称：泰山公司
纳税人识别号：120412423574258
地址、电话：滨海市迎泽路×号 0391—6698865
开户行及账号：中国工商银行滨海市迎泽路支行
0200001009014413888 | 密码区 | 6098-1<9-7-61342284
8<032/52>9/29563-4974
1626<8-3024>81106-2
-47-6<7>2˙ —/>˙˙>6/ | 加密版本：
0197040
3745210
0357834 |

货物或应税劳务名称	规格型号	单位	数量	单价	金额	税率	税额
数控机床	A 型	台	10	36 000.00	360 000.00	17%	61 200.00
合　计					￥360 000.00		￥61 200.00

价税合计（大写）　⊗肆拾贰万壹仟贰佰元整　　　　　　　（小写）￥421 200.00

| 销货单位 | 名　　称：祥瑞制造有限责任公司
纳税人识别号：150113445672867
地址、电话：南海市朝阳区朝阳东街 66 号 0561—69986559
开户行及账号：中国工商银行南海市分行 267—50660526 | 备注 | |

收款人：杨杰　　复核：张瑞英　　开票人：杨杰　　销货单位：（章）

第一联 记账联 销货方记账凭证

2—2

增值税专用发票 № 00131201

1100131140

此联不作报销 扣税凭证使用　开票日期：2015 年 12 月 1 日

| 购货单位 | 名　　称：泰山公司
纳税人识别号：120412423574258
地址、电话：滨海市迎泽路×号 0391—6698865
开户行及账号：中国工商银行滨海市迎泽路支行
0200001009014413888 | 密码区 | 6098-1<9-7-61342284
8<032/52>9/29563-4974
1626<8-3024>81106-2
-47-6<7>2˙ —/>˙˙>6/ | 加密版本：
0197040
3745210
0357834 |

货物或应税劳务名称	规格型号	单位	数量	单价	金额	税率	税额
数控机床	A 型	台	10	36 000.00	360 000.00	17%	61 200.00
合　计					￥360 000.00		￥61 200.00

价税合计（大写）　⊗肆拾贰万壹仟贰佰元整　　　　　　　（小写）￥421 200.00

| 销货单位 | 名　　称：祥瑞制造有限责任公司
纳税人识别号：150113445672867
地址、电话：南海市朝阳区朝阳东街 66 号 0561—69986559
开户行及账号：中国工商银行南海市分行 267—50660526 | 备注 | |

收款人：杨杰　　复核：张瑞英　　开票人：杨杰　　销货单位：（章）

第四联 存根联 销货方留存

2—3

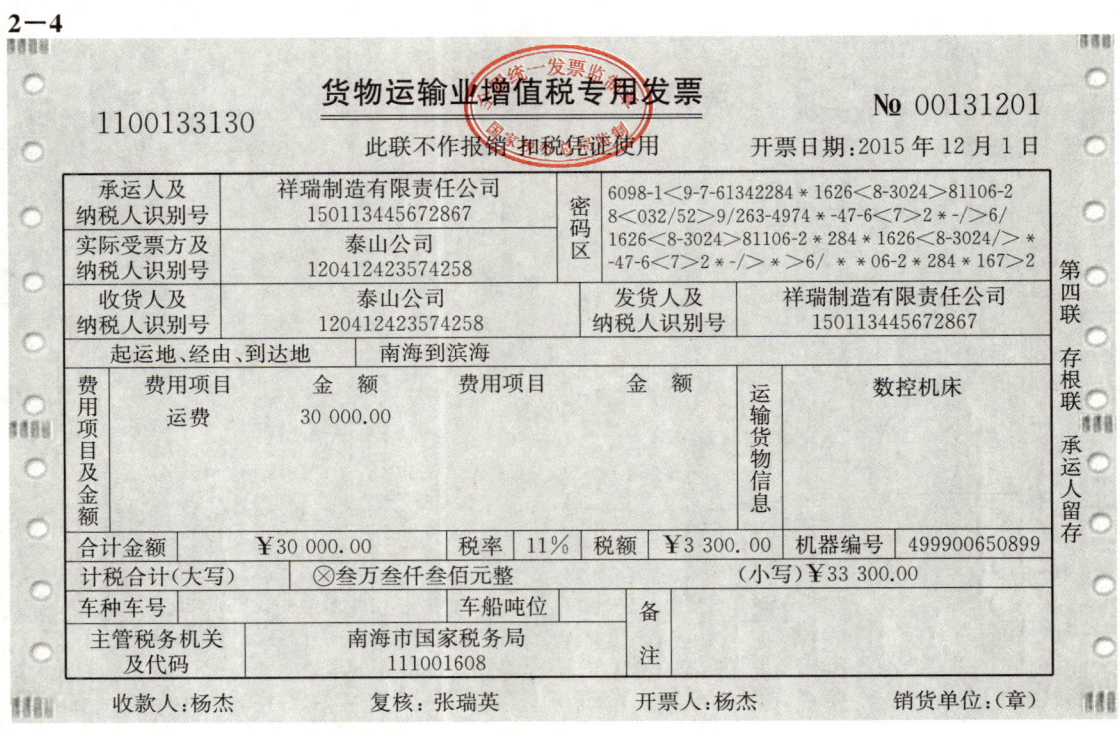

2—4

2—5

出 库 单

出货单位:祥瑞制造有限责任公司　　　　2015 年 12 月 1 日　　　　　　　　第 1201 号

提货单位或领货部门	泰山公司	销售单号		发出仓库	产成品库
编 号	名 称	规 格	单 位	数 量	
				应 发	实 发
	数控机床	A 型	台	10	10
合　计				10	10

仓库负责人:王 林　　　　　　　　　　　　　　发货人:王 方

记账联

2—6

中国工商银行 进 账 单（收账通知） 3

2015 年 12 月 1 日

出票人	全 称	泰山公司	收款人	全 称	祥瑞制造有限责任公司
	账 号	02000001009014413888		账 号	267—50660526
	开户银行	中国工商银行滨海市迎泽路支行		开户银行	中国工商银行南海市分行

金额	人民币（大写）	叁万叁仟叁佰元整	千	百	十	万	千	百	十	元	角	分
					¥	3	3	3	0	0	0	0

票据种类		票据张数	
票据号码			

复核:张瑞英　　记账:杨杰

中国工商银行南海市分行
2015.12.01
转 讫
(1)

收款人开户银行签章

此联是收款人开户银行交给付款人的收账通知

2—7

销 售 合 同

供方：祥瑞制造有限责任公司　　　　　　合同编号：XR12001

需方：泰山公司　　　　　　　　　　　　签订时间：2015 年 12 月 1 日

经双方友好协商，签订如下合同：

一、产品名称、规格、型号、数量、金额、供货时间：

序号	名　称	规格型号	单位	数量	单价(元)	金额(元)	附注
	数控机床	A型	台	10	36 000.00	360 000.00	
	合　计					￥360 000.00	
货款总计(大写)		叁拾陆万元整					

二、质量要求、技术标准：符合国家同类产品质量标准

三、交货日期：2015 年 12 月 10 日前

四、交货地点：需方仓库，由供方负责承运，运杂费由需方承担。

五、产品验收地点、方法及提出异议期限：由需方按本合同约定标准及本合同附件验收，有质量异议在收货后十日内提出，需方未在上述期限内提出异议视为需方验收合格。

六、结算方式及期限：

需方须将本合同项下的所有款项支付到供方指定的账户上，如以现金方式支付，须事先征得供方财务部门同意。

现金折扣条件：2/10，1/20，n/30

七、违约责任：违约方须赔偿对方一切经济损失。但遇天灾人祸或其他人力不能控制之因素而导致延误交货，需方不能要求供方赔偿任何损失。

解决合同纠纷的方式：经双方友好协商解决，如协商不成的，可向当地仲裁委员会提出申诉解决。

本合同一式两份，供需双方各执一份，自签订之日起生效。

未尽事宜，双方协商一致并另行签订补充协议，补充协议与本合同具有同等法律效力。

供方(盖章)：＿＿＿＿＿＿＿＿　　　　　需方(盖章)：＿＿＿＿＿＿＿＿

税号：150113445672867　　　　　　　　税号：120412423574258

开户行及账号：中国工商银行南海市　　　开户行及账号：中国工商银行滨海市

分行 267—50660526　　　　　　　　　迎泽路支行 02000010090144138888

地址：南海市朝阳区朝阳东街 66 号　　　地址：滨海市迎泽路 X 号

法定代表：李栋梁　　　　　　　　　　　法定代表：秦海峰

联系电话：0561—69986559　　　　　　联系电话：0391—6698865

3—1

中国工商银行 进 账 单（收账通知） 3

2015 年 12 月 2 日

出票人	全　称	北方机电公司		收款人	全　称	祥瑞制造有限责任公司									
	账　号	39840188000082145			账　号	267—50660526									
	开户银行	中国光大银行中原市南内环分理处			开户银行	中国工商银行南海市分行									
金额（大写）		柒拾陆万元整				千	百	十	万	千	百	十	元	角	分
							¥	7	6	0	0	0	0	0	0
票据种类	汇票	票据张数	1												
票据号码		2635—1													

复核：张瑞英　　记账：杨杰

中国工商银行南海市分行
2015.12.02
转讫
（1）

收款人开户银行签章

此联是收款人开户银行交给付款人的收账通知

3—2

托收凭证（汇款依据或收账通知）

委托日期　2015 年 12 月 2 日

业务类型		委托收款（□邮划 ■电划）　　　托收承付（□邮划 □电划）													
付款人	全　称	北方机电公司		收款人	全　称	祥瑞制造有限责任公司									
	账　号	39840188000082145			账　号	267—50660526									
	开户银行	中国光大银行中原市南内环分理处			开户银行	中国工商银行南海市分行									
	地　址	中原市南内环 X 号			地　址	南海市朝阳区朝阳东街 66 号									
金额（大写）		柒拾陆万元整				亿	千	百	十	万	千	百	十	元	角 分
								¥	7	6	0	0	0	0	0 0
款项内容	货款	托收凭据名称	商业承兑汇票						附寄单证张数			1			
商品发运情况	已经送达	合同名称号码		425789765											
备注：		上列款项已划回收入你方账户内。													
复核：李阳　　记账：吴梅		收款人开户银行签章 2015 年 12 月 2 日													

中国工商银行南海市分行
2015.12.02
转讫
（1）

此联作付款人开户行凭以汇款或收款人开户银行作收账通知

3－3

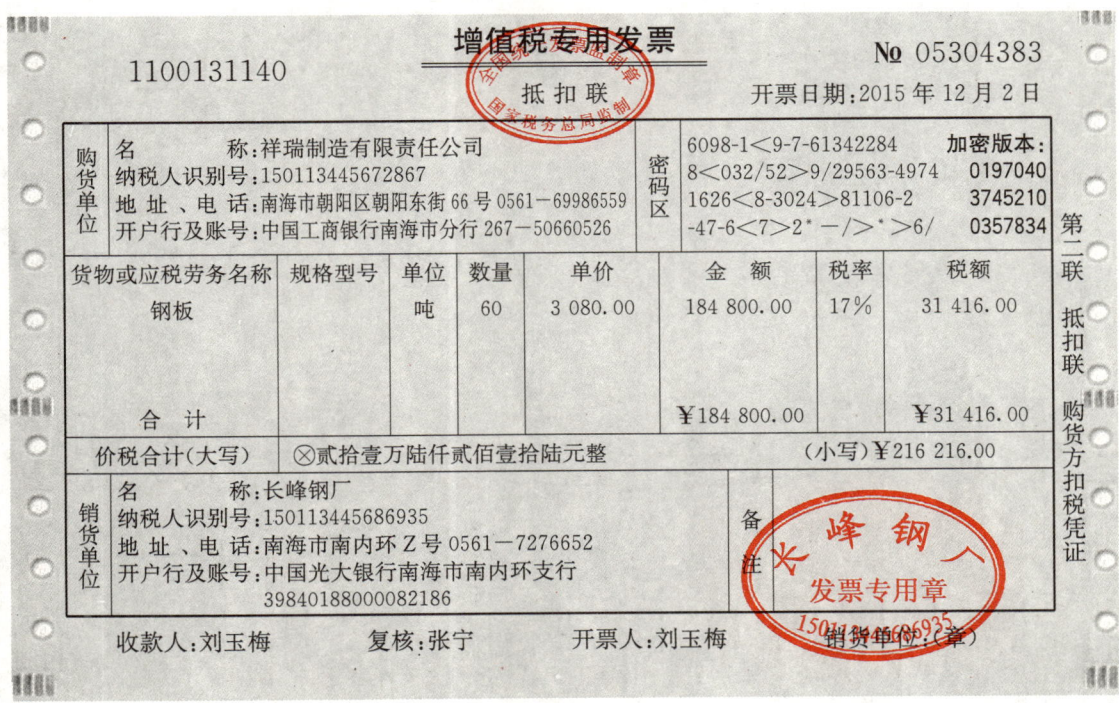

中国光大银行**商业承兑汇票**

出票日期　2015 年 10 月 2 日　　汇票号码：2635－1

出票人	全　　称	北方机电公司	收款人	全　　称	祥瑞制造有限责任公司
	账　　号	39840188000082145		账　　号	267－50660526
	开户银行	中国光大银行中原市南内环分理处		开户银行	中国工商银行南海市分行

出票金额	人民币（大写）	柒拾陆万元整	亿	千	百	十	万	千	百	十	元	角	分
				¥	7	6	0	0	0	0	0	0	0

汇票到期日	2015 年 12 月 2 日	交易合同号码	425789765

本汇票已经本单位承兑，到期日无条件支付票款。

出票签发人　盖章

负责人：韩磊磊　　　　经办人：吴梅

4－1

增值税专用发票　　　　　№ 05304383

1100131140

抵扣联　　　　　开票日期：2015 年 12 月 2 日

购货单位	名　　　　称：祥瑞制造有限责任公司 纳税人识别号：150113445672867 地址、电话：南海市朝阳区朝阳东街 66 号 0561－69986559 开户行及账号：中国工商银行南海市分行 267－50660526	密码区	6098-1＜9-7-61342284 8＜032/52＞9/29563-4974 1626＜8-3024＞81106-2 -47-6＜7＞2*－/＞*＞6/	加密版本： 0197040 3745210 0357834

货物或应税劳务名称	规格型号	单位	数量	单价	金　额	税率	税额
钢板		吨	60	3 080.00	184 800.00	17％	31 416.00
合　计					¥184 800.00		¥31 416.00

价税合计（大写）	⊗贰拾壹万陆仟贰佰壹拾陆元整	（小写）¥216 216.00

销货单位	名　　　　称：长峰钢厂 纳税人识别号：150113445686935 地址、电话：南海市南内环 Z 号 0561－7276652 开户行及账号：中国光大银行南海市南内环支行 39840188000082186	备注	

收款人：刘玉梅　　　复核：张宁　　　开票人：刘玉梅　　　销货单位：（章）

4－2

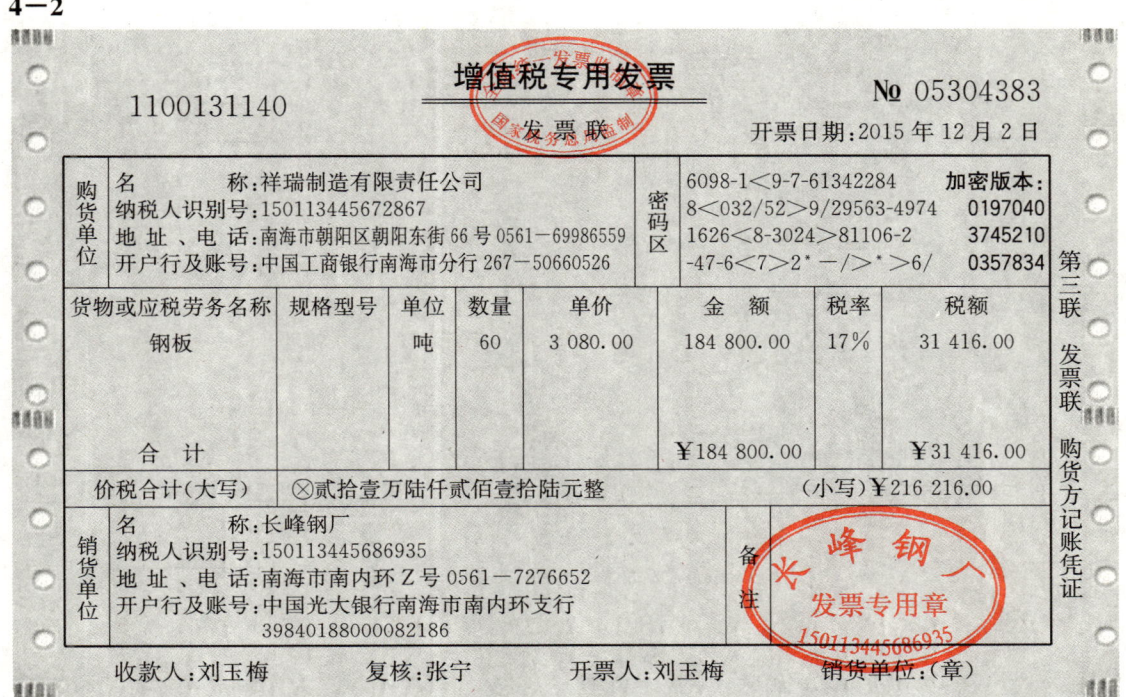

增值税专用发票

1100131140

№ 05304383

开票日期：2015 年 12 月 2 日

| 购货单位 | 名　　称：祥瑞制造有限责任公司
纳税人识别号：150113445672867
地址、电话：南海市朝阳区朝阳东街 66 号 0561—69986559
开户行及账号：中国工商银行南海市分行 267—50660526 | 密码区 | 6098-1＜9-7-61342284
8＜032/52＞9/29563-4974
1626＜8-3024＞81106-2
-47-6＜7＞2*－/＞*＞6/ | 加密版本：
0197040
3745210
0357834 |

货物或应税劳务名称	规格型号	单位	数量	单价	金　额	税率	税额
钢板		吨	60	3 080.00	184 800.00	17％	31 416.00
合　计					￥184 800.00		￥31 416.00

| 价税合计（大写） | ⊗贰拾壹万陆仟贰佰壹拾陆元整 | （小写）￥216 216.00 |

| 销货单位 | 名　　称：长峰钢厂
纳税人识别号：150113445686935
地址、电话：南海市南内环 Z 号 0561—7276652
开户行及账号：中国光大银行南海市南内环支行
3984018800082186 | 备注 | 长峰钢厂
发票专用章
150113445686935 |

收款人：刘玉梅　　　复核：张宁　　　开票人：刘玉梅　　　销货单位：（章）

第三联　发票联　购货方记账凭证

4－3

购 销 合 同

供方：长峰钢厂　　　　　　　　　　合同编号：CF12005

需方：祥瑞制造有限责任公司　　　　签订时间：2015 年 12 月 2 日

　　经双方友好协商，签订如下合同：
　　一、产品名称、规格、型号、数量、金额、供货时间：

序号	名　称	规格型号	单位	数量	单价（元）	金额（元）	附注
	钢板		吨	60	3 080.00	184 800.00	
	合　计					￥184 800.00	
货款总计（大写）	壹拾捌万肆仟捌佰元整						

　　二、质量要求、技术标准：符合国家同类产品质量标准

　　三、交货日期：2015 年 12 月 12 日前

　　四、交货地点：需方仓库，由需方自行负责运输。

　　五、产品验收地点、方法及提出异议期限：由需方按本合同约定标准及本合同附件验收，有质量异议在收货后十日内提出，需方未在上述期限内提出异议视为需方验收合格。

　　六、结算方式及期限：

　　需方须将本合同项下的所有款项支付到供方指定的账户上，如以现金方式支付，须事先征得供方财务部门同意。

　　现金折扣条件：2/10,1/20,n/30

　　七、违约责任：违约方须赔偿对方一切经济损失。但遇天灾人祸或其他人力不能控制之因素而导致延误交货，需方不能要求供方赔偿任何损失。

　　解决合同纠纷的方式：经双方友好协商解决，如协商不成的，可向当地仲裁委员会提出申诉解决。

　　本合同一式两份，供需双方各执一份，自签订之日起生效。

　　未尽事宜，双方协商一致并另行签订补充协议，补充协议与本合同具有同等法律效力。

供方（盖章）：　　　　　　　　　　需方（盖章）：

税号:15011344568 68 35　　　　　　税号:15011344567 28 67

开户行及账号:中国光大银行南海市　　开户行及账号:中国工商银行南海市

南内环支行 39840188000082186　　　分行 267—506406 66

地址:南海市南内环 Z 号　　　　　　地址:南海市朝阳区朝阳东街 66 号

法定代表:韩丽　　　　　　　　　　法定代表:李栋梁

联系电话:0561—7276632　　　　　　联系电话:0561—6998635

4—4

入　库　单

2015 年 12 月 2 日　　　　　　　　　　　　第 1201 号

收货单位或收货部门	祥瑞制造有限责任公司	购货单号	05306380	收入仓库	原材料库

编　号	名　称	规　格	单　位	数　量 应发	数　量 实发
	钢板		吨	60	60
合　计				60	60

记账联

仓库负责人:王 林　　　　　　　　　　　　收货人:李 明

5—1

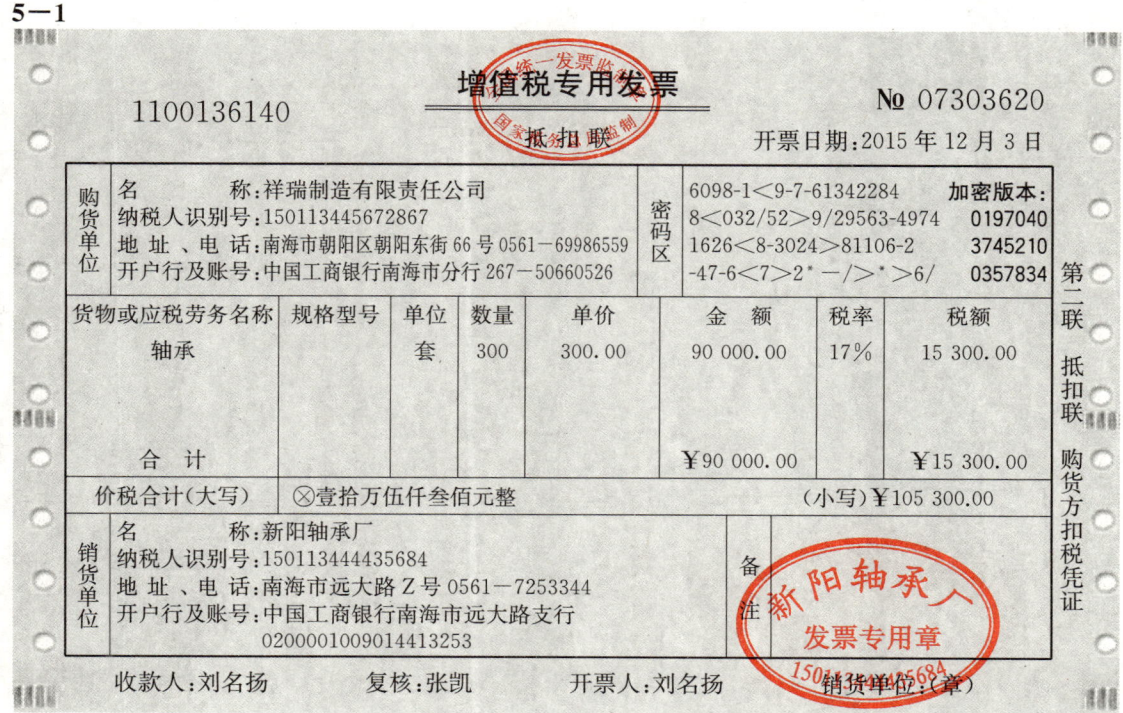

增值税专用发票

1100136140　　　　　　　　　　　　No 07303620

开票日期:2015 年 12 月 3 日

购货单位	名　称:祥瑞制造有限责任公司 纳税人识别号:150113445672867 地 址、电 话:南海市朝阳区朝阳东街 66 号 0561—69986559 开户行及账号:中国工商银行南海市分行 267—50660526	密码区	6098-1<9-7-61342284 8<032/52>9/29563-4974 1626<8-3024>81106-2 -47-6<7>2* —/>* >6/	加密版本: 0197040 3745210 0357834

货物或应税劳务名称	规格型号	单位	数量	单价	金　额	税率	税额
轴承		套	300	300.00	90 000.00	17%	15 300.00
合　计					¥90 000.00		¥15 300.00

价税合计(大写)	⊗壹拾万伍仟叁佰元整	(小写)¥105 300.00

销货单位	名　称:新阳轴承厂 纳税人识别号:150113444435684 地 址、电 话:南海市远大路 Z 号 0561—7253344 开户行及账号:中国工商银行南海市远大路支行 0200001009014413253	备注	新阳轴承厂 发票专用章 150113444435684

收款人:刘名扬　　　复核:张凯　　　开票人:刘名扬　　　销货单位:(章)

第二联 抵扣联 购货方扣税凭证

5－2

增值税专用发票

1100136140

发票联

№ 07303620

开票日期:2015 年 12 月 3 日

购货单位	名　　　称:祥瑞制造有限责任公司 纳税人识别号:150113445672867 地　址、电　话:南海市朝阳区朝阳东街 66 号 0561－69986559 开户行及账号:中国工商银行南海市分行 267－50660526	密码区	6098-1＜9-7-61342284 8＜032/52＞9/29563-4974 1626＜8-3024＞81106-2 -47-6＜7＞2*－/＞*＞6/	加密版本: 0197040 3745210 0357834

货物或应税劳务名称	规格型号	单位	数量	单价	金额	税率	税额
轴承		套	300	300.00	90 000.00	17％	15 300.00
合　计					￥90 000.00		￥15 300.00

价税合计(大写)	⊗壹拾万伍仟叁佰元整	(小写)￥105 300.00

销货单位	名　　　称:新阳轴承厂 纳税人识别号:150113444435684 地　址、电　话:南海市远大路 Z 号 0561－7253344 开户行及账号:中国工商银行南海市远大路支行 0200001009014413253	备注	新阳轴承 发票专用章 150

收款人:刘名扬　　　复核:张凯　　　开票人:刘名扬　　　销货单位:(章)

第三联 发票联 购货方记账凭证

5—3

购 销 合 同

供方： 新阳轴承厂　　　　　　　　　　合同编号： XY12208

需方： 祥瑞制造有限责任公司　　　　　签订时间： 2015 年 12 月 3 日

经双方友好协商，签订如下合同：

一、产品名称、规格、型号、数量、金额、供货时间：

序号	名　称	规格型号	单位	数量	单价(元)	金额(元)	附注
	轴承		套	300	300.00	90 000.00	
	合　计					￥90 000.00	
货款总计(大写)		玖万元整					

二、质量要求、技术标准： 符合国家同类产品质量标准　　　　　　　　　　

三、交货日期： 2015 年 12 月 13 日前　　　　　　　　　　　　　　　　　

四、交货地点： 需方仓库，由需方自行负责运输。　　　　　　　　　　　

五、产品验收地点、方法及提出异议期限：由需方按本合同约定标准及本合同附件验收，有质量异议在收货后十日内提出，需方未在上述期限内提出异议视为需方验收合格。

六、结算方式及期限：

需方须将本合同项下的所有款项支付到供方指定的账户上，如以现金方式支付，须事先征得供方财务部门同意。

七、违约责任：违约方须赔偿对方一切经济损失。但遇天灾人祸或其他人力不能控制之因素而导致延误交货，需方不能要求供方赔偿任何损失。

解决合同纠纷的方式：经双方友好协商解决，如协商不成的，可向当地仲裁委员会提出申诉解决。

本合同一式两份，供需双方各执一份，自签订之日起生效。

未尽事宜，双方协商一致并另行签订补充协议，补充协议与本合同具有同等法律效力。

供方(盖章)：　　　　　　　　　　　需方(盖章)：　　　　　　

税号：150113444435684　　　　　　　税号：150113445672867

开户行及账号：中国工商银行南海市　　开户行及账号：中国工商银行南海市

远大路支行 02000010090114113253　　分行 267—50660526

地址：南海市远大路 8 号　　　　　　　地址：南海市朝阳区朝阳东街 66 号

法定代表：王骏　　　　　　　　　　　法定代表：李栋梁

联系电话：0561—7253344　　　　　　联系电话：0561—69986559

5－4

入　库　单

2015 年 12 月 3 日　　　　　　　　第 1202 号

收货单位或收货部门	祥瑞制造有限责任公司		购货单号	07303620	收入仓库	外购半成品库	
编　号	名　称	规　格	单　位	数　量			记账联
				应　发	实　发		
	轴承		套	300	300		
合　计				300	300		

仓库负责人：王　林　　　　　　　　　　　收货人：李　明

6－1

增值税专用发票

1100131140　　　　　　　　　　　　　　　№ 00131202

此联不作报销 扣税凭证使用　　　开票日期：2015 年 12 月 3 日

购货单位	名　称：南海市机床经销公司 纳税人识别号：150113445672571 地　址、电话：南海市长治路 M 号 0561－7985555 开户行及账号：交通银行南海市长治路分行 6222520714481777	密码区	6098-1＜9-7-61342284 8＜032/52＞9/29563-4974 1626＜8-3024＞81106-2 -47-6＜7＞2* －/＞* ＞6/	加密版本： 0197040 3745210 0357834

货物或应税劳务名称	规格型号	单位	数量	单价	金　额	税率	税额
数控机床	B 型	台	30	25 000.00	750 000.00	17％	127 500.00
合　计					¥750 000.00		¥127 500.00

价税合计（大写）　⊗捌拾柒万柒仟伍佰元整　　　　　　（小写）¥877 500.00

销货单位	名　称：祥瑞制造有限责任公司 纳税人识别号：150113445672867 地　址、电话：南海市朝阳区朝阳东街 66 号 0561－69986559 开户行及账号：中国工商银行南海市分行 267－50660526	备注

收款人：杨杰　　复核：张瑞英　　开票人：杨杰　　销货单位：（章）

第一联 记账联 销货方记账凭证

6－2

<table>
<tr><td colspan="9" align="center">增值税专用发票　No 00131202</td></tr>
<tr><td colspan="9">1100131140　　此联不作报销 扣税凭证使用　开票日期:2015 年 12 月 3 日</td></tr>
</table>

购货单位	名　　　称:南海市机床经销公司 纳税人识别号:150113445672571 地址 、电话:南海市长治路 M 号 0561－7985555 开户行及账号:交通银行南海市长治路分行 6222520714481777	密码区	6098-1<9-7-61342284 8<032/52>9/29563-4974 1626<8-3024>81106-2 -47-6<7>2* －/>* >6/	加密版本: 0197040 3745210 0357834

货物或应税劳务名称	规格型号	单位	数量	单价	金额	税率	税额
数控机床	B 型	台	30	25 000.00	750 000.00	17%	127 500.00
合　计					¥750 000.00		¥127 500.00

价税合计(大写)	⊗捌拾柒万柒仟伍佰元整	(小写)¥877 500.00

销货单位	名　　　称:祥瑞制造有限责任公司 纳税人识别号:150113445672867 地址、电话:南海市朝阳区朝阳东街 66 号 0561－69986559 开户行及账号:中国工商银行南海市分行 267－50660526	备注

收款人:杨杰　　　复核:张瑞英　　　开票人:杨杰　　　销货单位:(章)

第四联 存根联 销货方留存

6－3

<table>
<tr><td colspan="6" align="center">货物运输业增值税专用发票　No 00131202</td></tr>
<tr><td colspan="6">1100133130　　此联不作报销 扣税凭证使用　开票日期:2015 年 12 月 3 日</td></tr>
</table>

承运人及纳税人识别号	祥瑞制造有限责任公司 150113445672867	密码区	6098-1<9-7-61342284 * 1626<8-3024>81106-2 8<032/52>9/263-4974 * -47-6<7>2 *-/>6/ 1626<8-3024>81106-2 * 284 * 1626<8-3024/> * -47-6<7>2 *-/>*>6/ * * 06-2 * 284 * 167>2
实际受票方及纳税人识别号	南海市机床经销公司 150113445672571		

收货人及纳税人识别号	南海市机床经销公司 150113445672571	发货人及纳税人识别号	祥瑞制造有限责任公司 150113445672867

起运地、经由、到达地	朝阳区到长治路

费用项目及金额	费用项目　金额	费用项目　金额	运输货物信息	数控机床
	运费　　3 000.00			

合计金额	¥3 000.00	税率	11%	税额	¥330.00	机器编号	499900650899
计税合计(大写)	⊗叁仟叁佰叁拾元整				(小写)¥3 330.00		

车种车号		车船吨位		备注
主管税务机关及代码	南海市国家税务局 111001608			

收款人:杨杰　　　复核:张瑞英　　　开票人:杨杰　　　销货单位:(章)

第一联 记账联 承运人记账凭证

6－4

	货物运输业增值税专用发票		№ 00131202	

1100133130

此联不作报销、扣税凭证使用　　　开票日期:2015 年 12 月 3 日

承运人及纳税人识别号	祥瑞制造有限责任公司 150113445672867	密码区	6098-1＜9-7-61342284＊1626＜8-3024＞81106-2 8＜032/52＞9/263-4974＊-47-6＜7＞2＊-/＞6/ 1626＜8-3024＞81106-2＊284＊1626＜8-3024/＞＊ -47-6＜7＞2＊-/＞＊>6/＊＊06-2＊284＊167＞2
实际受票方及纳税人识别号	南海市机床经销公司 150113445672571		
收货人及纳税人识别号	南海市机床经销公司 150113445672571	发货人及纳税人识别号	祥瑞制造有限责任公司 150113445672867

起运地、经由、到达地		朝阳区到长治路		
费用项目及金额	费用项目　　金　额 运费　　　　3 000.00	费用项目　　金　额	运输货物信息	数控机床

合计金额	￥3 000.00	税率	11％	税额	￥330.00	机器编号	499900650899
计税合计(大写)	⊗叁仟叁佰叁拾元整				(小写)￥3 330.00		
车种车号		车船吨位		备注			
主管税务机关及代码	南海市国家税务局 111001608						

收款人:杨杰　　　　复核:张瑞英　　　　　开票人:杨杰　　　　　销货单位:(章)

第四联　存根联　承运人留存

6—5

销 售 合 同

供方：__祥瑞制造有限责任公司__　　　　合同编号：__XR12002__

需方：__南海市机床经销公司__　　　　签订时间：__2015 年 12 月 3 日__

　　经双方友好协商,签订如下合同:
　　一、产品名称、规格、型号、数量、金额、供货时间:

序号	名　称	规格型号	单位	数量	单价(元)	金额(元)	附注
	数控机床	B 型	台	30	25 000.00	750 000.00	
	合　计					￥750 000.00	
货款总计(大写)	柒拾伍万元整						

　　二、质量要求、技术标准：__符合国家同类产品质量标准__
　　三、交货日期：__2015 年 12 月 13 日前__
　　四、交货地点：__需方仓库,由供方负责承运,运杂费用由需方承担。__
　　五、产品验收地点、方法及提出异议期限:由需方按本合同约定标准及本合同附件验收,有质量异议在收货后十日内提出,需方未在上述期限内提出异议视为需方验收合格。
　　六、结算方式及期限:
　　需方须将本合同项下的所有款项支付到供方指定的账户上,如以现金方式支付,须事先征得供方财务部门同意。
　　七、违约责任:违约方须赔偿对方一切经济损失。但遇天灾人祸或其他人力不能控制之因素而导致延误交货,需方不能要求供方赔偿任何损失。
　　解决合同纠纷的方式:经双方友好协商解决,如协商不成的,可向当地仲裁委员会提出申诉解决。
　　本合同一式两份,供需双方各执一份,自签订之日起生效。
　　未尽事宜,双方协商一致并另行签订补充协议,补充协议与本合同具有同等法律效力。

供方(盖章)：_____　　　　需方(盖章)：_____
税号:150113445672867　　　　税号:150113445672571
开户行及账号:中国工商银行南海市　　开户行及账号:交通银行南海市长治
分行 267—50660526　　　　　　路分行 6222520714481777
地址:南海市朝阳区朝阳东街 66 号　　地址:南海市长治路 M 号
法定代表:李栋梁　　　　　　法定代表:王　强
联系电话:0561—69986559　　　　联系电话:0561—7985553

6－6

出　库　单

出货单位:祥瑞制造有限责任公司　　　　2015 年 12 月 3 日　　　　　　第 1202 号

提货单位或领货部门	南海市机床经销公司		销售单号		发出仓库	产成品库
编　号	名　称	规　格	单　位		数　量	
					应　发	实　发
	数控机床	B 型	台		30	30
合　计					30	30

　　仓库负责人:王 林　　　　　　　　　　　　　　　发货人:王　方

记账联

6－7

中国工商银行 进 账 单(收账通知) 3

2015 年 12 月 3 日

出票人	全　称	南海市机床经销公司	收款人	全　称	祥瑞制造有限责任公司									
	账　号	6222520714481777		账　号	267－50660526									
	开户银行	交通银行南海市长治路分行		开户银行	中国工商银行南海市分行									
金额	人民币(大写)	捌拾捌万零捌佰叁拾元整			千	百	十	万	千	百	十	元	角	分
						¥	8	8	0	8	3	0	0	0
票据种类			票据张数											
票据号码														
		复核:张瑞英　　记账:杨杰				收款人开户银行签章								

中国工商银行南海市分行
2015.12.03
转 讫

此联是收款人开户银行交给收款人的收账通知

7－1

增值税专用发票 № 08306393

2100134140

抵扣联

开票日期：2015 年 12 月 4 日

购货单位	名　　称：祥瑞制造有限责任公司
	纳税人识别号：150113445672867
	地　址、电话：南海市朝阳区朝阳东街 66 号 0561－69986559
	开户行及账号：中国工商银行南海市分行 267－50660526

密码区

6098-1＜9-7-61342284
8＜032/52＞9/29563-4974
1626＜8-3024＞81106-2
-47-6＜7＞2*－/＞*＞6/

加密版本：
0197040
3745210
0357834

货物或应税劳务名称	规格型号	单位	数量	单价	金额	税率	税额
钢板		吨	160	3 000.00	480 000.00	17%	81 600.00
合　计					￥480 000.00		￥81 600.00

价税合计（大写）　⊗伍拾陆万壹仟陆佰元整　　　　　　　　（小写）￥561 600.00

销货单位	名　　称：新伟钢铁厂
	纳税人识别号：130231254232541
	地　址、电话：南江市北外环 Z 号 0581－7275586
	开户行及账号：中国农业银行南江市北外环分理处
	531001040003009

备注

新伟钢铁厂
发票专用章
13023125423254 1

收款人：张洁　　　　复核：李毅　　　　开票人：张洁　　　　销货单位：（章）

第二联 抵扣联 购货方扣税凭证

7－2

增值税专用发票 № 08306393

2100134140

发票联

开票日期：2015 年 12 月 4 日

购货单位	名　　称：祥瑞制造有限责任公司
	纳税人识别号：150113445672867
	地　址、电话：南海市朝阳区朝阳东街 66 号 0561－69986559
	开户行及账号：中国工商银行南海市分行 267－50660526

密码区

6098-1＜9-7-61342284
8＜032/52＞9/29563-4974
1626＜8-3024＞81106-2
-47-6＜7＞2*－/＞*＞6/

加密版本：
0197040
3745210
0357834

货物或应税劳务名称	规格型号	单位	数量	单价	金额	税率	税额
钢板		吨	160	3 000.00	480 000.00	17%	81 600.00
合　计					￥480 000.00		￥81 600.00

价税合计（大写）　⊗伍拾陆万壹仟陆佰元整　　　　　　　　（小写）￥561 600.00

销货单位	名　　称：新伟钢铁厂
	纳税人识别号：130231254232541
	地　址 、电话：南江市北外环 Z 号 0581－7275586
	开户行及账号：中国农业银行南江市北外环分理处
	531001040003009

备注

新伟钢铁厂
发票专用章
13023125423254 1

收款人：张洁　　　　复核：李毅　　　　开票人：张洁　　　　销货单位：（章）

第三联 发票联 购货方记账凭证

7-3

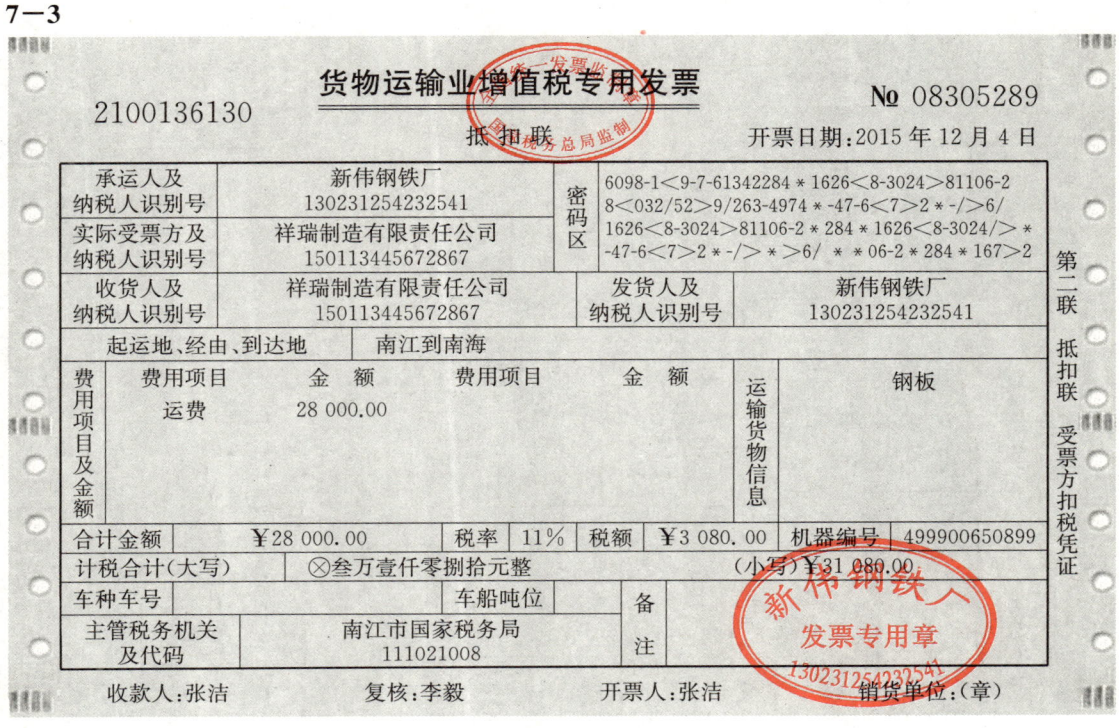

7-4

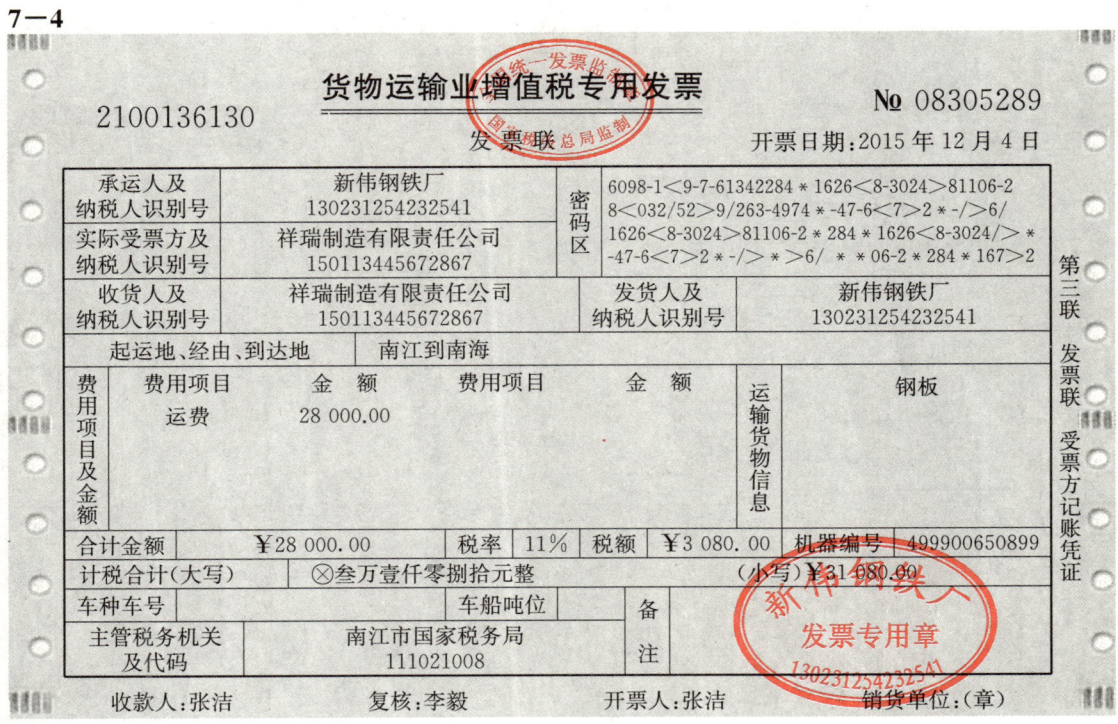

7—5

购 销 合 同

供方：　**新伟钢铁厂**　　　　　　　　合同编号：　XW12507　　　

需方：　祥瑞制造有限责任公司　　　　签订时间：　2015 年 12 月 4 日　

经双方友好协商,签订如下合同:

一、产品名称、规格、型号、数量、金额、供货时间:

序号	名　称	规格型号	单位	数量	单价(元)	金额(元)	附注
	钢板		吨	160	3 000.00	480 000.00	
	合　计					￥480 000.00	
货款总计(大写)		肆拾捌万元整					

二、质量要求、技术标准:　符合国家同类产品质量标准　　　　　　　

三、交货日期:　2015 年 12 月 14 日前　　　　　　　　　　　　　

四、交货地点:　需方仓库,由供方负责承运,运杂费用由需方承担。　

五、产品验收地点、方法及提出异议期限:由需方按本合同约定标准及本合同附件验收,有质量异议在收货后十日内提出,需方未在上述期限内提出异议视为需方验收合格。

六、结算方式及期限:

需方须将本合同项下的所有款项支付到供方指定的账户上,如以现金方式支付,须事先征得供方财务部门同意。

七、违约责任:违约方须赔偿对方一切经济损失。但遇天灾人祸或其他人力不能控制之因素而导致延误交货,需方不能要求供方赔偿任何损失。

解决合同纠纷的方式:经双方友好协商解决,如协商不成的,可向当地仲裁委员会提出申诉解决。

本合同一式两份,供需双方各执一份,自签订之日起生效。

未尽事宜,双方协商一致另行签订补充协议,补充协议与本合同具有同等法律效力。

供方(盖章):　　　　　　　　　　　需方(盖章):　　　　　　　

税号:130231254232541　　　　　　　税号:150113456672867

开户行及账号:中国农业银行南江市　　开户行及账号:中国工商银行南海市

北外环分理处 531001040003009　　　分行 267—50660526

地址:南江市北外环 Z 号　　　　　　地址:南海市朝阳区朝阳东街 66 号

法定代表:张 珊　　　　　　　　　　法定代表:李栋梁

联系电话:0581—7275586　　　　　　联系电话:0561—69986559

7－6

入 库 单

2015 年 12 月 4 日 　　　　　　　　第 1203 号

收货单位或收货部门	祥瑞制造有限责任公司	购货单号	08306393	收入仓库	原材料库	
编 号	名 称	规 格	单 位	数 量		记账联
				应 发	实 发	
	钢板		吨	160	160	
合 计				160	160	

仓库负责人：王 林 　　　　　　　　　　　　收货人：李 明

7—7

银行承兑汇票承兑协议

编号：016609832

收款人全称：新伟钢铁厂
开 户 银 行：中国农业银行南江市北外环分理处
账　　　号：531001040003009
付款人全称：祥瑞制造有限责任公司
开 户 银 行：中国工商银行南海市分行
账　　　号：267－50660526

银行承兑汇票号码：　30800063　汇票金额（大写）：　伍拾玖万贰仟陆佰捌拾元整
签发日期：　20151204　　　　到期日期：　20160304

　　以上汇票经承兑银行承兑，承兑申请人（下称申请人）愿遵守《支付结算办法》的规定及下列条款：

　　1. 申请人于汇票到期日期将应付票款足额交存承兑银行。

　　2. 承兑手续费按票面金额千分之（壹）计算，在银行承兑时一次付清。

　　3. 承兑汇票如发生任何交易纠纷，均由收付双方自行处理。票款于到期前仍按第一条办理不误。

　　4. 承兑汇票到期日，承兑银行凭票无条件支付票款。如到期日之前申请人不能足额交付票款时，承兑银行对不足支付部分的票款转作承兑申请人逾期贷款，并按照有关规定计收罚息。

　　5. 承兑汇票款付清后，本协议始自动失效。本协议第一、二联分别由承兑银行信贷部门和承兑申请人存执，协议副本由银行会计部门存查。

承兑银行：（公章）　　　　　　　承兑申请人：（公章）

法定代表人（或授权代理人）　　　法定代表人（或授权代理人）

　　　　　　　　　　　　　　　　签订日期：2015 年 12 月 04 日

113

7－8

银行承兑汇票(存根) 3

$\frac{B}{0}$ $\frac{B}{1}$ 30800063

出票日期
（大写） 贰零壹伍年壹拾贰月零肆日

出票人全称	祥瑞制造有限责任公司	收款人	全 称	新伟钢铁厂
出票人账号	267－50660526		账 号	531001040003009
付款行全称	中国工商银行南海市分行		开户银行	中国农业银行南江市北外环分理处

出票金额	人民币（大写）	伍拾玖万贰仟陆佰捌拾元整	亿	千	百	十	万	千	百	十	元	角	分
					¥	5	9	2	6	8	0	0	0

汇票到期日（大写）	贰零壹陆年零叁月零肆日	付款行	行号	308257000012
承兑协议编号	2015 年南字第 016609832 号		地址	南海市朝阳东街 251 号

备注：

此联由出票人存查

8－1

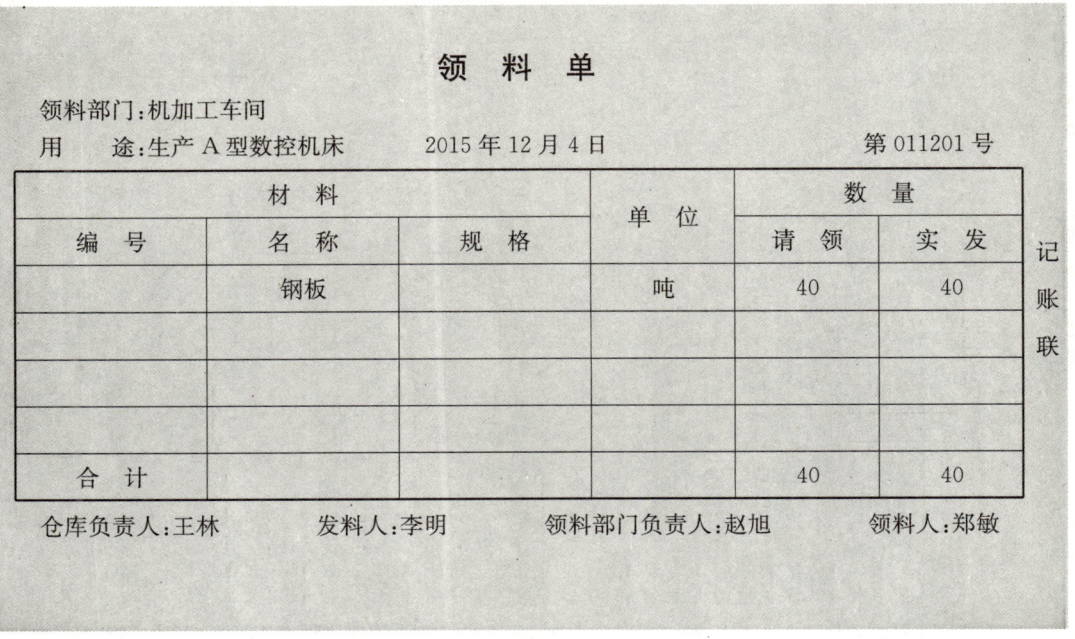

领 料 单

领料部门：机加工车间
用 途：生产 A 型数控机床   2015 年 12 月 4 日   第 011201 号

材 料			单 位	数 量	
编 号	名 称	规 格		请 领	实 发
	钢板		吨	40	40
合 计				40	40

仓库负责人：王林   发料人：李明   领料部门负责人：赵旭   领料人：郑敏

记账联

8—2

领 料 单

领料部门:机加工车间

用　　途:生产 B 型数控机床　　2015 年 12 月 4 日　　　　　　第 011202 号

材料			单 位	数 量	
编 号	名 称	规 格		请 领	实 发
	钢板		吨	25	25
合 计				25	25

记账联

仓库负责人:王林　　　　　　发料人:李明　　　　　　领料部门负责人:赵旭　　　　　　领料人:郑敏

8—3

出 库 单

出货单位:祥瑞制造有限责任公司　　2015 年 12 月 4 日　　　　　　第 1203 号

提货单位或领货部门	机加工车间	销售单号		发出仓库	原材料库
编 号	名 称	规 格	单 位	数 量	
				应 发	实 发
	钢板		吨	65	65
合 计				65	65

记账联

仓库负责人:王 林　　　　　　　　　　发货人:李 明

9—1

借 款 单

2015 年 12 月 5 日

单位或部门	采购部	借款人姓名	王　健	借款事由	出差
申请借款金额	金额(大写)伍仟元整		¥5 000.00		
批准金额	金额(大写)伍仟元整		¥5 000.00		
总经理:	分管经理:张力		财务负责人:张伟		部门负责人:张建平

9—2

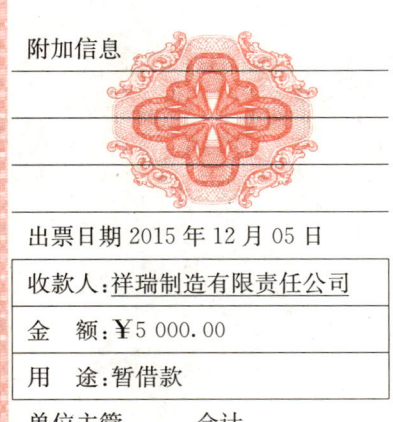

中国工商银行
现金支票存根

$\dfrac{B}{0}\ \dfrac{B}{2}$ 20131202

附加信息

出票日期 2015 年 12 月 05 日

收款人:	祥瑞制造有限责任公司
金　额:	¥5 000.00
用　途:	暂借款

单位主管　　　会计

10—1

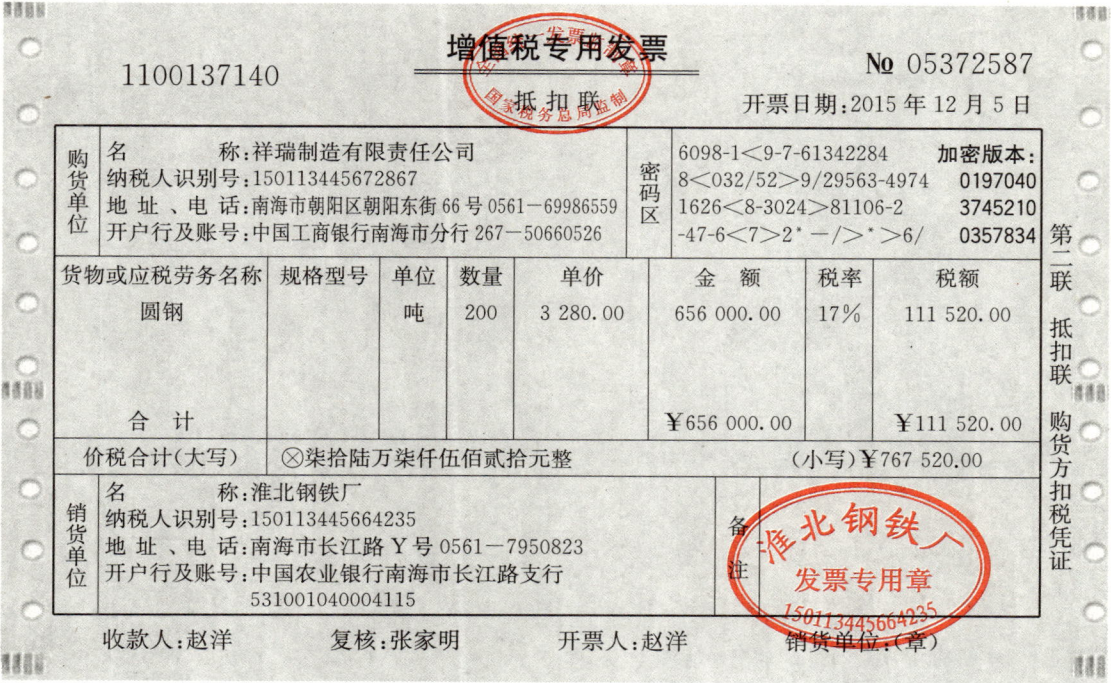

10—2

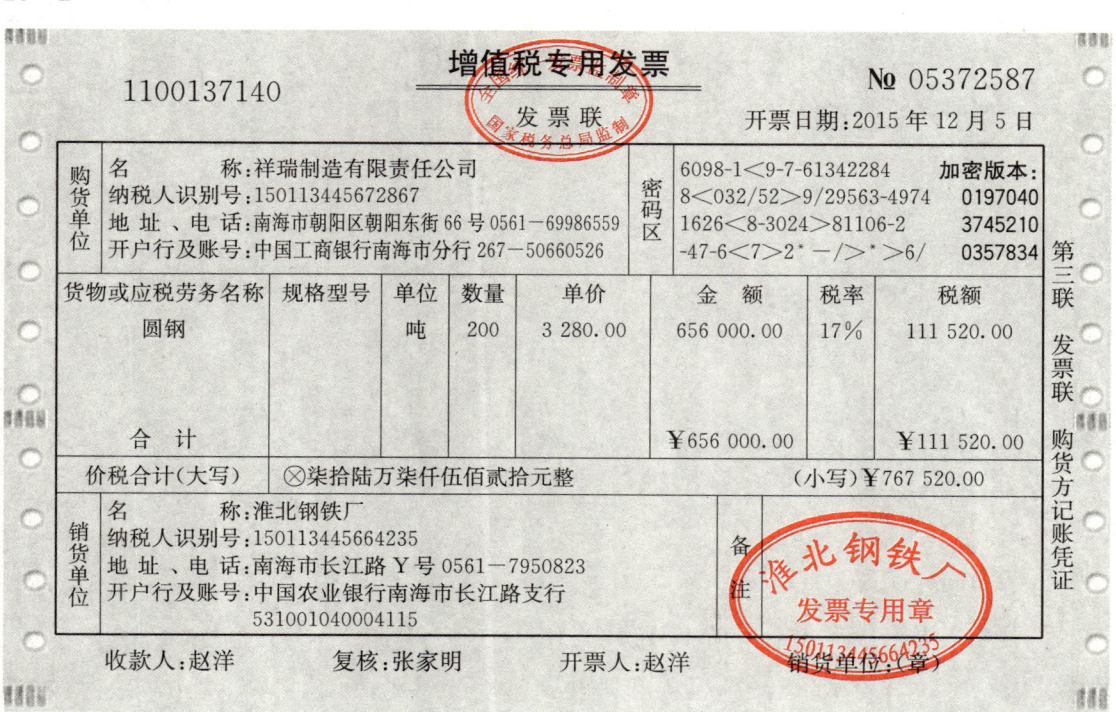

10－3

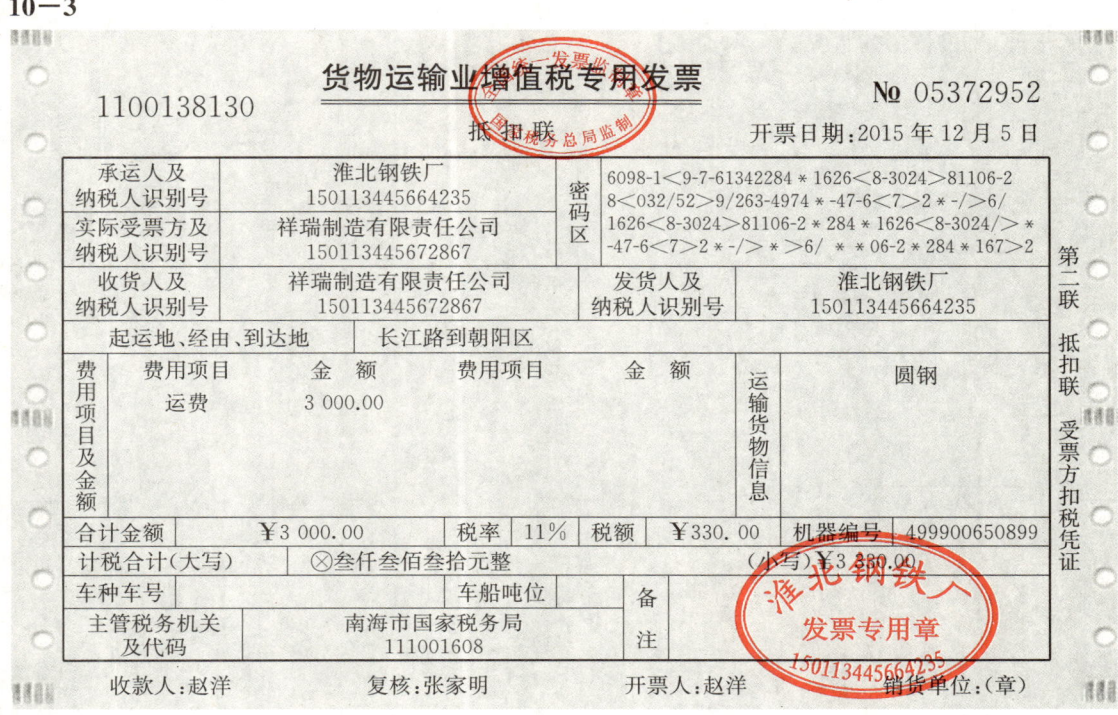

10－4

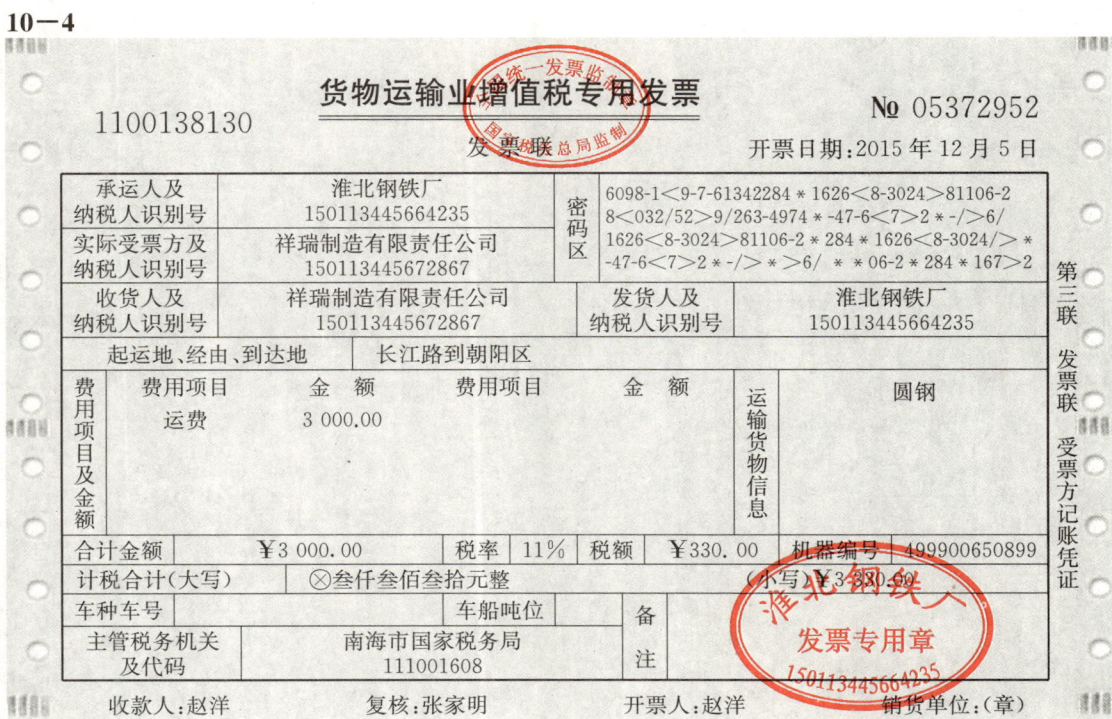

10-5

购 销 合 同

供方：<u>淮北钢铁厂</u>　　　　　　　合同编号：<u>HB10211</u>

需方：<u>祥瑞制造有限责任公司</u>　　签订时间：<u>2015 年 12 月 5 日</u>

经双方友好协商，签订如下合同：

一、产品名称、规格、型号、数量、金额、供货时间：

序号	名　称	规格型号	单位	数量	单价（元）	金额（元）	附注
	圆钢		吨	200	3 280.00	656 000.00	
合　计						￥656 000.00	
货款总计（大写）		陆拾伍万陆仟元整					

二、质量要求、技术标准：<u>符合国家同类产品质量标准</u>

三、交货日期：<u>2015 年 12 月 15 日前</u>

四、交货地点：<u>需方仓库，由供方负责承运，运杂费用由需方承担。</u>

五、产品验收地点、方法及提出异议期限：由需方按本合同约定标准及本合同附件验收，有质量异议在收货后十日内提出，需方未在上述期限内提出异议视为需方验收合格。

六、结算方式及期限：

需方须将本合同项下的所有款项支付到供方指定的账户上，如以现金方式支付，须事先征得供方财务部门同意。

七、违约责任：违约方须赔偿对方一切经济损失。但遇天灾人祸或其他人力不能控制之因素而导致延误交货，需方不能要求供方赔偿任何损失。

解决合同纠纷的方式：经双方友好协商解决，如协商不成的，可向当地仲裁委员会提出申诉解决。

本合同一式两份，供需双方各执一份，自签订之日起生效。

未尽事宜，双方协商一致并另行签订补充协议，补充协议与本合同具有同等法律效力。

供方（盖章）：　　　　　　　　　　需方（盖章）：

税号:150113445664235　　　　　　　税号:150113445672867

开户行及账号:中国农业银行南海市　　开户行及账号:中国工商银行南海市

长江路支行 531001040004115　　　　分行 267-50660526

地址:南海市长江路 Y 号　　　　　　地址:南海市朝阳区朝阳东街 66 号

法定代表:李　红　　　　　　　　　法定代表:李栋梁

联系电话:0561—7950823　　　　　　联系电话:0561—69986559

10－6

入 库 单

2015 年 12 月 5 日　　　　　　　　　　　　　第 1204 号

收货单位或收货部门	祥瑞制造有限责任公司		购货单号	05372587	收入仓库	原材料库	
编　号	名　称		规　格	单　位	数　量		记账联
					应　发	实　发	
	圆钢			吨	200	200	
合　计					200	200	

仓库负责人：王 林　　　　　　　　　　　收货人：李 明

10－7

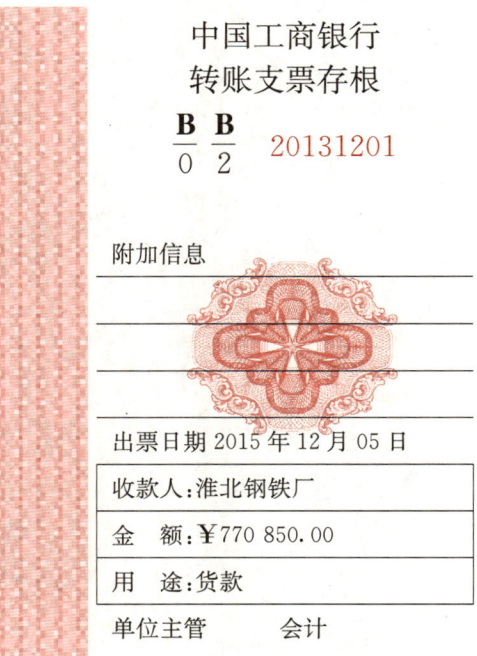

中国工商银行
转账支票存根

$\frac{B}{0}\frac{B}{2}$　20131201

附加信息

出票日期 2015 年 12 月 05 日

收款人：淮北钢铁厂
金　额：￥770 850.00
用　途：货款

单位主管　　会计

11—1

现金盘点报告表

单位名称：祥瑞制造有限责任公司　　　　　　　　　　　　　　盘点日：2015 年 12 月 5 日

实存金额	账存金额	实存账存对比		备注：
		盘　盈	盘　亏	
684.80	678.00	6.80		

财务负责人：张伟　　　　　　　　　　　　　　　　　　　　　　出纳：杨杰

12—1

关于对现金盘盈的处理决定

　　本公司 2015 年 12 月 5 日盘点现金时发生现金长款 6.80 元，经查，原因不明，批准转为营业外收入处理。

　　审批人：张伟

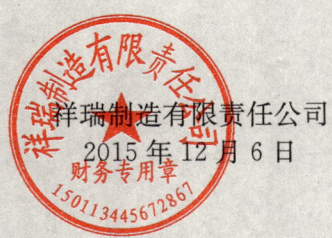

祥瑞制造有限责任公司
2015 年 12 月 6 日

13－1

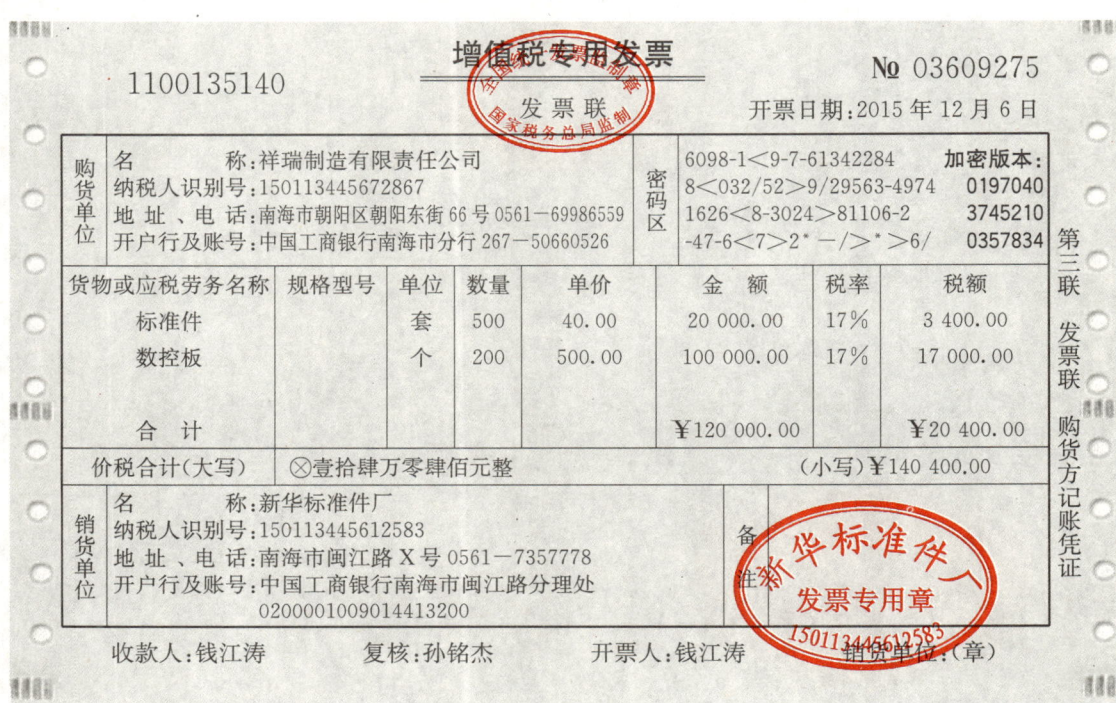

増值税专用发票　　No 03609275

1100135140　　　　开票日期：2015 年 12 月 6 日

抵扣联

| 购货单位 | 名　称：祥瑞制造有限责任公司　　纳税人识别号：150113445672867　　地址、电话：南海市朝阳区朝阳东街 66 号 0561－69986559　　开户行及账号：中国工商银行南海市分行 267－50660526 | 密码区 | 6098-1<9-7-61342284　　加密版本：
8<032/52>9/29563-4974　　0197040
1626<8-3024>81106-2　　3745210
-47-6<7>2*－/>*>6/　　0357834 |

货物或应税劳务名称	规格型号	单位	数量	单价	金　额	税率	税额
标准件		套	500	40.00	20 000.00	17%	3 400.00
数控板		个	200	500.00	100 000.00	17%	17 000.00
合　计					￥120 000.00		￥20 400.00

价税合计(大写)	⊗壹拾肆万零肆佰元整		(小写)￥140 400.00

| 销货单位 | 名　称：新华标准件厂　　纳税人识别号：150113445612583　　地址、电话：南海市闽江路 X 号 0561－7357778　　开户行及账号：中国工商银行南海市闽江路分理处　　0200001009014413200 | 备注 | 新华标准件厂
发票专用章
150113445612583 |

收款人：钱江涛　　复核：孙铭杰　　开票人：钱江涛　　销货单位：(章)

第二联　抵扣联　购货方扣税凭证

13－2

増值税专用发票　　No 03609275

1100135140　　　　开票日期：2015 年 12 月 6 日

发票联

| 购货单位 | 名　称：祥瑞制造有限责任公司　　纳税人识别号：150113445672867　　地址、电话：南海市朝阳区朝阳东街 66 号 0561－69986559　　开户行及账号：中国工商银行南海市分行 267－50660526 | 密码区 | 6098-1<9-7-61342284　　加密版本：
8<032/52>9/29563-4974　　0197040
1626<8-3024>81106-2　　3745210
-47-6<7>2*－/>*>6/　　0357834 |

货物或应税劳务名称	规格型号	单位	数量	单价	金　额	税率	税额
标准件		套	500	40.00	20 000.00	17%	3 400.00
数控板		个	200	500.00	100 000.00	17%	17 000.00
合　计					￥120 000.00		￥20 400.00

价税合计(大写)	⊗壹拾肆万零肆佰元整		(小写)￥140 400.00

| 销货单位 | 名　称：新华标准件厂　　纳税人识别号：150113445612583　　地址、电话：南海市闽江路 X 号 0561－7357778　　开户行及账号：中国工商银行南海市闽江路分理处　　0200001009014413200 | 备注 | 新华标准件厂
发票专用章
150113445612583 |

收款人：钱江涛　　复核：孙铭杰　　开票人：钱江涛　　销货单位：(章)

第三联　发票联　购货方记账凭证

13—3

购 销 合 同

供方：<u>新华标准件厂</u>　　　　　合同编号：<u>XH20109</u>

需方：<u>祥瑞制造有限责任公司</u>　　签订时间：<u>2015 年 12 月 6 日</u>

经双方友好协商，签订如下合同：

一、产品名称、规格、型号、数量、金额、供货时间：

序号	名　称	规格型号	单位	数量	单价(元)	金额(元)	附注
	标准件		套	500	40.00	20 000.00	
	数控板		个	200	500.0	100 000.00	
合　计						￥120 000.00	
货款总计(大写)		壹拾贰万元整					

二、质量要求、技术标准：<u>符合国家同类产品质量标准</u>

三、交货日期：<u>2015 年 12 月 16 日前</u>

四、交货地点：<u>需方仓库，由需方自行负责运输。</u>

五、产品验收地点、方法及提出异议期限：由需方按本合同约定标准及本合同附件验收，有质量异议在收货后十日内提出，需方未在上述期限内提出异议视为需方验收合格。

六、结算方式及期限：

需方须将本合同项下的所有款项支付到供方指定的账户上，如以现金方式支付，须事先征得供方财务部门同意。

七、违约责任：违约方须赔偿对方一切经济损失。但遇天灾人祸或其他人力不能控制之因素而导致延误交货，需方不能要求供方赔偿任何损失。

解决合同纠纷的方式：经双方友好协商解决，如协商不成的，可向当地仲裁委员会提出申诉解决。

本合同一式两份，供需双方各执一份，自签订之日起生效。

未尽事宜，双方协商一致并另行签订补充协议，补充协议与本合同具有同等法律效力。

供方(盖章)：_____　　　　需方(盖章)：_____

税号:150113445612583　　　　　税号:150113445672867

开户行及账号:中国工商银行南海市　开户行及账号:中国工商银行南海市

闽江路分理处 0200001009014413200　分行 267—50660526

地址:南海市闽江路 X 号　　　　　地址:南海市朝阳区朝阳东街 66 号

法定代表:赵美丽　　　　　　　　法定代表:李栋梁

联系电话:0561—7357778　　　　　联系电话:0561—69986559

13—4

入　库　单

2015 年 12 月 6 日 　　　　　　　　　　　第 1205 号

收货单位或收货部门	祥瑞制造有限责任公司	购货单号	03609275	收入仓库	外购半成品库	
编　号	名　称	规　格	单　位	数　量		记账联
				应　发	实　发	
	标准件		套	500	500	
	数控板		个	200	200	
合　计				700	700	

仓库负责人：王 林 　　　　　　　　　　　收货人：李 明

13—5

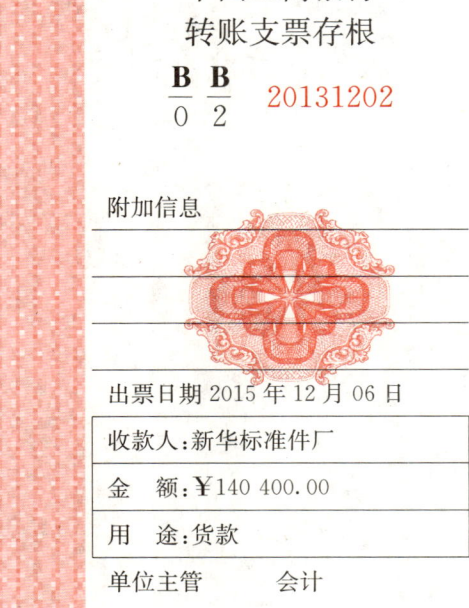

中国工商银行
转账支票存根
$\frac{B}{0}\frac{B}{2}$　20131202

附加信息

出票日期 2015 年 12 月 06 日

收款人：新华标准件厂
金　额：￥140 400.00
用　途：货款

单位主管　　　会计

14－1

销 售 合 同

供方：祥瑞制造有限责任公司　　　　　合同编号：XR12003

需方：南海机床经销公司　　　　　　　签订时间：2015 年 12 月 6 日

经双方友好协商，签订如下合同：

一、产品名称、规格、型号、数量、金额、供货时间：

序号	名　称	规格型号	单位	数量	单价（元）	金额（元）	附注
	数控机床	A 型	台	5	36 000.00	180 000.00	
	合　计					￥180 000.00	
货款总计（大写）		壹拾捌万元整					

二、质量要求、技术标准：符合国家同类产品质量标准

三、交货日期：2015 年 12 月 16 日前

四、交货地点：需方仓库，由供方负责承运并承担运杂费用。

五、产品验收地点、方法及提出异议期限：由需方按本合同约定标准及本合同附件验收，有质量异议在收货后十日内提出，需方未在上述期限内提出异议视为需方验收合格。

六、结算方式及期限：

需方须将本合同项下的所有款项支付到供方指定的账户上，如以现金方式支付，须事先征得供方财务部门同意。

现金折扣条件：2/10，1/20，n/30

七、违约责任：违约方须赔偿对方一切经济损失。但遇天灾人祸或其他人力不能控制之因素而导致延误交货，需方不能要求供方赔偿任何损失。

解决合同纠纷的方式：经双方友好协商解决，如协商不成的，可向当地仲裁委员会提出申诉解决。

本合同一式两份，供需双方各执一份，自签订之日起生效。

未尽事宜，双方协商一致另行签订补充协议，补充协议与本合同具有同等法律效力。

供方（盖章）：＿＿＿＿＿＿　　　　　需方（盖章）：＿＿＿＿＿＿

税号：150113445672867　　　　　　税号：150113445672571

开户行及账号：中国工商银行南海市　　开户行及账号：交通银行南海市长治路

分行 267－50660526　　　　　　　　分行 6222520714481777

地址：南海市朝阳区朝阳东街 66 号　　地址：南海市长治路 M 号

法定代表：李栋梁　　　　　　　　　　法定代表：王　强

联系电话：0561－69986559　　　　　联系电话：0561－7385555

14—2

出 库 单

出货单位:祥瑞制造有限责任公司　　　2015 年 12 月 6 日　　　　　第 1204 号

提货单位或领货部门	南海市机床经销公司	销售单号		发出仓库	产成品库
编　号	名　称	规　格	单　位	数　量 应 发	实 发
	数控机床	A 型	台	5	5
合　计				5	5

仓库负责人:王 林　　　　　　　　　　　　　　发货人:李 明

记账联

14—3

增值税专用发票

1100131140　　　　　　　　　　　　　　　　№ 00131203

此联不作报销 扣税凭证使用　　　开票日期:2015 年 12 月 6 日

购货单位	名　称:南海市机床经销公司 纳税人识别号:150113445672571 地 址 、电 话:南海市长治路 M 号 0561—7985555 开户行及账号:交通银行南海市长治路分行 6222520714481777	密码区	6098-1<9-7-61342284 8<032/52>9/29563-4974 1626<8-3024>81106-2 -47-6<7>2*－/>*>6/	加密版本: 0197040 3745210 0357834

货物或应税劳务名称	规格型号	单位	数量	单价	金额	税率	税额
数控机床	A 型	台	5	36 000.00	180 000.00	17%	30 600.00
合　计					¥180 000.00		¥30 600.00

价税合计(大写)　⊗贰拾壹万零陆佰元整　　　　　　　　(小写)¥210 600.00

销货单位	名　称:祥瑞制造有限责任公司 纳税人识别号:150113445672867 地 址 、电 话:南海市朝阳区朝阳东街 66 号 0561—69986559 开户行及账号:中国工商银行南海市分行 267—50660526	备注

收款人:杨杰　　　复核:张瑞英　　　开票人:杨杰　　　销货单位:(章)

第一联 记账联 销货方记账凭证

14—4

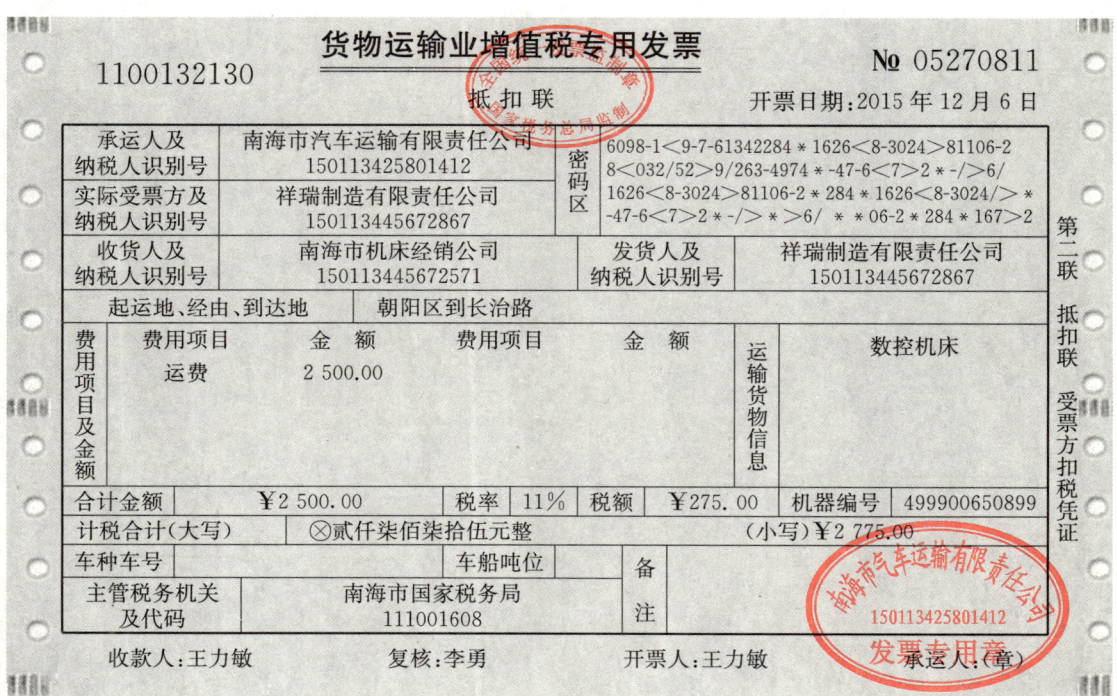

增值税专用发票　No 00131203

1100131140

此联不作报销 扣税凭证使用　　开票日期:2015 年 12 月 6 日

购货单位	名　　称:南海市机床经销公司 纳税人识别号:150113445672571 地 址、电 话:南海市长治路 M 号 0561－7985555 开户行及账号:交通银行南海市长治路分行 6222520714481777	密码区	6098-1＜9-7-61342284 8＜032/52＞9/29563-4974 1626＜8-3024＞81106-2 -47-6＜7＞2*－/＞*＞6/	加密版本: 0197040 3745210 0357834

货物或应税劳务名称	规格型号	单位	数量	单价	金　额	税率	税额
数控机床	A 型	台	5	36 000.00	180 000.00	17%	30 600.00
合　计					￥180 000.00		￥30 600.00

价税合计(大写)	⊗贰拾壹万零陆佰元整	(小写)￥210 600.00

销货单位	名　　称:祥瑞制造有限责任公司 纳税人识别号:150113445672867 地 址、电 话:南海市朝阳区朝阳东街 66 号 0561－69986559 开户行及账号:中国工商银行南海市分行 267－50660526	备注

收款人:杨杰　　复核:张瑞英　　开票人:杨杰　　销货单位:(章)

第四联 存根联 销货方留存

14—5

货物运输业增值税专用发票　No 05270811

1100132130

抵 扣 联　　开票日期:2015 年 12 月 6 日

承运人及纳税人识别号	南海市汽车运输有限责任公司 150113425801412	密码区	6098-1＜9-7-61342284 * 1626＜8-3024＞81106-2 8＜032/52＞9/263-4974 * -47-6＜7＞2 *－/＞6/ 1626＜8-3024＞81106-2 * 284 * 1626＜8-3024/＞ * -47-6＜7＞2 *-/＞6/ * * 06-2 * 284 * 167＞2
实际受票方及纳税人识别号	祥瑞制造有限责任公司 150113445672867		
收货人及纳税人识别号	南海市机床经销公司 150113445672571	发货人及纳税人识别号	祥瑞制造有限责任公司 150113445672867
起运地、经由、到达地	朝阳区到长治路		

费用项目及金额	费用项目	金　额	费用项目	金　额	运输货物信息	数控机床
	运费	2 500.00				

合计金额	￥2 500.00	税率	11%	税额	￥275.00	机器编号	499900650899

计税合计(大写)	⊗贰仟柒佰柒拾伍元整	(小写)￥2 775.00

车种车号		车船吨位		备注
主管税务机关及代码	南海市国家税务局 111001608			

收款人:王力敏　　复核:李勇　　开票人:王力敏　　发票运用(章)

第二联 抵扣联 受票方扣税凭证

14—6

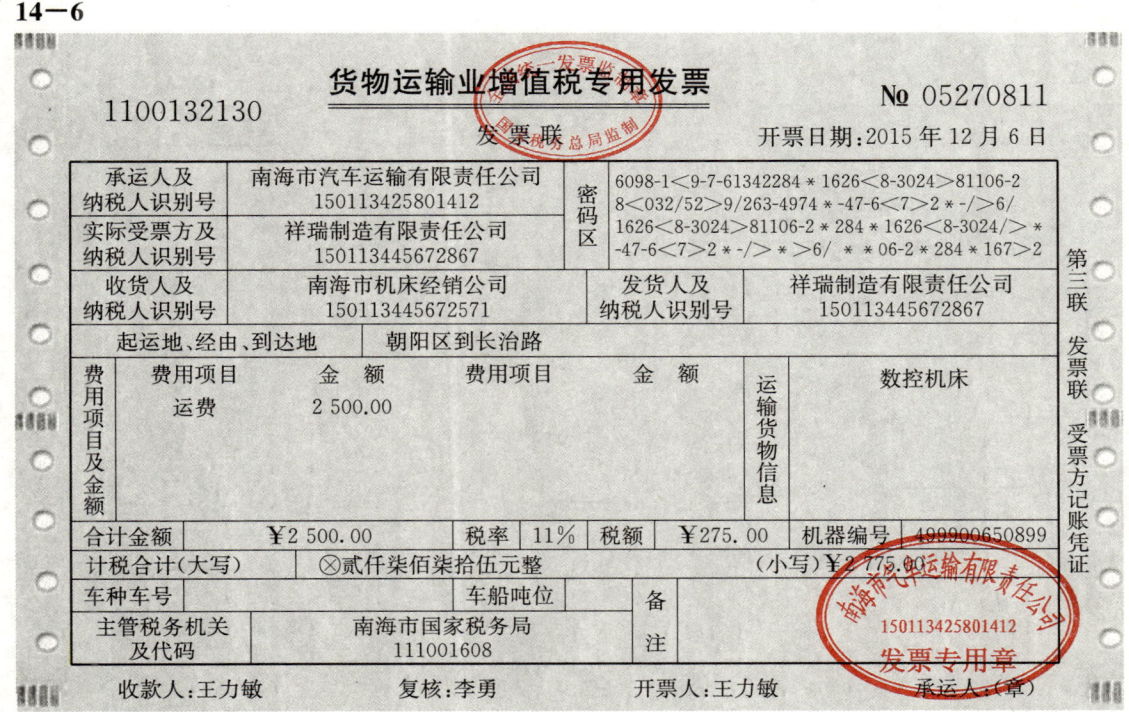

14—7

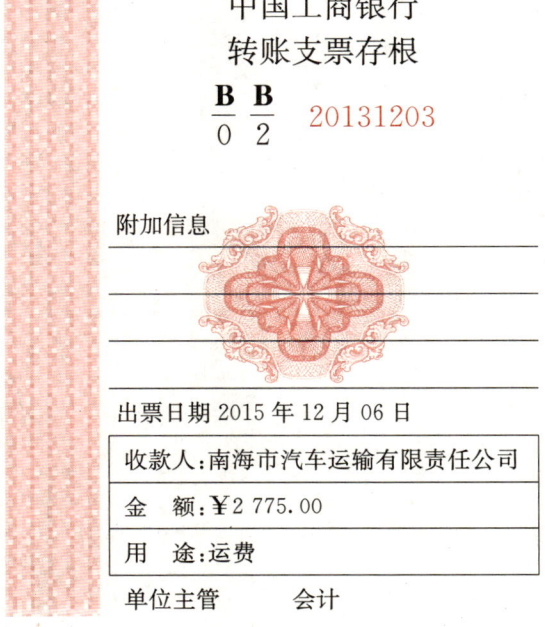

15-1

领 料 单

领料部门:机加工车间

用 途:生产 A 型数控机床　　　2015 年 12 月 7 日　　　　　　　第 011203 号

材料			单 位	数 量		记账联
编 号	名 称	规 格		请 领	实 发	
	圆钢		吨	50	50	
合 计				50	50	

仓库负责人:王林　　　发料人:李明　　　领料部门负责人:赵旭　　　领料人:郑敏

15-2

领 料 单

领料部门:机加工车间

用 途:生产 B 型数控机床　　　2015 年 12 月 7 日　　　　　　　第 011204 号

材料			单 位	数 量		记账联
编 号	名 称	规 格		请 领	实 发	
	圆钢		吨	30	30	
合 计				30	30	

仓库负责人:王林　　　发料人:李明　　　领料部门负责人:赵旭　　　领料人:郑敏

15－3

出　库　单

出货单位:祥瑞制造有限责任公司　　　　2015 年 12 月 7 日　　　　　　　　第 1205 号

提货单位或领货部门	机加工车间	销售单号		发出仓库	原材料库	
				数　量		
编　号	名　称	规　格	单　位	应　发	实　发	
	圆钢		吨	80	80	记账联
合　计				80	80	

仓库负责人:王 林　　　　　　　　　　　　　　发货人:李 明

16－1

领　料　单

领料部门:装配车间

用　　途:装配 A 型数控机床　　　　2015 年 12 月 7 日　　　　　　　第 021201 号

材料			单　位	数　量		
编　号	名　称	规　格		请　领	实　发	
	轴承		套	300	300	记账联
合　计				300	300	

仓库负责人:王 林　　　　发料人:李 明　　　　领料部门负责人:马连奎　　　　领料人:江峰

16－2

领　料　单

领料部门:装配车间

用　　途:装配 B 型数控机床　　　　　2015 年 12 月 7 日　　　　　　第 021202 号

材　料			单　位	数　量	
编　号	名　称	规　格		请　领	实　发
	轴承		套	200	200
合　计				200	200

仓库负责人:王林　　　　发料人:李明　　　　领料部门负责人:马连奎　　　　领料人:江峰

記账聯

16－3

出　库　单

出货单位:祥瑞制造有限责任公司　　　　2015 年 12 月 7 日　　　　　　第 1206 号

提货单位或领货部门	装配车间	销售单号		发出仓库	外购半成品库
编　号	名　称	规　格	单　位	数　量	
				应　发	实　发
	轴承		套	500	500
合　计				500	500

仓库负责人:王林　　　　　　　　　　　　发货人:李 明

記账聯

17-1

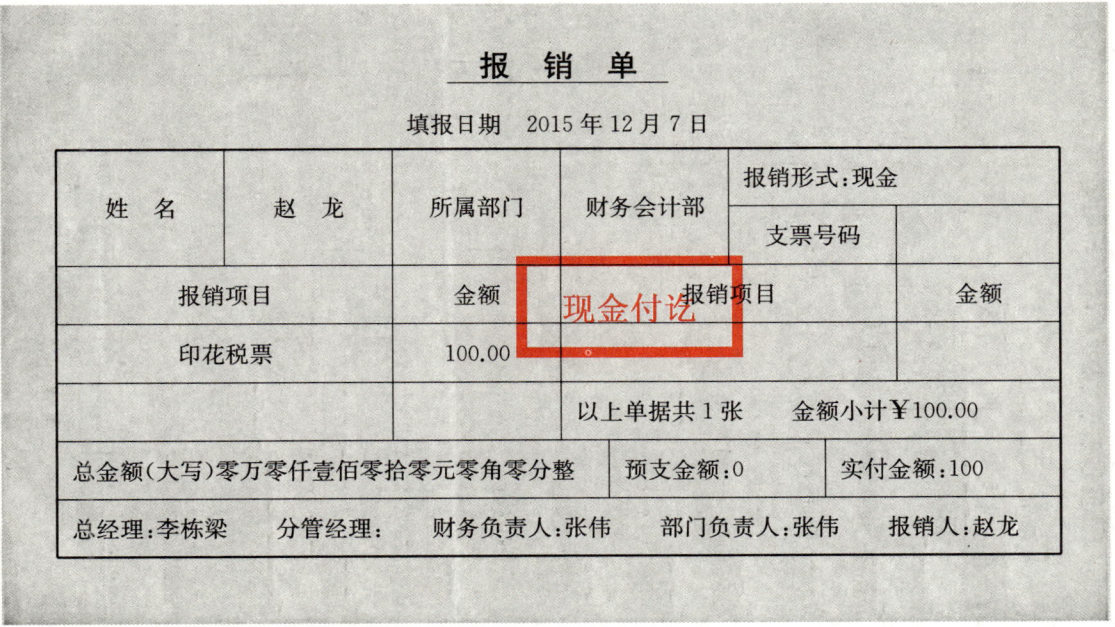

报 销 单

填报日期 2015 年 12 月 7 日

姓　名	赵　龙	所属部门	财务会计部	报销形式:现金	
				支票号码	
报销项目	金额	现金付讫	报销项目		金额
印花税票	100.00				
			以上单据共 1 张　金额小计￥100.00		
总金额(大写)零万零仟壹佰零拾零元零角零分整			预支金额:0	实付金额:100	
总经理:李栋梁　分管经理:　财务负责人:张伟　部门负责人:张伟　报销人:赵龙					

17-2

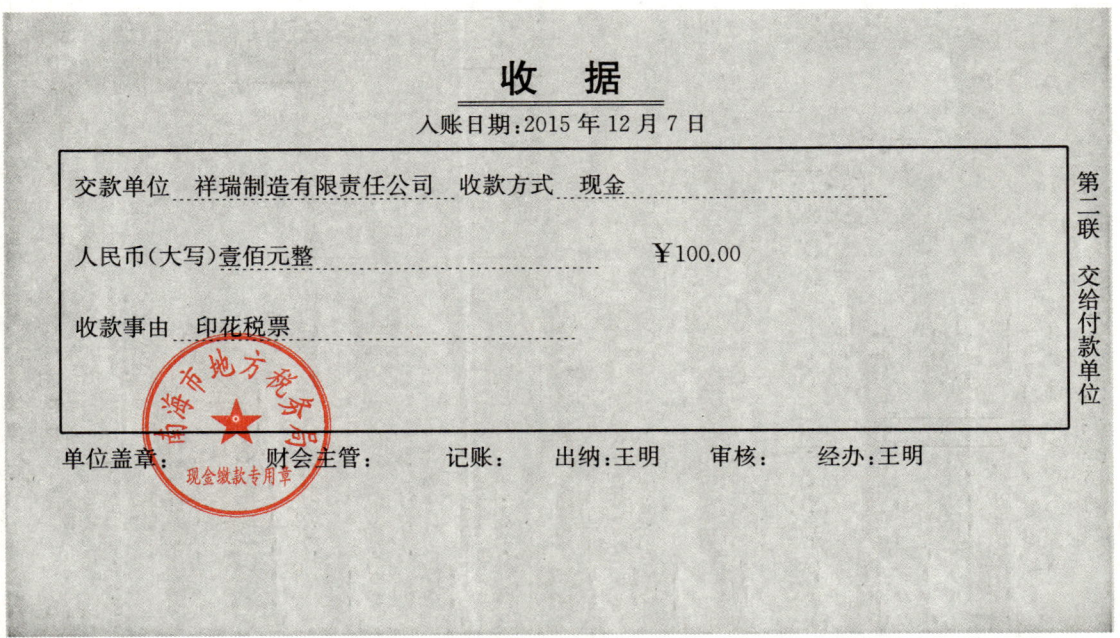

收 据

入账日期:2015 年 12 月 7 日

交款单位　祥瑞制造有限责任公司　收款方式　现金	
人民币(大写)壹佰元整	￥100.00
收款事由　印花税票	

单位盖章:　财会主管:　　记账:　　出纳:王明　　审核:　　经办:王明

第二联　交给付款单位

18－1

增值税专用发票

抵扣联

1100138140

№ 05830928

开票日期：2015 年 12 月 8 日

购货单位	名　　　称：祥瑞制造有限责任公司 纳税人识别号：150113445672867 地　址、电话：南海市朝阳区朝阳东街 66 号 0561－69986559 开户行及账号：中国工商银行南海市分行 267－50660526					密码区	6098-1＜9-7-61342284 8＜032/52＞9/29563-4974 1626＜8-3024＞81106-2 -47-6＜7＞2＊－/＞＊＞6/	加密版本： 0197040 3745210 0357834
货物或应税劳务名称	规格型号	单位	数量	单价	金额		税率	税额
电机		台	50	1 400.00	70 000.00		17％	11 900.00
合　计					￥70 000.00			￥11 900.00
价税合计（大写）	⊗捌万壹仟玖佰元整						（小写）￥81 900.00	
销货单位	名　　　称：创新电子设备厂 纳税人识别号：150113444175042 地　址、电话：南海市兴旺路 Z 号 0561－7355555 开户行及账号：中国工商银行南海市兴旺路支行 　　　　　　　0200001009014413211					备注		

收款人：吴玉婷　　　　复核：张宁　　　　开票人：吴玉婷　　　　销货单位：（章）

第二联　抵扣联　购货方扣税凭证

18－2

增值税专用发票

发票联

1100138140

№ 05830928

开票日期：2015 年 12 月 8 日

购货单位	名　　　称：祥瑞制造有限责任公司 纳税人识别号：150113445672867 地　址、电话：南海市朝阳区朝阳东街 66 号 0561－69986559 开户行及账号：中国工商银行南海市分行 267－50660526					密码区	6098-1＜9-7-61342284 8＜032/52＞9/29563-4974 1626＜8-3024＞81106-2 -47-6＜7＞2＊－/＞＊＞6/	加密版本： 0197040 3745210 0357834
货物或应税劳务名称	规格型号	单位	数量	单价	金额		税率	税额
电机		台	50	1 400.00	70 000.00		17％	11 900.00
合　计					￥70 000.00			￥11 900.00
价税合计（大写）	⊗捌万壹仟玖佰元整						（小写）￥81 900.00	
销货单位	名　　　称：创新电子设备厂 纳税人识别号：150113444175042 地　址、电话：南海市兴旺路 Z 号 0561－7355555 开户行及账号：中国工商银行南海市兴旺路支行 　　　　　　　0200001009014413211					备注		

收款人：吴玉婷　　　　复核：张宁　　　　开票人：吴玉婷　　　　销货单位：（章）

第三联　发票联　购货方记账凭证

18—3

入 库 单

2015 年 12 月 8 日　　　　　　　　　　第 1206 号

收货单位或收货部门	祥瑞制造有限责任公司	购货单号	05830928	收入仓库	外购半成品库	
编　号	名　称	规　格	单　位	数　量		记账联
				应　发	实　发	
	电机		台	50	50	
合　计				50	50	

仓库负责人：王 林　　　　　　　　　　　　收货人：李 明

18－4

购 销 合 同

供方：__创新电子设备厂__   合同编号：__CX16211__

需方：__祥瑞制造有限责任公司__   签订时间：__2015 年 12 月 8 日__

经双方友好协商，签订如下合同：

一、产品名称、规格、型号、数量、金额、供货时间：

序号	名 称	规格型号	单位	数量	单价(元)	金额(元)	附注
	电机		台	50	1 400.00	70 000.00	
	合 计					￥70 000.00	
货款总计(大写)		柒万元整					

二、质量要求、技术标准：__符合国家同类产品质量标准__

三、交货日期：__2015 年 12 月 18 日前__

四、交货地点：__需方仓库，由需方自行负责运输。__

五、产品验收地点、方法及提出异议期限：由需方按本合同约定标准及本合同附件验收，有质量异议在收货后十日内提出，需方未在上述期限内提出异议视为需方验收合格。

六、结算方式及期限：

需方须将本合同项下的所有款项支付到供方指定的账户上，如以现金方式支付，须事先征得供方财务部门同意。

七、违约责任：违约方须赔偿对方一切经济损失。但遇天灾人祸或其他人力不能控制之因素而导致延误交货，需方不能要求供方赔偿任何损失。

解决合同纠纷的方式：经双方友好协商解决，如协商不成的，可向当地仲裁委员会提出申诉解决。

本合同一式两份，供需双方各执一份，自签订之日起生效。

未尽事宜，双方协商一致并另行签订补充协议，补充协议与本合同具有同等法律效力。

供方(盖章)：_____   需方(盖章)：_____

税号:1501134441175042   税号:1501134445672867

开户行及账号:中国工商银行南海市   开户行及账号:中国工商银行南海市

兴旺路支行 0200001009014413211   分行 267－50660526

地址:南海市兴旺路 Z 号   地址:南海市朝阳区朝阳东街 66 号

法定代表:孙雅莉   法定代表:李栋梁

联系电话:0561－17355555   联系电话:0561－69986559

18－5

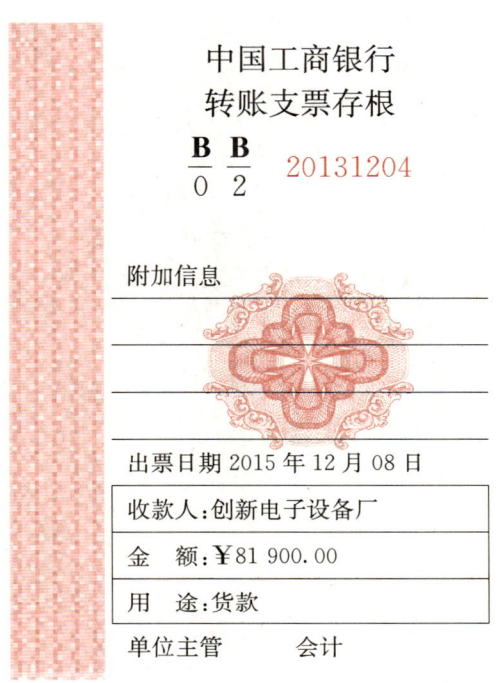

中国工商银行
转账支票存根
$\dfrac{\mathbf{B}}{0}\dfrac{\mathbf{B}}{2}$　20131204

附加信息

出票日期 2015 年 12 月 08 日

| 收款人：创新电子设备厂 |
| 金　额：￥81 900.00 |
| 用　途：货款 |
| 单位主管　　　会计 |

19－1

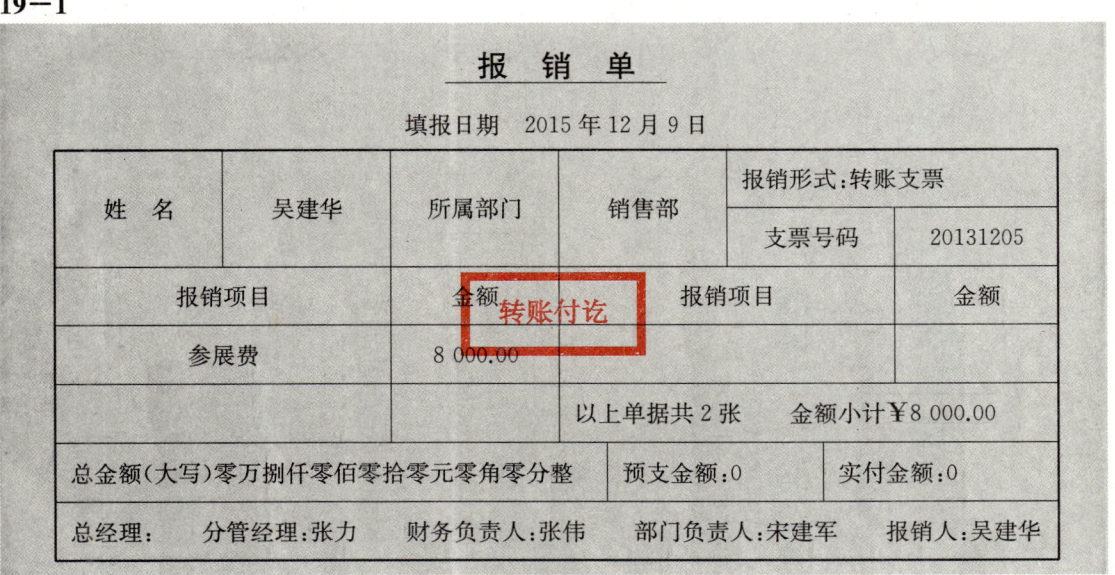

报　销　单

填报日期　2015 年 12 月 9 日

姓　名	吴建华	所属部门	销售部	报销形式：转账支票	
				支票号码	20131205
报销项目		金额		报销项目	金额
参展费		8 000.00			
				以上单据共 2 张　金额小计￥8 000.00	
总金额(大写)零万捌仟零佰零拾零元零角零分整			预支金额：0		实付金额：0
总经理：　　分管经理：张力　　财务负责人：张伟　　部门负责人：宋建军　　报销人：吴建华					

转账付讫

19－2

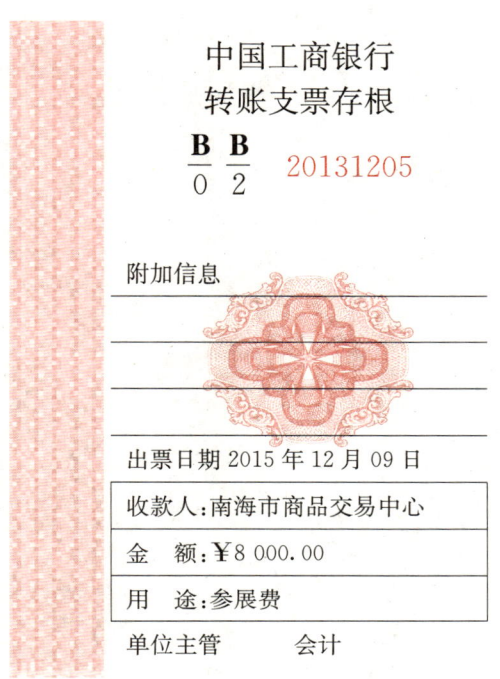

中国工商银行
转账支票存根

$\frac{B}{0}\frac{B}{2}$　20131205

附加信息

出票日期 2015 年 12 月 09 日

收款人：南海市商品交易中心

金　额：￥8 000.00

用　途：参展费

单位主管　　会计

19－3

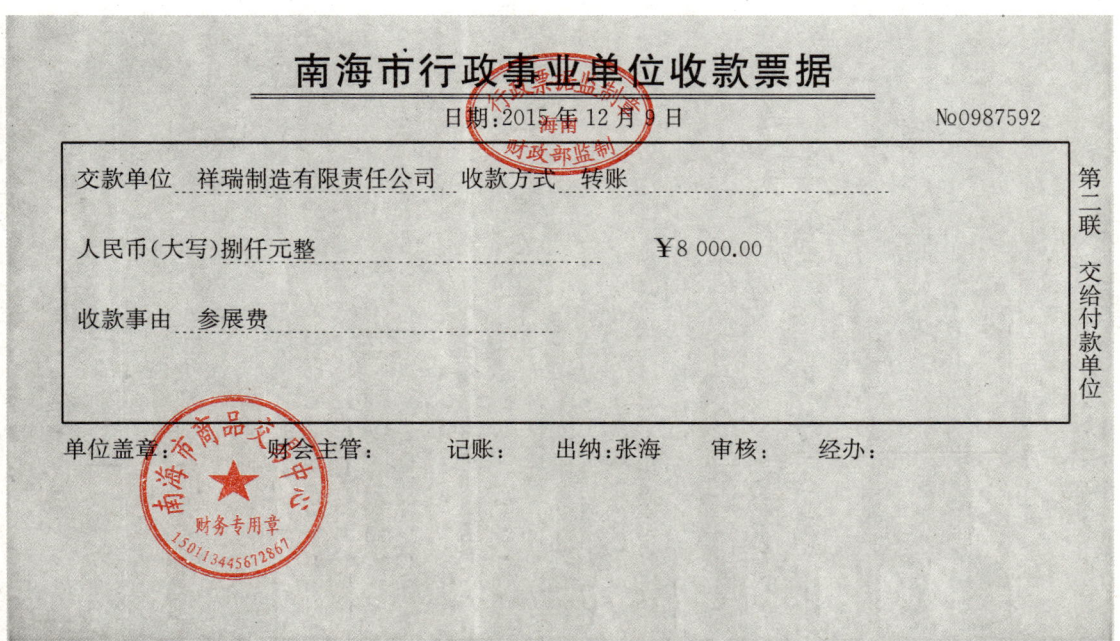

南海市行政事业单位收款票据

日期：2015 年 12 月 9 日　　　　　　№0987592

交款单位　祥瑞制造有限责任公司　　收款方式　转账

人民币（大写）捌仟元整　　　　　　　　￥8 000.00

收款事由　参展费

单位盖章　　财会主管：　　记账：　　出纳：张海　　审核：　　经办：

第二联　交给付款单位

20—1

中国工商银行 进 账 单（收账通知）　3

2015 年 12 月 9 日

出票人	全　称	泰山公司		收款人	全　称	祥瑞制造有限责任公司
	账　号	0200001009014413888			账　号	267—50660526
	开户银行	中国工商银行滨海市迎泽路支行			开户银行	中国工商银行南海市分行

金额	人民币（大写）	肆拾壹万肆仟元整	千	百	十	万	千	百	十	元	角	分
				¥	4	1	4	0	0	0	0	0

票据种类		票据张数	
票据号码			

中国工商银行南海市分行
2015.12.09
转讫

复核：张瑞英　　记账：杨杰　　　　收款人开户银行签章

此联是收款人开户银行交给收款人的收账通知

20—2

祥瑞制造有限责任公司

现金折扣审批表

日期：2015 年 12 月 9 日

客户	泰山公司	合同号	XR12001	合同金额	421 200.00 元
折扣条件	2/10,1/20,n/30	申请现金折扣金额	7 200.00 元	实收金额	414 000.00 元
审核部门	审核意见		审核人签字	经办人签字	吴建华
销售部负责人	同意		宋建军	备注	
财务部负责人	同意		张 伟		
总经理	同意		李栋梁		

21—1

中国工商银行 电子回单

回单类型	工本费	指令序号	555555
付款人	祥瑞制造有限责任公司	金额（大写）	人民币贰拾伍元整
账　号	267-50660526		￥25.00
记账网点	00034	记账柜员：12	记账日期：2015 年 12 月 9 日

21—2

中国工商银行银行汇票申请书（借方凭证）　2

申请日期 2015 年 12 月 9 日　　　　　　　　　　　第 081 号

收款人	新伟钢铁厂		汇款人	祥瑞制造有限责任公司
账　号或地址	531001040003009		账　号或地址	267—50660526
兑付地点	中国农业银行南江市北外环分理处		兑付行	中国工商银行南海市分行

汇款金额	人民币（大写）	陆拾捌万元整	千	百	十	万	千	百	十	元	角	分
				￥	6	8	0	0	0	0	0	0

科　　目＿＿＿＿＿＿

对方科目＿＿＿＿＿＿

上列款项请从我账户内支付

申请人盖章

转账日期：　　年　　月　　日

复核 马兆华　　　　记账 牛斯理

22－1

关于机加工车间车床报废的申请

公司领导及有关部门：

　　本车间的一台车床 1，系 2012 年 6 月购进，因生产人员操作不当，造成严重损坏，无法继续使用，现申请报废。

　　特此申请。

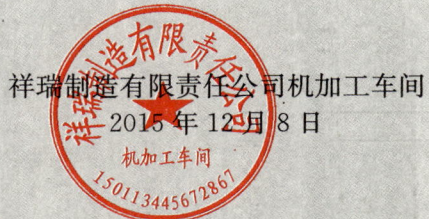

祥瑞制造有限责任公司机加工车间

2015 年 12 月 8 日

22－2

固定资产报废鉴定书

2015 年 12 月 10 日

名称	使用部门	单位	数量	购进日期	预计使用年限	已经使用年限	原值	累计折旧
车床 1	机加工车间	台	1	2012.6.20	20	3.5 年	52 580.00	8 741.46
鉴定结论	报　废			原　因		使用不当严重损坏		
质量检验部门签字	薛冰		使用部门签字		赵旭			

22—3

关于固定资产报废的批复

机加工车间:

你车间的车床 1 因生产人员操作不当,造成严重损坏,经鉴定,已无法使用,现批准报废。

审批人:李栋梁

祥瑞制造有限责任公司
2015 年 12 月 10 日

22—4

增值税专用发票

1100081140

№ 00131203

此联不作报销 扣税凭证使用　　开票日期:2015 年 12 月 10 日

购货单位	名　称:昌盛废旧物资处理中心 纳税人识别号:150113445670000 地　址、电话:南海市朝阳区花园东街 23 号 开户行及账号:中国银行南内环支行 022—05380000					密码区	6098-1<9-7-61342284 8<032/52>9/29563-4974 1626<8-3024>81106-2 -47-6<7>2*－/>*>6/	加密版本: 0197040 3745210 0357834
货物或应税劳务名称	规格型号	单位	数量	单价	金额		税率	税额
车床	W	台	1	28 500	28 500.00		17%	4 845.00
合　计					¥28 500.00			¥4 845.00
价税合计(大写)		人民币叁万叁仟叁佰肆拾伍元整				(小写)¥33 345.00		
销货单位	名　称:祥瑞制造有限责任公司 纳税人识别号:150113445672867 地　址、电话:南海市朝阳区朝阳东街 66 号 0561—69986559 开户行及账号:中国工商银行南海市分行 267—50660526					备注		

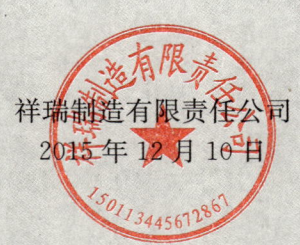

第一联　记账联　销货方记账凭证

收款人:杨杰　　复核:张瑞英　　开票人:杨杰　　销货单位:(章)

22－5

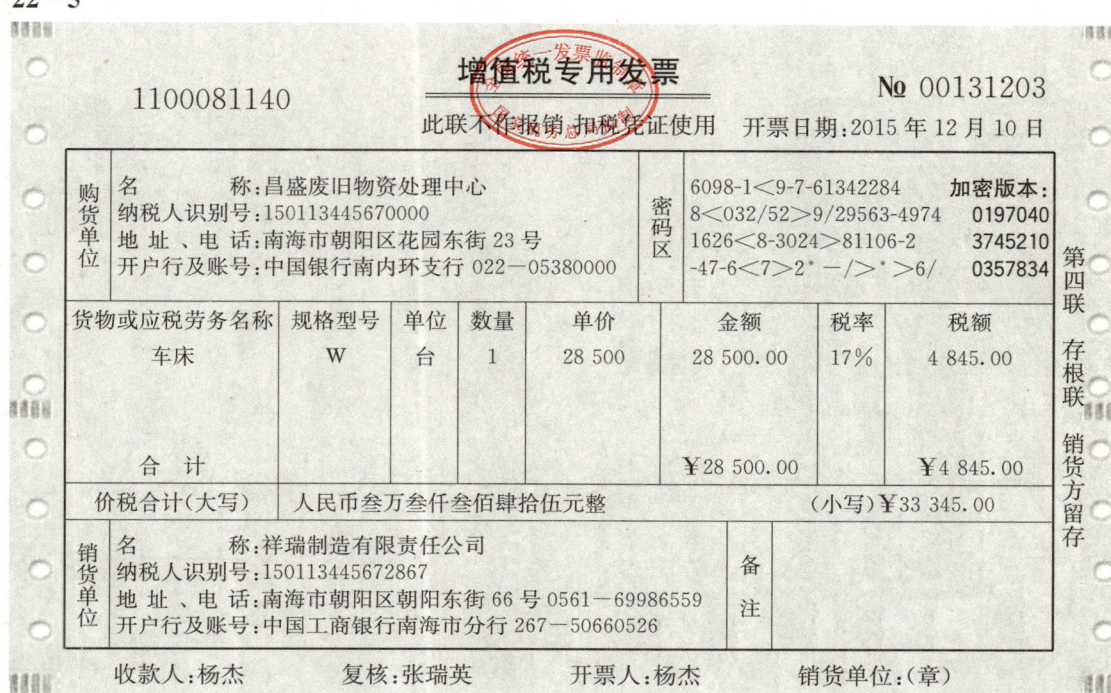

增值税专用发票

1100081140

此联不作报销 扣税凭证使用　开票日期：2015 年 12 月 10 日

№ 00131203

购货单位	名　称：昌盛废旧物资处理中心 纳税人识别号：150113445670000 地 址 、电话：南海市朝阳区花园东街 23 号 开户行及账号：中国银行南内环支行 022－05380000	密码区	6098-1＜9-7-61342284 8＜032/52＞9/29563-4974 1626＜8-3024＞81106-2 -47-6＜7＞2*－/＞*＞6/	加密版本： 0197040 3745210 0357834

货物或应税劳务名称	规格型号	单位	数量	单价	金额	税率	税额
车床	W	台	1	28 500	28 500.00	17％	4 845.00
合　计					￥28 500.00		￥4 845.00

价税合计（大写）	人民币叁万叁仟叁佰肆拾伍元整	（小写）￥33 345.00

销货单位	名　称：祥瑞制造有限责任公司 纳税人识别号：150113445672867 地 址 、电话：南海市朝阳区朝阳东街 66 号 0561－69986559 开户行及账号：中国工商银行南海市分行 267－50660526	备注

收款人：杨杰　　复核：张瑞英　　开票人：杨杰　　销货单位：（章）

第四联　存根联　销货方留存

22－6

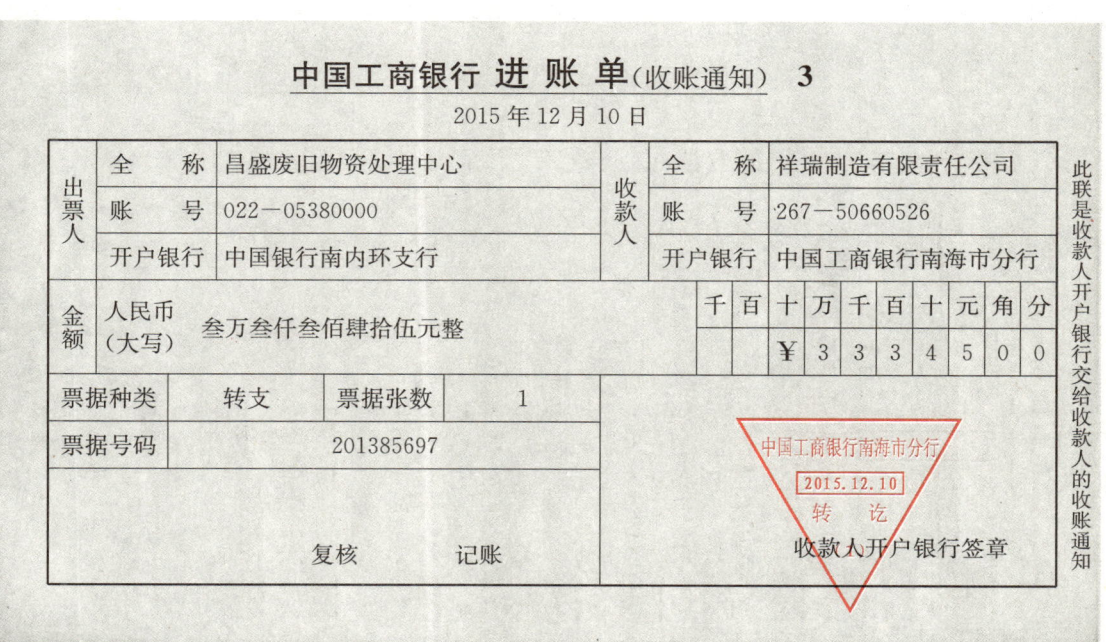

中国工商银行 进 账 单（收账通知）　**3**

2015 年 12 月 10 日

出票人	全　称	昌盛废旧物资处理中心	收款人	全　称	祥瑞制造有限责任公司
	账　号	022－05380000		账　号	267－50660526
	开户银行	中国银行南内环支行		开户银行	中国工商银行南海市分行

金额	人民币 （大写）	叁万叁仟叁佰肆拾伍元整	千	百	十	万	千	百	十	元	角	分
					￥	3	3	3	4	5	0	0

票据种类	转支	票据张数	1
票据号码		201385697	

复核　　记账

中国工商银行南海市分行
2015.12.10
转讫

收款人开户银行签章

此联是收款人开户银行交给收款人的收账通知

22－7

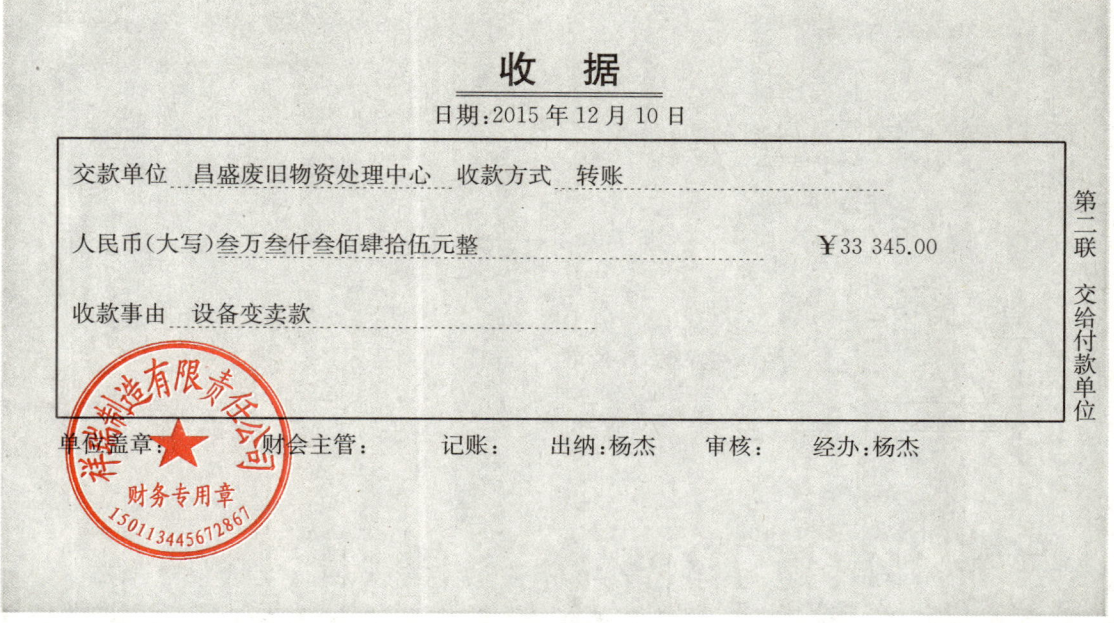

23－1

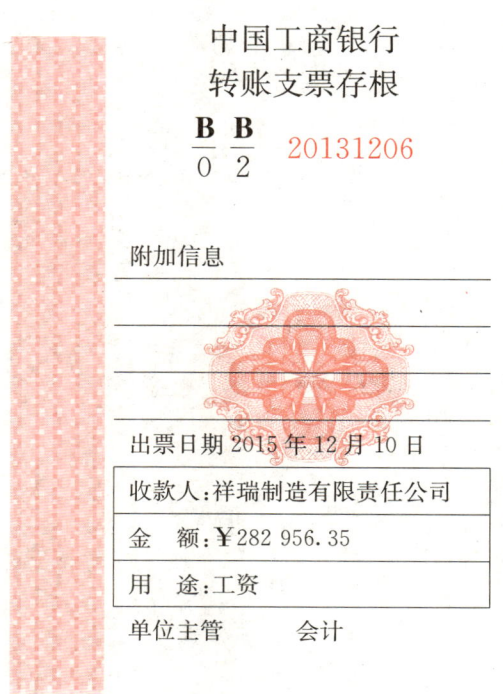

23—2

工资发放明细表

单位名称:祥瑞制造有限责任公司　　　　　　日期:2015 年 12 月

| 部门 | 岗位 | 姓名 | 基本工资 | 岗位工资 | 绩效工资 | 应发工资 | 代扣项目 | | | | 实发工资 |
							住房公积金	医疗保险	养老保险	个人所得税	
	总经理	李栋梁	3 500	2 100	1 400	7 000	175	70	280	192.5	6 282.5
	生产副经理	赵强	3 200	1 920	1 280	6 400	160	64	256	137	5 783
	业务副经理	张力	3 200	1 920	1 280	6 400	160	64	256	137	5 783
行政办公室 3	办公室主任	张丽萍	2 800	1 680	1 120	5 600	140	56	224	63	5 117
	干事	李杰	1 200	720	480	2 400	60	24	96		2 220
	干事	赵芳	1 000	600	400	2 000	50	20	80		1 850
	小　计		5 000	3 000	2 000	10 000	250	100	400	63	9 187
车队 4	司机	张祥云	1 200	720	480	2 400	60	24	96		2 220
	司机	陈勇	1 000	600	400	2 000	50	20	80		1 850
	司机	王永庆	1 000	600	400	2 000	50	20	80		1 850
	司机	王小明	1 000	600	400	2 000	50	20	80		1 850
	小　计		4 200	2 520	1 680	8 400	210	84	336	0	7 770
财务会计部 6	负责人	张伟	2 800	1 680	1 120	5 600	140	56	224	63	5 117
	会计	张瑞英	2 000	1 200	800	4 000	100	40	160	6	3 694
	会计	王强	1 800	1 080	720	3 600	90	36	144		3 330
	会计	李红	1 200	720	480	2 400	60	24	96		2 220
	会计	赵龙	1 200	720	480	2 400	60	24	96		2 220
	出纳	杨杰	1 000	600	400	2 000	50	20	80		1 850
	小　计		10 000	6 000	4 000	20 000	500	200	800	69	18 431
人力资源部 3	负责人	王俊	2 800	1 680	1 120	5 600	140	56	224	63	5 117
	干事	赵文明	1 200	720	480	2 400	60	24	96		2 220
	干事	刘尚东	800	480	320	1 600	40	16	64		1 480
	小　计		4 800	2 880	1 920	9 600	240	96	384	63	8 817
质量检验部 3	负责人	薛冰	2 800	1 680	1 120	5 600	140	56	224	63	5 117
	检验员	张瑾	1 600	960	640	3 200	80	32	128		2 960
	检验员	刘平清	1 000	600	400	2 000	50	20	80		1 850
	小　计		5 400	3 240	2 160	10 800	270	108	432	63	9 927
采购部 5	负责人	张建平	2 800	1 680	1 120	5 600	140	56	224	63	5 117
	采购员	陈丽	1 600	960	640	3 200	80	32	128		2 960
	采购员	王健	1 200	720	480	2 400	60	24	96		2 220
	采购员	张华	1 000	600	400	2 000	50	20	80		1 850
	采购员	赵灵平	800	480	320	1 600	40	16	64		1 480
	小　计		7 400	4 440	2 960	14 800	370	148	592	63	13 627

续表

| 部门 | 岗位 | 姓名 | 基本工资 | 岗位工资 | 绩效工资 | 应发工资 | 代扣项目 | | | | 实发工资 |
							住房公积金	医疗保险	养老保险	个人所得税	
仓库3	负责人	王林	2 500	1 500	1 000	5 000	125	50	200	33.75	4 591.25
	库管员	王方	1 000	600	400	2 000	50	20	80		1 850
	库管员	李明	1 000	600	400	2 000	50	20	80		1 850
	库管员	周兴	800	480	320	1 600	40	16	64		1 480
	小　计		5 300	3 180	2 120	10 600	265	106	424	33.75	9 771.25
行政管理部门合计			52 000	31 200	20 800	104 000	2 600	1 040	4 160	821.25	95 378.75
销售部8	负责人	宋建军	2 800	1 680	1 120	5 600	140	56	224	63	5 117
	业务员	吴建华	1 600	960	640	3 200	80	32	128		2 960
	业务员	赵小华	1 600	960	640	3 200	80	32	128		2 960
	业务员	刘红梅	1 200	720	480	2 400	60	24	96		2 220
	业务员	柴丽敏	1 200	720	480	2 400	60	24	96		2 220
	业务员	周军宇	1 000	600	400	2 000	50	20	80		1 850
	业务员	张浩	1 000	600	400	2 000	50	20	80		1 850
	业务员	张寅	800	480	320	1 600	40	16	64		1 480
	小　计		11 200	6 720	4 480	22 400	560	224	896	63	20 657
机加工车间生产工人30	生产工人	林刚	1 600	960	640	3 200	80	32	128		2 960
	生产工人	赵晓红	1 600	960	640	3 200	80	32	128		2 960
	生产工人	王静	1 600	960	640	3 200	80	32	128		2 960
	生产工人	张伟	1 600	960	640	3 200	80	32	128		2 960
	生产工人	李春霞	1 600	960	640	3 200	80	32	128		2 960
	生产工人	张小飞	1 400	840	560	2 800	70	28	112		2 590
	生产工人	刘华	1 400	840	560	2 800	70	28	112		2 590
	生产工人	谢斌	1 400	840	560	2 800	70	28	112		2 590
	生产工人	赵敏	1 400	840	560	2 800	70	28	112		2 590
	生产工人	徐振华	1 400	840	560	2 800	70	28	112		2 590
	生产工人	李军	1 200	720	480	2 400	60	24	96		2 220
	生产工人	张静	1 200	720	480	2 400	60	24	96		2 220
	生产工人	王洁	1 200	720	480	2 400	60	24	96		2 220
	生产工人	徐磊	1 200	720	480	2 400	60	24	96		2 220
	生产工人	石正	1 200	720	480	2 400	60	24	96		2 220
	生产工人	孟冬	1 200	720	480	2 400	60	24	96		2 220
	生产工人	丁宁	1 200	720	480	2 400	60	24	96		2 220
	生产工人	李漠然	1 000	600	400	2 000	50	20	80		1 850
	生产工人	杨俊东	1 000	600	400	2 000	50	20	80		1 850
	生产工人	阮永	1 000	600	400	2 000	50	20	80		1 850

续表

| 部　门 | 岗　位 | 姓　名 | 基本工资 | 岗位工资 | 绩效工资 | 应发工资 | 代扣项目 | | | | 实发工资 |
							住房公积金	医疗保险	养老保险	个人所得税	
机加工车间生产工人30	生产工人	刘胜	1 000	600	400	2 000	50	20	80		1 850
	生产工人	纪伟斌	1 000	600	400	2 000	50	20	80		1 850
	生产工人	孙洪	1 000	600	400	2 000	50	20	80		1 850
	生产工人	朱晓明	1 000	600	400	2 000	50	20	80		1 850
	生产工人	钱达	800	480	320	1 600	40	16	64		1 480
	生产工人	龚华	800	480	320	1 600	40	16	64		1 480
	生产工人	郑洁丽	800	480	320	1 600	40	16	64		1 480
	生产工人	李志	800	480	320	1 600	40	16	64		1 480
	生产工人	刘毅	800	480	320	1 600	40	16	64		1 480
	生产工人	张玲	800	480	320	1 600	40	16	64		1 480
	小　计		35 200	21 120	14 080	70 400	1 760	704	2 816	0	65 120
机加工车间管理人员5	车间主任	赵旭	3 000	1 800	1 200	6 000	150	60	240	100	5 450
	技术员	张阳明	2 400	1 440	960	4 800	120	48	192	28.2	4 411.8
	技术员	张进余	1 800	1 080	720	3 600	90	36	144		3 330
	技术员	李小涛	1 200	720	480	2 400	60	24	96		2 220
	干事	郑敏	1 000	600	400	2 000	50	20	80		1 850
	小　计		9 400	5 640	3 760	18 800	470	188	752	128.2	17 261.8
机加工车间合计35			44 600	26 760	17 840	89 200	2 230	892	3 568	128.2	82 381.8
装配车间生产工人24	生产工人	黄强强	1 600	960	640	3 200	80	32	128		2 960
	生产工人	程平	1 600	960	640	3 200	80	32	128		2 960
	生产工人	罗悦	1 600	960	640	3 200	80	32	128		2 960
	生产工人	何刚	1 400	840	560	2 800	70	28	112		2 590
	生产工人	许岚	1 400	840	560	2 800	70	28	112		2 590
	生产工人	张芯	1 400	840	560	2 800	70	28	112		2 590
	生产工人	陆琪	1 200	720	480	2 400	60	24	96		2 220
	生产工人	冯平安	1 200	720	480	2 400	60	24	96		2 220
	生产工人	刘颖	1 200	720	480	2 400	60	24	96		2 220
	生产工人	李波	1 200	720	480	2 400	60	24	96		2 220
	生产工人	高琳琳	1 200	720	480	2 400	60	24	96		2 220
	生产工人	罗涛	1 200	720	480	2 400	60	24	96		2 220
	生产工人	杨军	1 200	720	480	2 400	60	24	96		2 220
	生产工人	贺宇涛	1 200	720	480	2 400	60	24	96		2 220
	生产工人	刘忻	1 200	720	480	2 400	60	24	96		2 220
	生产工人	于力	1 000	600	400	2 000	50	20	80		1 850
	生产工人	田庆明	1 000	600	400	2 000	50	20	80		1 850

续表

| 部门 | 岗位 | 姓名 | 基本工资 | 岗位工资 | 绩效工资 | 应发工资 | 代扣项目 | | | | 实发工资 |
							住房公积金	医疗保险	养老保险	个人所得税	
装配车间生产工人24	生产工人	杨娜	1 000	600	400	2 000	50	20	80		1 850
	生产工人	程秋蝶	1 000	600	400	2 000	50	20	80		1 850
	生产工人	曹华	1 000	600	400	2 000	50	20	80		1 850
	生产工人	蒋胜利	800	480	320	1 600	40	16	64		1 480
	生产工人	高小平	800	480	320	1 600	40	16	64		1 480
	生产工人	萧盈	800	480	320	1 600	40	16	64		1 480
	生产工人	于敏	800	480	320	1 600	40	16	64		1 480
	小 计		28 000	16 800	11 200	56 000	1 400	560	2 240	0	51 800
装配车间管理人员4	车间主任	马连奎	3 000	1 800	1 200	6 000	150	60	240	100	5 450
	技术员	王蒙	2 400	1 440	960	4 800	120	48	192	28.2	4 411.8
	技术员	吴丽丽	1 200	720	480	2 400	60	24	96		2 220
	干事	江峰	1 000	600	400	2 000	50	20	80		1 850
	小 计		7 600	4 560	3 040	15 200	380	152	608	128.2	13 931.8
装配车间合计28			35 600	21 360	14 240	71 200	1 780	712	2 848	128.2	65 731.8
机修车间生产工人6	生产工人	金大力	1 400	840	560	2 800	70	28	112		2 590
	生产工人	李胜	1 200	720	480	2 400	60	24	96		2 220
	生产工人	周舟	1 200	720	480	2 400	60	24	96		2 220
	生产工人	李海霞	800	480	320	1 600	40	16	64		1 480
	生产工人	赵平顺	800	480	320	1 600	40	16	64		1 480
	小 计		5 400	3 240	2 160	10 800	270	108	432	0	9 990
机修车间管理人员2	车间主任	田帅	2 800	1 680	1 120	5 600	140	56	224	63	5 117
	技术员	王建方	1 200	720	480	2 400	60	24	96		2 220
	干事	王玲	800	480	320	1 600	40	16	64		1 480
	小 计		4 800	2 880	1 920	9 600	240	96	384	63	8 817
机修车间合计8			10 200	6 120	4 080	20 400	510	204	816	63	18 807
总计109			153 600	92 160	61 440	307 200	7 680	3 072	12 288	1 203.65	282 956.35

批准:李栋梁　　　　　财务负责人:张伟　　　　　审核人:张瑞英　　　　　制表:李红

24—1

中国工商银行
转账支票存根

$\frac{B}{0}$ $\frac{B}{2}$　20131207

附加信息

出票日期 2015 年 12 月 10 日

收款人：南海市公积金中心

金　额：￥23 040.00

用　途：公积金

单位主管　　会计

24—2

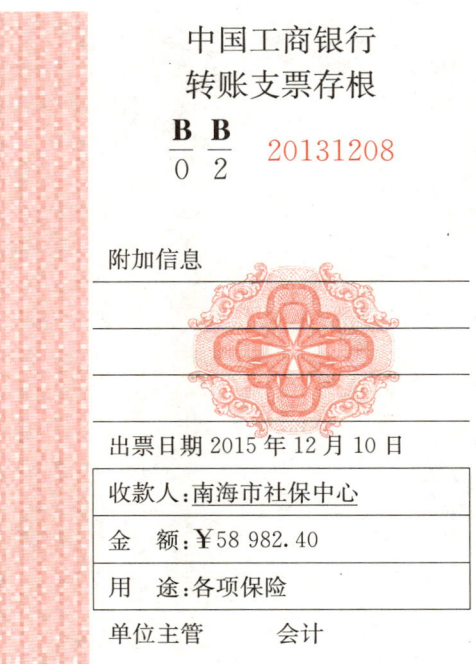

中国工商银行
转账支票存根

$\frac{B}{0}$ $\frac{B}{2}$　20131208

附加信息

出票日期 2015 年 12 月 10 日

收款人：南海市社保中心

金　额：￥58 982.40

用　途：各项保险

单位主管　　会计

24—3

南海市住房公积金汇(补)款书
(公积金专用)

单位预留签章：　　　　　　　　　　　　　　　　　2015 年 12 月 10 日

缴款单位	全　称	祥瑞制造有限责任公司	■汇缴	2015 年 11 月
	账　号	中国工商银行南海市分行 267—50660526	□补缴	人数:109 人
	支款方式	□现金　■支票　□电汇　□网银		

汇款金额	人民币(大写)	贰万叁仟零肆拾元整	百	十	万	千	百	十	元	角	分
					¥ 2	3	0	4	0	0	0

汇款月份	年月	上月汇缴		本月增加		本月减少		本月汇缴	
		人数	金额	人数	金额	人数	金额	人数	金额
									23 040.00
分理处填写									

汇缴接柜岗(签章):　　　　　汇缴复核岗(签章):　　　　　专员签字:李林玉

24—4

南海市社会保险费缴费专用票据

2015 年 12 月 10 日　　　　　　　　　　　　　　　NO. 0698

缴费单位(人)名称	祥瑞制造有限责任公司	收款单位	南海市社保中心
缴费单位(人)信息	中国工商银行南海市分行	开户行	中国工商银行南海市分行
缴费所属时期	2015 年 11 月	账　号	267—50660001

缴费类别	缴费金额
养老保险	43 008
医疗保险	13 824
工伤保险	921.6
生育保险	1 228.8
金额合计(大写):伍万捌仟玖佰捌拾贰元肆角	小写:¥58 982.4
备注	

收款单位(章)　　　　　　财务主管(章)　　　　　　收款人:张红

第二联 收据

25－1

增值税纳税申报表

(一般纳税人适用)

根据国家税收法律法规及增值税相关规定制定本表。纳税人不论有无销售额,均应按税务机关核定的纳税期限填写本表,并向当地税务机关申报。

税款所属时间:自 2015 年 11 月 01 日至 2015 年 11 月 30 日　　填表日期:2015 年 12 月 04 日　金额单位:元至角分

纳税人识别号	1 5 0 1 1 3 4 4 5 6 7 2 8 6 7			所属行业:C342	
纳税人名称	(公章) 法定代表人姓名 李栋梁	注册地址 南海市朝阳区朝阳东街 66 号		生产经营地址 南海市朝阳区朝阳东街 66 号	
开户银行及账号	中国工商银行南海市分行 267－50660526	登记注册类型	有限责任公司	电话号码	0561-69986559

	项　目	栏　次	一般货物、劳务和应税服务		即征即退货物、劳务和应税服务	
			本月数	本年累计	本月数	本年累计
销售额	(一)按适用税率计税销售额	1	1 247 500.00	13 336 600.00		
	其中:应税货物销售额	2	1 224 500.00	13 084 000.00		
	应税劳务销售额	3	23 000.00	252 600.00		
	纳税检查调整的销售额	4				
	(二)按简易办法计税销售额	5				
	其中:纳税检查调整的销售额	6				
	(三)免、抵、退办法出口销售额	7			—	—
	(四)免税销售额	8			—	—
	其中:免税货物销售额	9			—	—
	免税劳务销售额	10			—	—
税款计算	销项税额	11	210 695.00	2 252 066.00		
	进项税额	12	21 355.00	1 013 908.00		
	上期留抵税额	13				
	进项税额转出	14				
	免、抵、退应退税额	15				
	按适用税率计算的纳税检查应补缴税额	16				
	应抵扣税额合计	17=12+13-14-15+16	21 355.00			
	实际抵扣税额	18(如 17<11,则为 17,否则为 11)	21 355.00	1 013 908.00		
	应纳税额	19=11-18	189 340.00	1 238 158.00		
	期末留抵税额	20=17-18				
	简易计税办法计算的应纳税额	21				
	按简易计税办法计算的纳税检查应补缴税额	22			—	—
	应纳税额减征额	23				
	应纳税额合计	24=19+21-23	189 340.00	1 238 158.00		
税款缴纳	期初未缴税额(多缴为负数)	25	146 982.00	1 048 818.00		
	实收出口开具专用缴款书退税额	26				
	本期已缴税额	27=28+29+30+31	1 146 982.00	1 048 818.00		
	①分次预缴税额	28				
	②出口开具专用缴款书预缴税额	29				
	③本期缴纳上期应纳税额	30	146 982.00	1 048 818.00		
	④本期缴纳欠缴税额	31				
	期末未缴税额(多缴为负数)	32=24+25+26-27	189 340.00	189 340.00		
	其中:欠缴税额(≥0)	33=25+26-27			—	—
	本期应补(退)税额	34=24-28-29	189 340.00			
	即征即退实际退税额	35	—	—		
	期初未缴查补税额	36			—	—
	本期入库查补税额	37			—	—
	期末未缴查补税额	38=16+22+36-37			—	—

授权声明	如果你已委托代理人申报,请填写下列资料: 兹委托　　　　　代理一切税务事宜,现授权 (地址)　　　　　　　为本纳税人的代理申报人,任何与本 申报表有关的往来文件,都可寄予此人。 　　　　　　　　授权人签字:	申报人声明	本纳税申报表是根据国家税收法律法规及相关规定填报的,我确定它是真实的、可靠的、完整的。 　　　　　　　　声明人签字:李栋梁
主管税务机关:		接收人:周扬	接收日期:2015.12.4

25—2

扣缴个人所得税报告表

- *扣缴义务人识别号：150113445672867
- *扣缴义务人名称：祥瑞制造有限责任公司
- *税款所属期：2015-11-01　至　2015-11-30
- *填表日期：2015-12-04
- *扣缴义务人所属行业：一般行业
- 法定代表人（负责人）：李桥梁
- *经办人：赵龙
- 代理机构：
- 经办人执业证件号码：
- 代理机构签章：
- 代理申报日期：

序号 1(1)	*是否明细申报 1(2)	纳税人姓名 2	证件类型 3	证件号码 4	*所得项目 5	*所得期间起 6	*所得期间止 7	*收入额 8	免税所得 9	税前扣除项目 基本养老保险费 10	基本医疗保险费 11	失业保险费 12	住房公积金 13	财产原值 14	允许扣除的税费 15	其他 16	合计 17	减除费用 18	准予扣除的捐赠额 19	应纳税所得额 20	*税率 21	*速算扣除数 22	*应纳税额 23	减免税额 24	应扣缴税额 25	已扣缴税额 26	应补退税额 27	备注 28
合计			—	—		—		307 000.00	0.00	12 288.00	3 072.00	0.00	7 680.00	0.00	0.00	0.00	23 040.00	385 000.00	0.00	26 880.00	—	—	1 203.65	0.00	1 203.65	0.00	1 203.65	—
1	是	李栋梁	居民身份证	142128197305208555	正常工资薪金	2015-11-01	2015-11-30	7 000.00	0.00	280.00	70.00	0.00	175.00	0.00	0.00	0.00	525.00	3 500.00	0.00	2 975.00	0.10(105.00)	105.00	192.50	0.00	192.50	0.00	192.50	
2	是	赵强	居民身份证	140603198302100533	正常工资薪金	2015-11-01	2015-11-30	6 400.00	0.00	256.00	64.00	0.00	160.00	0.00	0.00	0.00	480.00	3 500.00	0.00	2 420.00	0.10(105.00)	105.00	137.00	0.00	137.00	0.00	137.00	
3	是	张力	居民身份证	140981197106030014	正常工资薪金	2015-11-01	2015-11-30	6 400.00	0.00	256.00	64.00	0.00	160.00	0.00	0.00	0.00	480.00	3 500.00	0.00	2 420.00	0.10(105.00)	105.00	137.00	0.00	137.00	0.00	137.00	
4	是	张丽萍	居民身份证	140603198204020513	正常工资薪金	2015-11-01	2015-11-30	5 600.00	0.00	224.00	56.00	0.00	140.00	0.00	0.00	0.00	420.00	3 500.00	0.00	1 680.00	0.10(105.00)	105.00	63.00	0.00	63.00	0.00	63.00	
5	是	李杰	居民身份证	140603197606254019	正常工资薪金	2015-11-01	2015-11-30	2 400.00	0.00	96.00	24.00	0.00	60.00	0.00	0.00	0.00	180.00	3 500.00	0.00	0.00	0.00	0.00	0.00	0.00	0.00	0.00	0.00	
6	是	赵芳	居民身份证	140603197811200538	正常工资薪金	2015-11-01	2015-11-30	2 000.00	0.00	80.00	20.00	0.00	50.00	0.00	0.00	0.00	150.00	3 500.00	0.00	0.00	0.00	0.00	0.00	0.00	0.00	0.00	0.00	
7	是	张祥云	居民身份证	140621197905050510	正常工资薪金	2015-11-01	2015-11-30	2 400.00	0.00	96.00	24.00	0.00	60.00	0.00	0.00	0.00	180.00	3 500.00	0.00	0.00	0.00	0.00	0.00	0.00	0.00	0.00	0.00	
8	是	陈勇	居民身份证	140603197902022916	正常工资薪金	2015-11-01	2015-11-30	2 000.00	0.00	80.00	20.00	0.00	50.00	0.00	0.00	0.00	150.00	3 500.00	0.00	0.00	0.00	0.00	0.00	0.00	0.00	0.00	0.00	
9	是	王木庆	居民身份证	140603197901074395	正常工资薪金	2015-11-01	2015-11-30	2 000.00	0.00	80.00	20.00	0.00	50.00	0.00	0.00	0.00	150.00	3 500.00	0.00	0.00	0.00	0.00	0.00	0.00	0.00	0.00	0.00	
10	是	王小明	居民身份证	140602198205121555	正常工资薪金	2015-11-01	2015-11-30	5 600.00	0.00	224.00	56.00	0.00	140.00	0.00	0.00	0.00	420.00	3 500.00	0.00	1 680.00	0.10(105.00)	105.00	63.00	0.00	63.00	0.00	63.00	
11	是	张伟	居民身份证	142128197502018555	正常工资薪金	2015-11-01	2015-11-30	2 400.00	0.00	96.00	24.00	0.00	60.00	0.00	0.00	0.00	180.00	3 500.00	0.00	0.00	0.00	0.00	0.00	0.00	0.00	0.00	0.00	
12	是	张伟	居民身份证	140603197302100533	正常工资薪金	2015-11-01	2015-11-30	4 000.00	0.00	160.00	40.00	0.00	100.00	0.00	0.00	0.00	300.00	3 500.00	0.00	200.00	0.03(0.00)	0.00	6.00	0.00	6.00	0.00	6.00	
13	是	王强	居民身份证	140981197106030014	正常工资薪金	2015-11-01	2015-11-30	3 600.00	0.00	144.00	36.00	0.00	90.00	0.00	0.00	0.00	270.00	3 500.00	0.00	0.00				0.00	0.00	0.00	0.00	
14	是	李红	居民身份证	140612198205121555	正常工资薪金	2015-11-01	2015-11-30	2 400.00	0.00	96.00	24.00	0.00	60.00	0.00	0.00	0.00	180.00	3 500.00	0.00	0.00	0.00	0.00	0.00	0.00	0.00	0.00	0.00	
15	是	赵龙	居民身份证	140603198204020513	正常工资薪金	2015-11-01	2015-11-30	4 000.00	0.00	160.00	40.00	0.00	100.00	0.00	0.00	0.00	300.00	3 500.00	0.00	0.00	0.00	0.00	0.00	0.00	0.00	0.00	0.00	
16	是	杨杰	居民身份证	140615197606254019	正常工资薪金	2015-11-01	2015-11-30	5 600.00	0.00	224.00	56.00	0.00	140.00	0.00	0.00	0.00	420.00	3 500.00	0.00	1 680.00	0.10(105.00)	105.00	63.00	0.00	63.00	0.00	63.00	
17	是	王微	居民身份证	140623197811200538	正常工资薪金	2015-11-01	2015-11-30	2 400.00	0.00	96.00	24.00	0.00	60.00	0.00	0.00	0.00	180.00	3 500.00	0.00	0.00	0.00	0.00	0.00	0.00	0.00	0.00	0.00	
18	是	赵文明	居民身份证	140621197906120510	正常工资薪金	2015-11-01	2015-11-30	1 600.00	0.00	64.00	16.00	0.00	40.00	0.00	0.00	0.00	120.00	3 500.00	0.00	0.00	0.00	0.00	0.00	0.00	0.00	0.00	0.00	
19	是	刘尚东	居民身份证	140603197901074395	正常工资薪金	2015-11-01	2015-11-30	5 600.00	0.00	224.00	56.00	0.00	140.00	0.00	0.00	0.00	420.00	3 500.00	0.00	1 680.00	0.10(105.00)	105.00	63.00	0.00	63.00	0.00	63.00	
20	是	薛冰	居民身份证	140612198205121555	正常工资薪金	2015-11-01	2015-11-30	3 200.00	0.00	128.00	32.00	0.00	80.00	0.00	0.00	0.00	240.00	3 500.00	0.00	0.00	0.00	0.00	0.00	0.00	0.00	0.00	0.00	
21	是	张瑾	居民身份证	140603198204020513	正常工资薪金	2015-11-01	2015-11-30	2 000.00	0.00	80.00	20.00	0.00	50.00	0.00	0.00	0.00	150.00	3 500.00	0.00	0.00	0.00	0.00	0.00	0.00	0.00	0.00	0.00	
22	是	刘平增	居民身份证	140603197606254019	正常工资薪金	2015-11-01	2015-11-30	5 600.00	0.00	224.00	56.00	0.00	140.00	0.00	0.00	0.00	420.00	3 500.00	0.00	1 680.00	0.10(105.00)	105.00	63.00	0.00	63.00	0.00	63.00	
23	是	张建平	居民身份证	140603197811200538	正常工资薪金	2015-11-01	2015-11-30	3 200.00	0.00	128.00	32.00	0.00	80.00	0.00	0.00	0.00	240.00	3 500.00	0.00	0.00	0.00	0.00	0.00	0.00	0.00	0.00	0.00	
24	是	隋丽	居民身份证	140621197905050510	正常工资薪金	2015-11-01	2015-11-30	2 400.00	0.00	96.00	24.00	0.00	60.00	0.00	0.00	0.00	180.00	3 500.00	0.00	0.00	0.00	0.00	0.00	0.00	0.00	0.00	0.00	
25	是	王健	居民身份证	140603197902022916	正常工资薪金	2015-11-01	2015-11-30	2 400.00	0.00	96.00	24.00	0.00	60.00	0.00	0.00	0.00	180.00	3 500.00	0.00	0.00	0.00	0.00	0.00	0.00	0.00	0.00	0.00	

续表

序号	*是否明细申报纳税人	纳税人姓名	证照类型	证照号码	*所得项目	*所得期间起	*所得期间止	*收入额	免税所得	税前扣除项目								减除费用	准予扣除的捐赠额	应纳税所得额	*税率	*速算扣除数	*应纳税额	减免税额	应扣缴税额	已扣缴税额	应补退税额	备注
										基本养老保险费	基本医疗保险费	失业保险费	住房公积金	财产原值	允许扣除的税费	其他	合计											
26	是	张华	居民身份证	140602197901074395	正常工资薪金	2015-11-01	2015-11-30	2 000.00	0.00	80.00	20.00	0.00	50.00	0.00	0.00	0.00	150.00	3 500.00	0.00	0.00				0.00	0.00	0.00	0.00	
27	是	赵锐平	居民身份证	140602198205121555	正常工资薪金	2015-11-01	2015-11-30	1 600.00	0.00	64.00	16.00	0.00	40.00	0.00	0.00	0.00	120.00	3 500.00	0.00	0.00				0.00	0.00	0.00	0.00	
28	是	王林	居民身份证	142128197502018555	正常工资薪金	2015-11-01	2015-11-30	5 000.00	0.00	200.00	50.00	0.00	125.00	0.00	0.00	0.00	375.00	3 500.00	0.00	1 125.00	0.03(0.00)	0.00	33.75	0.00	33.75	0.00	33.75	
29	是	王方	居民身份证	140603197302100533	正常工资薪金	2015-11-01	2015-11-30	2 000.00	0.00	80.00	20.00	0.00	50.00	0.00	0.00	0.00	150.00	3 500.00	0.00	0.00				0.00	0.00	0.00	0.00	
30	是	李明	居民身份证	140981197106030014	正常工资薪金	2015-11-01	2015-11-30	2 000.00	0.00	80.00	20.00	0.00	50.00	0.00	0.00	0.00	150.00	3 500.00	0.00	0.00				0.00	0.00	0.00	0.00	
31	是	周兴	居民身份证	140603198205120513	正常工资薪金	2015-11-01	2015-11-30	1 600.00	0.00	64.00	16.00	0.00	40.00	0.00	0.00	0.00	120.00	3 500.00	0.00	0.00				0.00	0.00	0.00	0.00	
32	是	宋建军	居民身份证	140615197606254019	正常工资薪金	2015-11-01	2015-11-30	5 600.00	0.00	224.00	56.00	0.00	140.00	0.00	0.00	0.00	420.00	3 500.00	0.00	1 680.00	0.10(105.00)	105.00	63.00	0.00	63.00	0.00	63.00	
33	是	吴建华	居民身份证	140623197811200538	正常工资薪金	2015-11-01	2015-11-30	3 200.00	0.00	128.00	32.00	0.00	80.00	0.00	0.00	0.00	240.00	3 500.00	0.00	0.00				0.00	0.00	0.00	0.00	
34	是	赵小华	居民身份证	140621197906120510	正常工资薪金	2015-11-01	2015-11-30	3 200.00	0.00	128.00	32.00	0.00	80.00	0.00	0.00	0.00	240.00	3 500.00	0.00	0.00				0.00	0.00	0.00	0.00	
35	是	刘红梅	居民身份证	140603197902221916	正常工资薪金	2015-11-01	2015-11-30	2 400.00	0.00	96.00	24.00	0.00	60.00	0.00	0.00	0.00	180.00	3 500.00	0.00	0.00				0.00	0.00	0.00	0.00	
36	是	柴丽敏	居民身份证	140603197901074395	正常工资薪金	2015-11-01	2015-11-30	2 400.00	0.00	96.00	24.00	0.00	60.00	0.00	0.00	0.00	180.00	3 500.00	0.00	0.00				0.00	0.00	0.00	0.00	
37	是	周军宇	居民身份证	140612198205121555	正常工资薪金	2015-11-01	2015-11-30	2 000.00	0.00	80.00	20.00	0.00	50.00	0.00	0.00	0.00	150.00	3 500.00	0.00	0.00				0.00	0.00	0.00	0.00	
38	是	张洁	居民身份证	142128197305208555	正常工资薪金	2015-11-01	2015-11-30	2 000.00	0.00	80.00	20.00	0.00	50.00	0.00	0.00	0.00	150.00	3 500.00	0.00	0.00				0.00	0.00	0.00	0.00	
39	是	张寅	居民身份证	140603198302100533	正常工资薪金	2015-11-01	2015-11-30	1 600.00	0.00	64.00	16.00	0.00	40.00	0.00	0.00	0.00	120.00	3 500.00	0.00	0.00				0.00	0.00	0.00	0.00	
40	是	林刚	居民身份证	140981197106030014	正常工资薪金	2015-11-01	2015-11-30	3 200.00	0.00	128.00	32.00	0.00	80.00	0.00	0.00	0.00	240.00	3 500.00	0.00	0.00				0.00	0.00	0.00	0.00	
41	是	赵魅红	居民身份证	140603198204205513	正常工资薪金	2015-11-01	2015-11-30	3 200.00	0.00	128.00	32.00	0.00	80.00	0.00	0.00	0.00	240.00	3 500.00	0.00	0.00				0.00	0.00	0.00	0.00	
42	是	王静	居民身份证	140603197606254019	正常工资薪金	2015-11-01	2015-11-30	3 200.00	0.00	128.00	32.00	0.00	80.00	0.00	0.00	0.00	240.00	3 500.00	0.00	0.00				0.00	0.00	0.00	0.00	
43	是	张伟	居民身份证	140623197811200538	正常工资薪金	2015-11-01	2015-11-30	3 200.00	0.00	128.00	32.00	0.00	80.00	0.00	0.00	0.00	240.00	3 500.00	0.00	0.00				0.00	0.00	0.00	0.00	
44	是	李春馥	居民身份证	140621197905050510	正常工资薪金	2015-11-01	2015-11-30	3 200.00	0.00	128.00	32.00	0.00	80.00	0.00	0.00	0.00	240.00	3 500.00	0.00	0.00				0.00	0.00	0.00	0.00	
45	是	张小飞	居民身份证	140603197902221916	正常工资薪金	2015-11-01	2015-11-30	2 800.00	0.00	112.00	28.00	0.00	70.00	0.00	0.00	0.00	210.00	3 500.00	0.00	0.00				0.00	0.00	0.00	0.00	
46	是	刘华	居民身份证	140603197901074395	正常工资薪金	2015-11-01	2015-11-30	2 800.00	0.00	112.00	28.00	0.00	70.00	0.00	0.00	0.00	210.00	3 500.00	0.00	0.00				0.00	0.00	0.00	0.00	
47	是	谌斌	居民身份证	140602198205121555	正常工资薪金	2015-11-01	2015-11-30	2 800.00	0.00	112.00	28.00	0.00	70.00	0.00	0.00	0.00	210.00	3 500.00	0.00	0.00				0.00	0.00	0.00	0.00	
48	是	赵敏	居民身份证	142128197502018555	正常工资薪金	2015-11-01	2015-11-30	2 800.00	0.00	112.00	28.00	0.00	70.00	0.00	0.00	0.00	210.00	3 500.00	0.00	0.00				0.00	0.00	0.00	0.00	
49	是	徐馨华	居民身份证	140603197302100533	正常工资薪金	2015-11-01	2015-11-30	2 800.00	0.00	112.00	28.00	0.00	70.00	0.00	0.00	0.00	210.00	3 500.00	0.00	0.00				0.00	0.00	0.00	0.00	
50	是	李军	居民身份证	140981197106030014	正常工资薪金	2015-11-01	2015-11-30	2 400.00	0.00	96.00	24.00	0.00	60.00	0.00	0.00	0.00	180.00	3 500.00	0.00	0.00				0.00	0.00	0.00	0.00	
51	是	张静	居民身份证	140603198205120513	正常工资薪金	2015-11-01	2015-11-30	2 400.00	0.00	96.00	24.00	0.00	60.00	0.00	0.00	0.00	180.00	3 500.00	0.00	0.00				0.00	0.00	0.00	0.00	
52	是	王治	居民身份证	140615197606254019	正常工资薪金	2015-11-01	2015-11-30	2 400.00	0.00	96.00	24.00	0.00	60.00	0.00	0.00	0.00	180.00	3 500.00	0.00	0.00				0.00	0.00	0.00	0.00	
53	是	徐磊	居民身份证	140623197811200538	正常工资薪金	2015-11-01	2015-11-30	2 400.00	0.00	96.00	24.00	0.00	60.00	0.00	0.00	0.00	180.00	3 500.00	0.00	0.00				0.00	0.00	0.00	0.00	
54	是	石正	居民身份证	140621197906120510	正常工资薪金	2015-11-01	2015-11-30	2 400.00	0.00	96.00	24.00	0.00	60.00	0.00	0.00	0.00	180.00	3 500.00	0.00	0.00				0.00	0.00	0.00	0.00	
55	是	孟冬	居民身份证	140603197902221916	正常工资薪金	2015-11-01	2015-11-30	2 400.00	0.00	96.00	24.00	0.00	60.00	0.00	0.00	0.00	180.00	3 500.00	0.00	0.00				0.00	0.00	0.00	0.00	
56	是	丁宁	居民身份证	140602197901074395	正常工资薪金	2015-11-01	2015-11-30	2 400.00	0.00	96.00	24.00	0.00	60.00	0.00	0.00	0.00	180.00	3 500.00	0.00	0.00				0.00	0.00	0.00	0.00	

续表

序号	*是否明细申报	*纳税人姓名	证照类型	证照号码	*所得项目	*所得期间起	*所得期间止	*收入额	免税所得	税前扣除项目								减除费用	准予扣除的捐赠额	应纳税所得额	*税率	*速算扣除数	*应纳税额	减免税额	应扣缴税额	已扣缴税额	应补退税额	备注
										基本养老保险费	基本医疗保险费	失业保险费	住房公积金	财产原值	允许扣除的税费	其他	合计											
57	是	李骐熬	居民身份证	14061298205121555	正常工资薪金	2015-11-01	2015-11-30	2 000.00	0.00	80.00	20.00	0.00	50.00	0.00	0.00	0.00	150.00	3 500.00	0.00	0.00			0.00	0.00	0.00	0.00	0.00	
58	是	杨俊东	居民身份证	1406031982040202513	正常工资薪金	2015-11-01	2015-11-30	2 000.00	0.00	80.00	20.00	0.00	50.00	0.00	0.00	0.00	150.00	3 500.00	0.00	0.00			0.00	0.00	0.00	0.00	0.00	
59	是	阮永	居民身份证	1406031976062254019	正常工资薪金	2015-11-01	2015-11-30	2 000.00	0.00	80.00	20.00	0.00	50.00	0.00	0.00	0.00	150.00	3 500.00	0.00	0.00			0.00	0.00	0.00	0.00	0.00	
60	是	刘胜	居民身份证	1406031978112200538	正常工资薪金	2015-11-01	2015-11-30	2 000.00	0.00	80.00	20.00	0.00	50.00	0.00	0.00	0.00	150.00	3 500.00	0.00	0.00			0.00	0.00	0.00	0.00	0.00	
61	是	纪伟斌	居民身份证	14062119790505020510	正常工资薪金	2015-11-01	2015-11-30	2 000.00	0.00	80.00	20.00	0.00	50.00	0.00	0.00	0.00	150.00	3 500.00	0.00	0.00			0.00	0.00	0.00	0.00	0.00	
62	是	孙洪	居民身份证	1406031979022221916	正常工资薪金	2015-11-01	2015-11-30	2 000.00	0.00	80.00	20.00	0.00	50.00	0.00	0.00	0.00	150.00	3 500.00	0.00	0.00			0.00	0.00	0.00	0.00	0.00	
63	是	朱晓明	居民身份证	1406031979010741074395	正常工资薪金	2015-11-01	2015-11-30	2 000.00	0.00	80.00	20.00	0.00	50.00	0.00	0.00	0.00	150.00	3 500.00	0.00	0.00			0.00	0.00	0.00	0.00	0.00	
64	是	钱达	居民身份证	14061298205121555	正常工资薪金	2015-11-01	2015-11-30	1 600.00	0.00	64.00	16.00	0.00	40.00	0.00	0.00	0.00	120.00	3 500.00	0.00	0.00			0.00	0.00	0.00	0.00	0.00	
65	是	龚丰	居民身份证	14212819750202018355	正常工资薪金	2015-11-01	2015-11-30	1 600.00	0.00	64.00	16.00	0.00	40.00	0.00	0.00	0.00	120.00	3 500.00	0.00	0.00			0.00	0.00	0.00	0.00	0.00	
66	是	郑海雨	居民身份证	1406031973021003513	正常工资薪金	2015-11-01	2015-11-30	1 600.00	0.00	64.00	16.00	0.00	40.00	0.00	0.00	0.00	120.00	3 500.00	0.00	0.00			0.00	0.00	0.00	0.00	0.00	
67	是	李志	居民身份证	1409811971060300014	正常工资薪金	2015-11-01	2015-11-30	1 600.00	0.00	64.00	16.00	0.00	40.00	0.00	0.00	0.00	120.00	3 500.00	0.00	0.00			0.00	0.00	0.00	0.00	0.00	
68	是	刘毅	居民身份证	14061298205121555	正常工资薪金	2015-11-01	2015-11-30	1 600.00	0.00	64.00	16.00	0.00	40.00	0.00	0.00	0.00	120.00	3 500.00	0.00	0.00			0.00	0.00	0.00	0.00	0.00	
69	是	张冷	居民身份证	14061519760625254019	正常工资薪金	2015-11-01	2015-11-30	1 600.00	0.00	64.00	16.00	0.00	40.00	0.00	0.00	0.00	120.00	3 500.00	0.00	0.00			0.00	0.00	0.00	0.00	0.00	
70	是	赵旭	居民身份证	1406237811200510	正常工资薪金	2015-11-01	2015-11-30	6 000.00	0.00	240.00	60.00	0.00	150.00	0.00	0.00	0.00	450.00	3 500.00	0.00	2 050.00	0.10(105.00)	105.00	100.00	0.00	100.00	0.00	100.00	
71	是	张晓明	居民身份证	14062119790602100510	正常工资薪金	2015-11-01	2015-11-30	4 800.00	0.00	192.00	48.00	0.00	120.00	0.00	0.00	0.00	360.00	3 500.00	0.00	940.00	0.03(0.00)		28.20	0.00	28.20	0.00	28.20	
72	是	张进余	居民身份证	1409719790222221916	正常工资薪金	2015-11-01	2015-11-30	3 600.00	0.00	144.00	36.00	0.00	90.00	0.00	0.00	0.00	270.00	3 500.00	0.00	0.00			0.00	0.00	0.00	0.00	0.00	
73	是	李小峥	居民身份证	1406031976062254019	正常工资薪金	2015-11-01	2015-11-30	2 400.00	0.00	96.00	24.00	0.00	60.00	0.00	0.00	0.00	180.00	3 500.00	0.00	0.00			0.00	0.00	0.00	0.00	0.00	
74	是	郑敏	居民身份证	1406031978112200538	正常工资薪金	2015-11-01	2015-11-30	2 000.00	0.00	80.00	20.00	0.00	50.00	0.00	0.00	0.00	150.00	3 500.00	0.00	0.00			0.00	0.00	0.00	0.00	0.00	
75	是	黄强强	居民身份证	14212819730520820855	正常工资薪金	2015-11-01	2015-11-30	3 200.00	0.00	128.00	32.00	0.00	80.00	0.00	0.00	0.00	240.00	3 500.00	0.00	0.00			0.00	0.00	0.00	0.00	0.00	
76	是	程平	居民身份证	14060319830202100533	正常工资薪金	2015-11-01	2015-11-30	3 200.00	0.00	128.00	32.00	0.00	80.00	0.00	0.00	0.00	240.00	3 500.00	0.00	0.00			0.00	0.00	0.00	0.00	0.00	
77	是	罗皎	居民身份证	1409811971060300014	正常工资薪金	2015-11-01	2015-11-30	2 800.00	0.00	112.00	28.00	0.00	70.00	0.00	0.00	0.00	210.00	3 500.00	0.00	0.00			0.00	0.00	0.00	0.00	0.00	
78	是	何刚	居民身份证	1406031982040202513	正常工资薪金	2015-11-01	2015-11-30	2 800.00	0.00	112.00	28.00	0.00	70.00	0.00	0.00	0.00	210.00	3 500.00	0.00	0.00			0.00	0.00	0.00	0.00	0.00	
79	是	许岚	居民身份证	1406031976062254019	正常工资薪金	2015-11-01	2015-11-30	2 800.00	0.00	112.00	28.00	0.00	70.00	0.00	0.00	0.00	210.00	3 500.00	0.00	0.00			0.00	0.00	0.00	0.00	0.00	
80	是	张志	居民身份证	1406031978112200538	正常工资薪金	2015-11-01	2015-11-30	2 400.00	0.00	96.00	24.00	0.00	60.00	0.00	0.00	0.00	180.00	3 500.00	0.00	0.00			0.00	0.00	0.00	0.00	0.00	
81	是	陆琪	居民身份证	14062119790505020510	正常工资薪金	2015-11-01	2015-11-30	2 400.00	0.00	96.00	24.00	0.00	60.00	0.00	0.00	0.00	180.00	3 500.00	0.00	0.00			0.00	0.00	0.00	0.00	0.00	
82	是	冯平安	居民身份证	1406031979022221916	正常工资薪金	2015-11-01	2015-11-30	2 400.00	0.00	96.00	24.00	0.00	60.00	0.00	0.00	0.00	180.00	3 500.00	0.00	0.00			0.00	0.00	0.00	0.00	0.00	
83	是	刘娟	居民身份证	1406031979010741074395	正常工资薪金	2015-11-01	2015-11-30	2 400.00	0.00	96.00	24.00	0.00	60.00	0.00	0.00	0.00	180.00	3 500.00	0.00	0.00			0.00	0.00	0.00	0.00	0.00	
84	是	李波	居民身份证	14060219820521121555	正常工资薪金	2015-11-01	2015-11-30	2 400.00	0.00	96.00	24.00	0.00	60.00	0.00	0.00	0.00	180.00	3 500.00	0.00	0.00			0.00	0.00	0.00	0.00	0.00	
85	是	高淋淋	居民身份证	14212819750202018355	正常工资薪金	2015-11-01	2015-11-30	2 400.00	0.00	96.00	24.00	0.00	60.00	0.00	0.00	0.00	180.00	3 500.00	0.00	0.00			0.00	0.00	0.00	0.00	0.00	
86	是	罗玲	居民身份证	1406031973021003513	正常工资薪金	2015-11-01	2015-11-30	2 400.00	0.00	96.00	24.00	0.00	60.00	0.00	0.00	0.00	180.00	3 500.00	0.00	0.00			0.00	0.00	0.00	0.00	0.00	
87	是	杨军	居民身份证	1409811971060300014	正常工资薪金	2015-11-01	2015-11-30	2 400.00	0.00	96.00	24.00	0.00	60.00	0.00	0.00	0.00	180.00	3 500.00	0.00	0.00			0.00	0.00	0.00	0.00	0.00	

续表

序号	是否明细申报	纳税人姓名	证照类型	证照号码	所得项目	所得期起	所得期止	收入额	免税所得	税前扣除项目								减除费用	准予扣除的捐赠额	应纳税所得额	税率	速算扣除数	应纳税额	减免税额	应扣缴税额	已扣缴税额	应补退税额	备注
										基本养老保险费	基本医疗保险费	失业保险费	住房公积金	财产原值	允许扣除的税费	其他	合计											
88	是	贺宇涛	居民身份证	140603198205120513	正常工资薪金	2015-11-01	2015-11-30	2 400.00	0.00	96.00	24.00	0.00	60.00	0.00	0.00	0.00	180.00	3 500.00	0.00	0.00				0.00	0.00	0.00	0.00	
89	是	刘昕	居民身份证	140615197606254019	正常工资薪金	2015-11-01	2015-11-30	2 400.00	0.00	96.00	24.00	0.00	60.00	0.00	0.00	0.00	180.00	3 500.00	0.00	0.00				0.00	0.00	0.00	0.00	
90	是	于力	居民身份证	140623197811200538	正常工资薪金	2015-11-01	2015-11-30	2 000.00	0.00	80.00	20.00	0.00	50.00	0.00	0.00	0.00	150.00	3 500.00	0.00	0.00				0.00	0.00	0.00	0.00	
91	是	田庆明	居民身份证	140621197906120510	正常工资薪金	2015-11-01	2015-11-30	2 000.00	0.00	80.00	20.00	0.00	50.00	0.00	0.00	0.00	150.00	3 500.00	0.00	0.00				0.00	0.00	0.00	0.00	
92	是	杨娜	居民身份证	140603197902221916	正常工资薪金	2015-11-01	2015-11-30	2 000.00	0.00	80.00	20.00	0.00	50.00	0.00	0.00	0.00	150.00	3 500.00	0.00	0.00				0.00	0.00	0.00	0.00	
93	是	褪秋辉	居民身份证	140612198205121555	正常工资薪金	2015-11-01	2015-11-30	2 000.00	0.00	80.00	20.00	0.00	50.00	0.00	0.00	0.00	150.00	3 500.00	0.00	0.00				0.00	0.00	0.00	0.00	
94	是	曹宇	居民身份证	140621198205120513	正常工资薪金	2015-11-01	2015-11-30	1 600.00	0.00	64.00	16.00	0.00	40.00	0.00	0.00	0.00	120.00	3 500.00	0.00	0.00				0.00	0.00	0.00	0.00	
95	是	蒋振利	居民身份证	140603198204020513	正常工资薪金	2015-11-01	2015-11-30	1 600.00	0.00	64.00	16.00	0.00	40.00	0.00	0.00	0.00	120.00	3 500.00	0.00	0.00				0.00	0.00	0.00	0.00	
96	是	高小平	居民身份证	140615197606254019	正常工资薪金	2015-11-01	2015-11-30	1 600.00	0.00	64.00	16.00	0.00	40.00	0.00	0.00	0.00	120.00	3 500.00	0.00	0.00				0.00	0.00	0.00	0.00	
97	是	萧蓉	居民身份证	140603197811200538	正常工资薪金	2015-11-01	2015-11-30	1 600.00	0.00	64.00	16.00	0.00	40.00	0.00	0.00	0.00	120.00	3 500.00	0.00	0.00				0.00	0.00	0.00	0.00	
98	是	于敏	居民身份证	140621197905050510	正常工资薪金	2015-11-01	2015-11-30	6 000.00	0.00	240.00	60.00	0.00	150.00	0.00	0.00	0.00	450.00	3 500.00	0.00	2 050.00	0.10(105.00)	105.00	100.00	0.00	100.00	0.00	0.00	
99	是	马连鑫	居民身份证	140603197902221916	正常工资薪金	2015-11-01	2015-11-30	4 800.00	0.00	192.00	48.00	0.00	120.00	0.00	0.00	0.00	360.00	3 500.00	0.00	940.00	0.03(0.00)		28.20	0.00	28.20	0.00	28.20	
100	是	王璇	居民身份证	140603197901074395	正常工资薪金	2015-11-01	2015-11-30	2 400.00	0.00	96.00	24.00	0.00	60.00	0.00	0.00	0.00	180.00	3 500.00	0.00	0.00				0.00	0.00	0.00	0.00	
101	是	吴丽丽	居民身份证	140621198205121555	正常工资薪金	2015-11-01	2015-11-30	2 000.00	0.00	80.00	20.00	0.00	50.00	0.00	0.00	0.00	150.00	3 500.00	0.00	0.00				0.00	0.00	0.00	0.00	
102	是	江峰	居民身份证	142128197502018555	正常工资薪金	2015-11-01	2015-11-30	2 800.00	0.00	112.00	28.00	0.00	70.00	0.00	0.00	0.00	210.00	3 500.00	0.00	0.00				0.00	0.00	0.00	0.00	
103	是	金大力	居民身份证	140603197302100533	正常工资薪金	2015-11-01	2015-11-30	2 400.00	0.00	96.00	24.00	0.00	60.00	0.00	0.00	0.00	180.00	3 500.00	0.00	0.00				0.00	0.00	0.00	0.00	
104	是	李胜	居民身份证	140981197106030014	正常工资薪金	2015-11-01	2015-11-30	1 600.00	0.00	64.00	16.00	0.00	40.00	0.00	0.00	0.00	120.00	3 500.00	0.00	0.00				0.00	0.00	0.00	0.00	
105	是	周舟	居民身份证	140603198205120513	正常工资薪金	2015-11-01	2015-11-30	1 600.00	0.00	96.00	24.00	0.00	60.00	0.00	0.00	0.00	180.00	3 500.00	0.00	0.00				0.00	0.00	0.00	0.00	
106	是	李海霞	居民身份证	140615197606254019	正常工资薪金	2015-11-01	2015-11-30	1 600.00	0.00	64.00	16.00	0.00	40.00	0.00	0.00	0.00	120.00	3 500.00	0.00	0.00				0.00	0.00	0.00	0.00	
107	是	赵平顺	居民身份证	140623197811200538	正常工资薪金	2015-11-01	2015-11-30	1 600.00	0.00	64.00	16.00	0.00	40.00	0.00	0.00	0.00	120.00	3 500.00	0.00	0.00				0.00	0.00	0.00	0.00	
108	是	田帅	居民身份证	140621197906120510	正常工资薪金	2015-11-01	2015-11-30	5 600.00	0.00	224.00	56.00	0.00	140.00	0.00	0.00	0.00	420.00	3 500.00	0.00	1 680.00	0.10(105.00)	105.00	63.00	0.00	63.00	0.00	63.00	
109	是	王建方	居民身份证	140603197902221916	正常工资薪金	2015-11-01	2015-11-30	2 400.00	0.00	96.00	24.00	0.00	60.00	0.00	0.00	0.00	180.00	3 500.00	0.00	0.00				0.00	0.00	0.00	0.00	
110	是	王玲	居民身份证	140603197901074395	正常工资薪金	2015-11-01	2015-11-30	1 600.00	0.00	64.00	16.00	0.00	40.00	0.00	0.00	0.00	120.00	3 500.00	0.00	0.00				0.00	0.00	0.00	0.00	

扣缴义务人声明 我声明:此扣缴报告表是根据国家税收法律、法规的规定填报的,我确定它是真实的、可靠的、完整的。

声明人签字:李栋梁 祥瑞制造有限责任公司

会计主管(签字):张伟 负责人签字:李亚明

受理人(签章):李亚明 受理日期:2015 年 12 月 10 日 受理税务机关(章):

25－3

中华人民共和国企业所得税月(季)度预缴纳税申报表(A 类)

税款所属期间：2015 年 11 月 01 日至 2015 年 11 月 30 日

纳税人识别号：1 5 0 1 1 3 4 4 5 6 7 2 8 6 7

纳税人名称：祥瑞制造有限责任公司　　　　　　　　　金额单位：人民币元(列至角分)

行次	项　目	本期金额	累计金额
1	一、据实预缴		
2	营业收入	1 247 500.00	13 336 600.00
3	营业成本	888 991.77	9 161 326.29
4	利润总额	103 280.00	1 611 815.66
5	税率(25%)	25%	25%
6	应纳所得税额(4 行×5 行)	25 820.00	402 953.92
7	减免所得税额	0	0
8	实际已缴所得税额	—	377 133.92
9	应补(退)的所得税额(6 行－7 行－8 行)	—	25 820.00
10	二、按照上一纳税年度应纳税所得额的平均额预缴		
11	上一纳税年度应纳税所得额		
12	本月(季)应纳税所得额(11 行÷12 或 11 行÷4)		
13	税率(25%)	—	—
14	本月(季)应纳所得税额(12 行×13 行)		
15	三、按照税务机关确定的其他方法预缴		
16	本月(季)确定预缴的所得税额		
17	总分机构纳税人		
18	总机构	总机构应分摊的所得税额(9 行或 14 行或 16 行×25%)		
19		中央财政集中分配的所得税额(9 行或 14 行或 16 行×25%)		
20		分支机构分摊的所得税额(9 行或 14 行或 16 行×50%)		
21	分支机构	分配比例		
22		分配的所得税额(20 行×21 行)		

　　谨声明：此纳税申报表是根据《中华人民共和国企业所得税法》、《中华人民共和国企业所得税法实施条例》和国家有关税收规定填报的，是真实的、可靠的、完整的。

法定代表人(签字)：李栋梁　　2015 年 12 月 4 日

纳税人公章： 会计主管： 填表日期：　　年　月　日	代理申报中介机构公章： 经办人： 经办人执业证件号码： 代理申报日期：　　年　月　日	主管税务机关受理专用章： 受理人：周扬 受理日期：2015 年 12 月 10 日

国家税务总局监制

25－4

地方税(费)综合申报表

填报日期:2015 年 12 月 4 日　　　　　　　　　　　　　　　　　　金额单位:人民币元

身份识别	①纳税人☑		②扣缴义务人		③委托代征人□		
编　码	150113445672867		名　称		祥瑞制造有限责任公司		
地　址	南海市朝阳区朝阳东街 66 号		行业类别	制造业	注册类型	有限责任公司	
开户银行	中国工商银行南海市分行		银行账号	267－50660526	电　话	0561－69986559	
主管机关	南海市地税局第四分局		税务管理人员		李亚明		

税(费)种	税目	税(费)款所属时间	计税(费)依据或课税(费)数量	税(费)率或单位税(费)额	本期应纳税(费)额	累计欠缴或已缴税(费)额	减免税(费)额	本期应纳税(费)额合计
城市维护建设税	城市	2015.11.01—2015.11.30	189 340.00	7％	13 253.80			13 253.80
教育费附加	教育费附加	2015.11.01—2015.11.30	189 340.00	3％	5 680.20			5 680.20

企业所得税	税款所属时间	收入额或利润总额	应税所得率或纳税调整额	应纳税所得额	税率	应纳所得税额	累计欠缴或已缴税额	减免税额	期末应补(退)税额

个人所得税	税款所属时间	所得项目	收入额	应纳税所得额	税率	速算扣除数	应纳税额	已扣缴税额	期末应补(退)税额

授权代理人	(如果你已委托代理人申报,请填写下列资料)为代理一切税务事宜,现授权_____为本人代理申报人。任何与本报表有关的往来文件,都可寄与此人。　授权人签字:	声明	我声明:此纳税申报表是根据税收法律、法规的规定填报的,我确信它是真实的、可靠的、完整的。　声明人签字:_李栋梁_

会计主管签字:张伟　　　　代理申报人签字:　　　　纳税人盖章:(章)

以下由税务机关填写

收到日期	2015.12.4	接收人	李亚明	审核日期	2015.12.10	税务机关盖章
审核记录	完税证号:　　　　　　　审核人签字:路天					

注:本表一式二联,第一联为申报联,税务机关审核后退还纳税人,第二联为收执联,由主管税务机关存档。

25－5

中华人民共和国
电子缴款凭证

国 2013121000014251

打印日期：2015－12－10

纳税人识别号	150113445672867		主管税务机关	南海市国税局朝阳分局
纳税人全称	祥瑞制造有限责任公司		开户银行	中国工商银行南海市分行
缴款人名称	祥瑞制造有限责任公司		银行账号	267－50660526

系统税票号	税(费)种	税(品)目	所属时期	实缴金额	缴款日期	备注
3700100042753652	增值税	金属加工机械制造业	20151101－20151130	189 340.00	20151210	
3700100042753653	企业所得税	金属加工机械制造业	20151101－20151130	25 820.00	20151210	
金额合计	(大写)贰拾壹万伍仟壹佰陆拾元整			¥215 160.00		

本缴款凭证仅作为纳税人记账核算凭证使用，电子缴税的，需与银行对账单电子划缴记录核对一致方得效。纳税人如需汇总开具正式完税凭证，请凭税务登记证或身份证明到主管税务机关开具。

税务机关(电子章)

25－6

中华人民共和国
电子缴款凭证

地 2013121000012543

打印日期：2015－12－10

纳税人识别号	150113445672867		主管税务机关	南海市地税局第四分局
纳税人全称	祥瑞制造有限责任公司		开户银行	中国工商银行南海市分行
缴款人名称	祥瑞制造有限责任公司		银行账号	267－50660526

系统税票号	税(费)种	税(品)目	所属时期	实缴金额	缴款日期	备注
3700100042772281	个人所得税	工资薪金所得	20151101－20151130	1 203.65	20151210	
3700100042772282	城市维护建设税	城市	20151101－20151130	13 253.80	20151210	
3700100042772283	教育费附加	教育费附加	20151101－20151130	5 680.20	20151210	
金额合计	(大写)贰万零壹佰叁拾柒元陆角伍分			¥20 137.65		

本缴款凭证仅作为纳税人记账核算凭证使用，电子缴税的，需与银行对账单电子划缴录核对一致方有效。纳税人如需汇总开具正式完税凭证，请凭税务登记证或身份证明到主管税务机关开具。

税务机关(电子章)

26－1

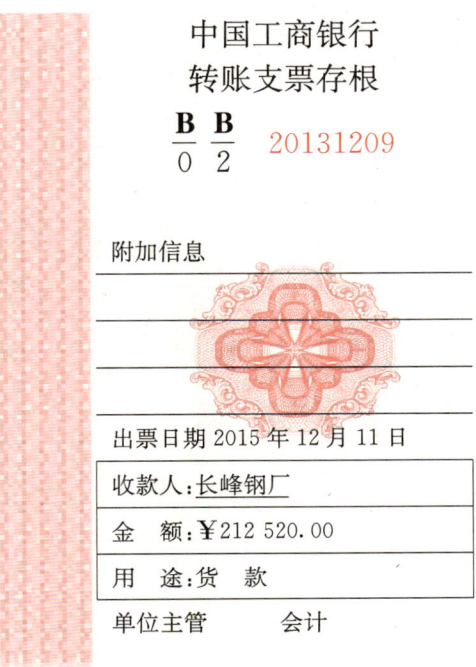

中国工商银行
转账支票存根
$\dfrac{B}{0}\dfrac{B}{2}$　20131209

附加信息

出票日期 2015 年 12 月 11 日

| 收款人:长峰钢厂 |
| 金　额:¥212 520.00 |
| 用　途:货　款 |
| 单位主管　　会计 |

26－2

祥瑞制造有限责任公司

现金折扣审批表

日期:2015 年 12 月 11 日

客户	长峰钢厂	合同号	CF12005	合同金额	216 216.00 元
折扣条件	2/10,1/20,n/30	申请现金折扣金额	3 696.00 元	实收金额	212 520.00 元
审核部门	审核意见		审核人签字	经办人签字	陈　丽
采购部门负责人	同意		张建平	备注	
财务部负责人	同意		张　伟		
总经理	同意		李栋梁		

27－1

领　料　单

领料部门：装配车间
用　　途：装配 A 型数控机床　　　2015 年 12 月 11 日　　　　　　第 021203 号

材　料			单　位	数　量	
编　号	名　称	规　格		请　领	实　发
	电机		台	40	40
合　计				40	40

仓库负责人：王林　　　　发料人：李明　　　　领料部门负责人：马连奎　　　　领料人：江峰

记账联

27－2

领　料　单

领料部门：装配车间
用　　途：装配 B 型数控机床　　　2015 年 12 月 11 日　　　　　　第 021204 号

材　料			单　位	数　量	
编　号	名　称	规　格		请　领	实　发
	电机		台	20	20
合　计				20	20

仓库负责人：王林　　　　发料人：李明　　　　领料部门负责人：马连奎　　　　领料人：江峰

记账联

27－3

出 库 单

出货单位:祥瑞制造有限责任公司　　　　　2015 年 12 月 11 日　　　　　　　　第 1207 号

提货单位或领货部门	装配车间	销售单号		发出仓库	外购半成品库	
编 号	名 称	规 格	单 位	数 量		记账联
				应 发	实 发	
	电机		台	60	60	
合 计				60	60	

仓库负责人:王 林　　　　　　　　　　　　　　　　发货人:李 明

28－1

报 销 单

填报日期　2015 年 12 月 12 日

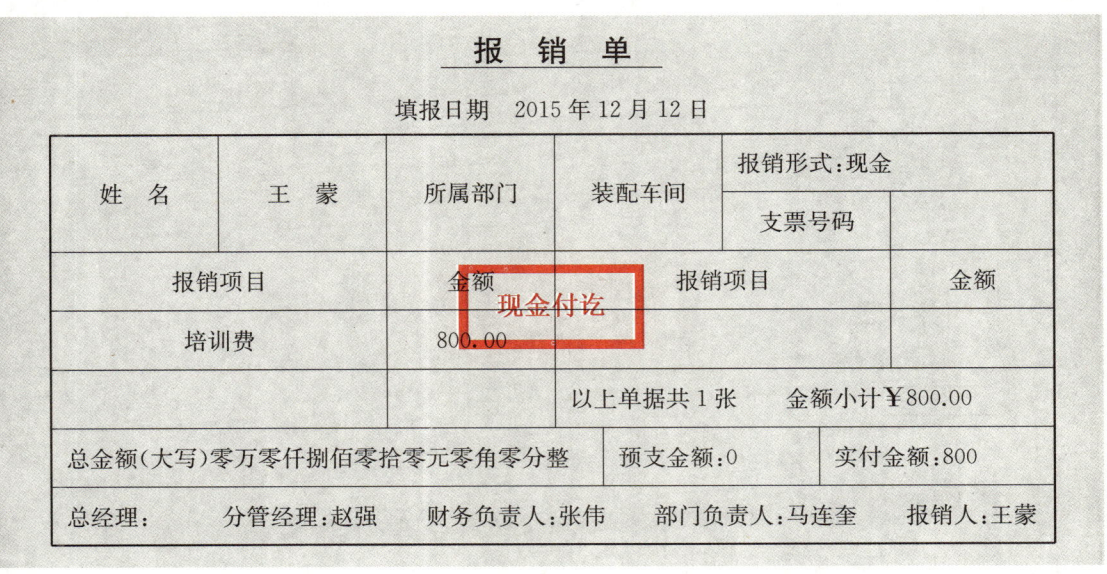

姓 名	王 蒙	所属部门	装配车间	报销形式:现金	
				支票号码	
报销项目	金额 现金付讫		报销项目		金额
培训费	800.00				
			以上单据共 1 张　金额小计¥800.00		
总金额(大写)零万零仟捌佰零拾零元零角零分整			预支金额:0		实付金额:800
总经理:　　分管经理:赵强　　财务负责人:张伟　　部门负责人:马连奎　　报销人:王蒙					

28—2

收　据

入账日期:2015 年 12 月 12 日

交款单位　祥瑞制造有限责任公司　收款方式　现金

人民币(大写)捌佰元整　　　　　　　　　￥800.00

收款事由　培训费

单位盖章:　　　财会主管:　　　记账:　　出纳:李司　　审核:　　经办:李司

第二联　交给付款单位

29—1

报　销　单

填报日期　2015 年 12 月 12 日

姓　名	张瑞英	所属部门	财务会计部	报销形式:现金	
				支票号码	
报销项目	金额		报销项目		金额
购买凭证、账簿	800.00 现金付讫				
			以上单据共 1 张　金额小计￥223.50		
总金额(大写)零万零仟贰佰贰拾叁元伍角零分			预支金额:0	实付金额:223.50	
总经理:李栋梁　　分管经理:　　财务负责人:张伟　　部门负责人:张伟　　报销人:张瑞英					

29－2

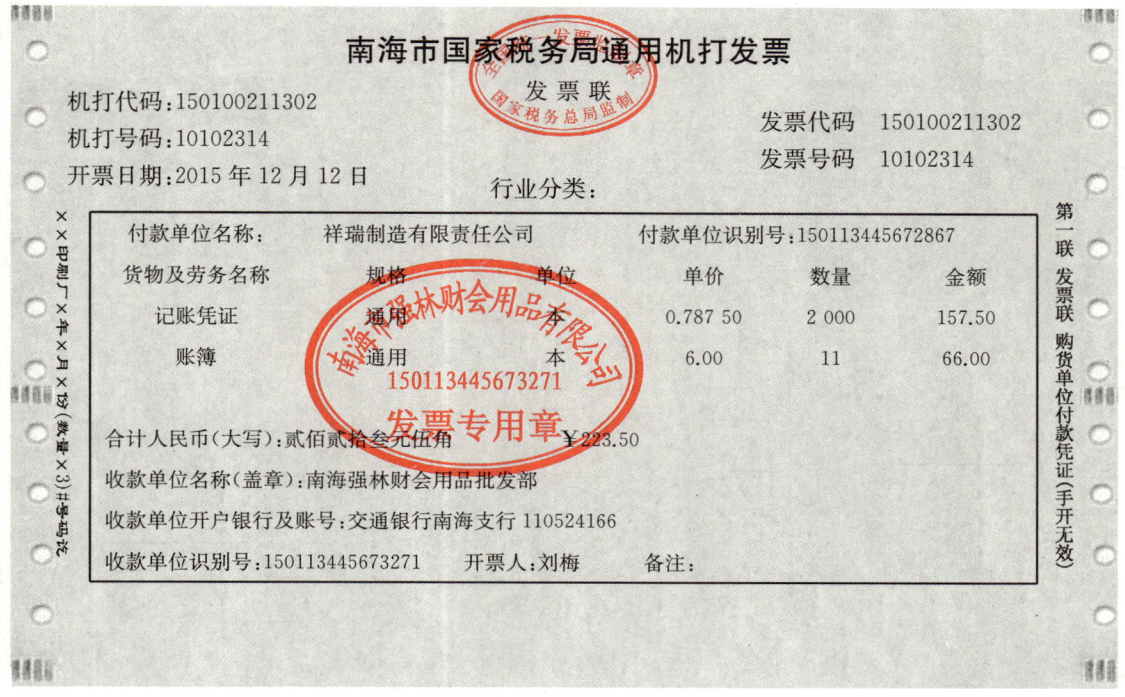

南海市国家税务局通用机打发票

发票联

| 机打代码:150100211302 | | 发票代码 | 150100211302 |
| 机打号码:10102314 | | 发票号码 | 10102314 |

开票日期:2015 年 12 月 12 日　　　行业分类:

付款单位名称:	祥瑞制造有限责任公司			付款单位识别号:150113445672867		
货物及劳务名称	规格	单位		单价	数量	金额
记账凭证	通用	本		0.787 50	2 000	157.50
账簿	通用	本		6.00	11	66.00

合计人民币(大写):贰佰贰拾叁元伍角　　　　¥223.50

收款单位名称(盖章):南海强林财会用品批发部

收款单位开户银行及账号:交通银行南海支行 110524166

收款单位识别号:150113445673271　　开票人:刘梅　　备注:

第一联　发票联　购货单位付款凭证(手开无效)

30－1

关于购置固定资产的申请

公司领导及相关部门:

　　因原车床 1 报废,机加工车间以目前的机器设备规模难以满足生产需求,现需增加 W 车床一台。

　　特此申请。

祥瑞制造有限责任公司机加工车间

2015 年 12 月 5 日

30－2

关于同意购置固定资产的批复

经经理办公会议研究决定，公司同意机加工车间购置车床的申请。取得方式为通过债务重组从福海贸易公司取得，该车床目前的市场价格为 7.2 万元。

审批人：李栋梁

祥瑞制造有限责任公司
2015 年 12 月 8 日

30－3

债务重组协议

甲方(债务方)：福海贸易有限责任公司
乙方(债权方)：祥瑞制造有限责任公司
签订时间：2015 年 12 月 10 日
签订地点：南海市鸿宾楼会议室

  鉴于长期业务往来形成的债权债务关系，甲方欠乙方货款金额 91 万元(大写：玖拾壹万元整)，由于甲方生产经营遇到了前所未有的困难，资金匮乏，乙方充分考虑到甲方的实际情况，甲乙双方经友好协商达成如下债务重组协议，以兹共同遵守：

  1. 甲方以银行存款 63.5 万元(大写：陆拾叁万伍仟元整)和一台 W 车床抵偿乙方债务，用于抵债固定资产的公允价值为 7.2 万元(大写：柒万贰仟元整)。

  2. 债务重组后，乙方共放弃欠款金额 20.3 万元(大写：贰拾万叁仟元整)。乙方同意甲方在一个月内以银行转账支付应付的余款。车床由甲方负责运抵乙方生产车间。

  3. 甲方按期支付乙方约定的欠款，乙方同意放弃索要欠款利息及约定外的欠款。

  4. 协商双方各自承诺及保证签署和履行本协议已履行了各自全部必要的审核和批准程序，获得所有必要的授权。

  5. 本协议自双方代表签字并加盖公章之日起生效。

  6. 本协议如有未尽事宜，协议双方协商解决。

  7. 本协议正本一式四份，甲乙双方各执两份。

甲方(盖章)：福海贸易有限责任公司　　　　乙方(盖章)：祥瑞制造有限责任公司
法定代表人或委托代理人(签字)：王小钱　　法定代表人或委托代理人(签字)：李栋梁
2015 年 12 月 10 日　　　　　　　　　　　2015 年 12 月 10 日

30—4

资 产 评 估 报 告

华信评字[059]号

华信资产评估有限责任公司接受福海贸易公司委托,对贵公司因债务重组事宜涉及的机器设备 W 车床一台进行评估工作。评估基准日为 2015 年 12 月 1 日。根据国家资产评估的相关规定,本着独立、客观、公正、科学的原则,按照公认的资产评估方法和程序对委托评估的资产实施了实地查勘、市场调查和询证。评估结果如下:

截至评估基准日,W 车床一台资产评估确定价值为人民币 7.2 万元。

法定代表人:李梅　　李 梅

中国注册资产评估师:张瑞海　　张瑞海

中国注册资产评估师:王雅捷　　王雅捷

华信资产评估有限责任公司

2015 年 12 月 10 日

30－5

| 中国工商银行 **进 账 单**（收账通知） | | | | | | | 3 |

2015 年 12 月 12 日

出票人	全　　称	福海贸易公司		收款人	全　　称	祥瑞制造有限责任公司	
	账　　号	531001040004998			账　　号	267-50660526	
	开户银行	中国农业银行南海市府东街支行			开户银行	中国工商银行南海市分行	

金额	人民币 （大写）	陆拾叁万伍仟元整	千	百	十	万	千	百	十	元	角	分
				¥	6	3	5	0	0	0	0	0

票据种类		票据张数	
票据号码			

中国工商银行南海市分行
2015.12.12
转　讫

复核　张瑞英　　记账　杨杰　　　　　　　收款人开户银行签章

此联是收款人开户银行交给收款人的收账通知

30－6

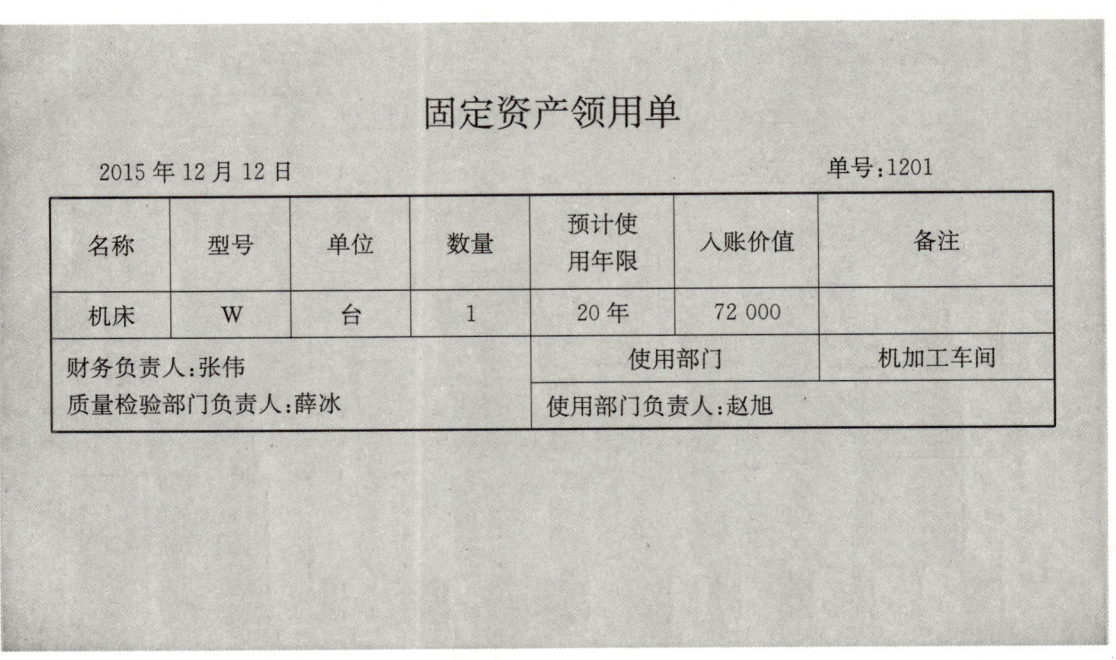

固定资产领用单

2015 年 12 月 12 日　　　　　　　　　　　　　　单号：1201

名称	型号	单位	数量	预计使用年限	入账价值	备注
机床	W	台	1	20 年	72 000	

财务负责人：张伟	使用部门	机加工车间
质量检验部门负责人：薛冰	使用部门负责人：赵旭	

30－7

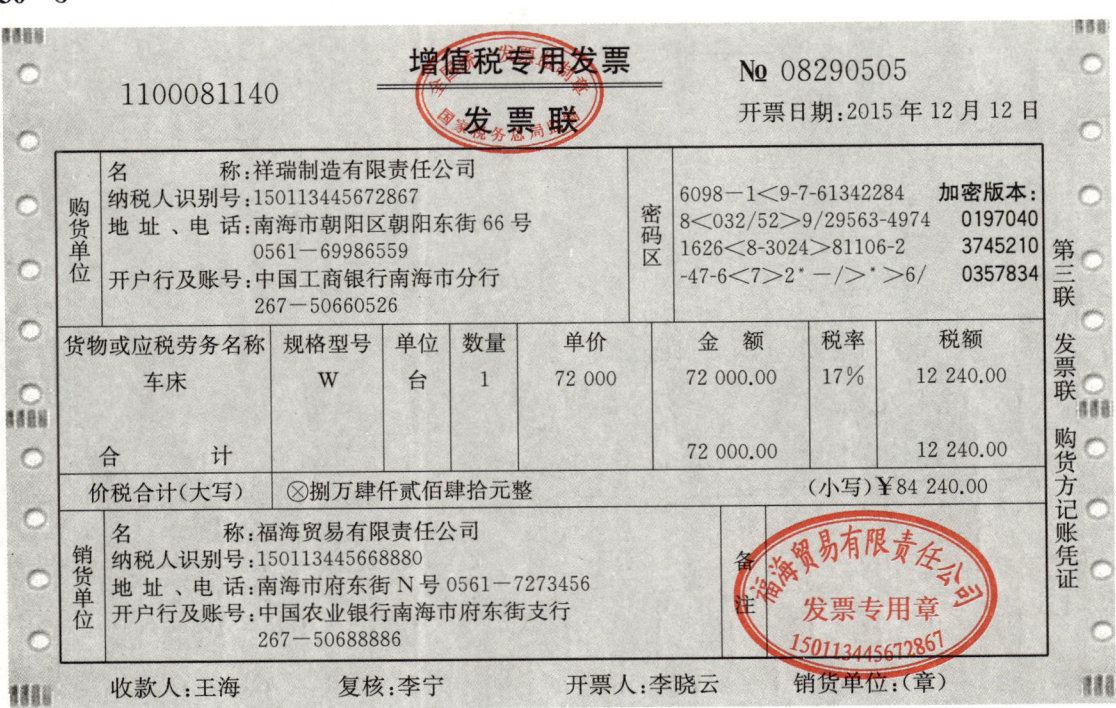

货物或应税劳务名称	规格型号	单位	数量	单价	金　额	税率	税额
车床	W	台	1	72 000	72 000.00	17%	12 240.00
合　　计					72 000.00		12 240.00

增值税专用发票　抵扣联
No 08290505
1100081140
开票日期：2015 年 12 月 12 日

购货单位
名　　称：祥瑞制造有限责任公司
纳税人识别号：150113445672867
地址、电话：南海市朝阳区朝阳东街 66 号 0561－69986559
开户行及账号：中国工商银行南海市分行 267－50660526

密码区
6098－1＜9-7-61342284
8＜032/52＞9/29563-4974
1626＜8-3024＞81106-2
-47-6＜7＞2*－/＞*＞6/
加密版本：
0197040
3745210
0357834

第二联　抵扣联　购货方扣税凭证

价税合计（大写）　⊗捌万肆仟贰佰肆拾元整　（小写）￥84 240.00

销货单位
名　　称：福海贸易有限责任公司
纳税人识别号：150113445668880
地址、电话：南海市府东街 N 号 0561－7273456
开户行及账号：中国农业银行南海市府东街支行 267－50688886

收款人：王海　　复核：李宁　　开票人：李晓云　　销货单位：（章）

30－8

增值税专用发票　发票联
No 08290505
1100081140
开票日期：2015 年 12 月 12 日

购货单位
名　　称：祥瑞制造有限责任公司
纳税人识别号：150113445672867
地址、电话：南海市朝阳区朝阳东街 66 号 0561－69986559
开户行及账号：中国工商银行南海市分行 267－50660526

密码区
6098－1＜9-7-61342284
8＜032/52＞9/29563-4974
1626＜8-3024＞81106-2
-47-6＜7＞2*－/＞*＞6/
加密版本：
0197040
3745210
0357834

第三联　发票联　购货方记账凭证

货物或应税劳务名称	规格型号	单位	数量	单价	金　额	税率	税额
车床	W	台	1	72 000	72 000.00	17%	12 240.00
合　　计					72 000.00		12 240.00

价税合计（大写）　⊗捌万肆仟贰佰肆拾元整　（小写）￥84 240.00

销货单位
名　　称：福海贸易有限责任公司
纳税人识别号：150113445668880
地址、电话：南海市府东街 N 号 0561－7273456
开户行及账号：中国农业银行南海市府东街支行 267－50688886

收款人：王海　　复核：李宁　　开票人：李晓云　　销货单位：（章）

31－1

报　销　单

填报日期　2015 年 12 月 12 日

姓名	李杰	所属部门	行政办公室	报销形式:转账	
				支票号码　20131210	
报销项目	金额	报销项目			金额
办公用品	8 014.50	转账付讫			
		以上单据共 3 张　　金额小计￥8 014.50			
总金额(大写)零万捌仟零佰壹拾肆元伍角零分			预支金额:0		实付金额:0
总经理:李栋梁	分管经理:	财务负责人:张伟	部门负责人:张丽萍		报销人:李杰

31－2

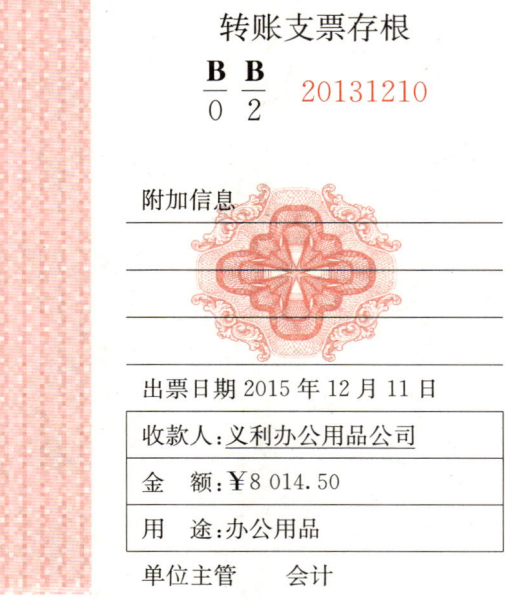

中国工商银行
转账支票存根
$\frac{\textbf{B}}{0}\frac{\textbf{B}}{2}$　20131210

附加信息

出票日期 2015 年 12 月 11 日

收款人 : 义利办公用品公司
金　额 : ￥8 014.50
用　途 : 办公用品

单位主管　　会计

31－3

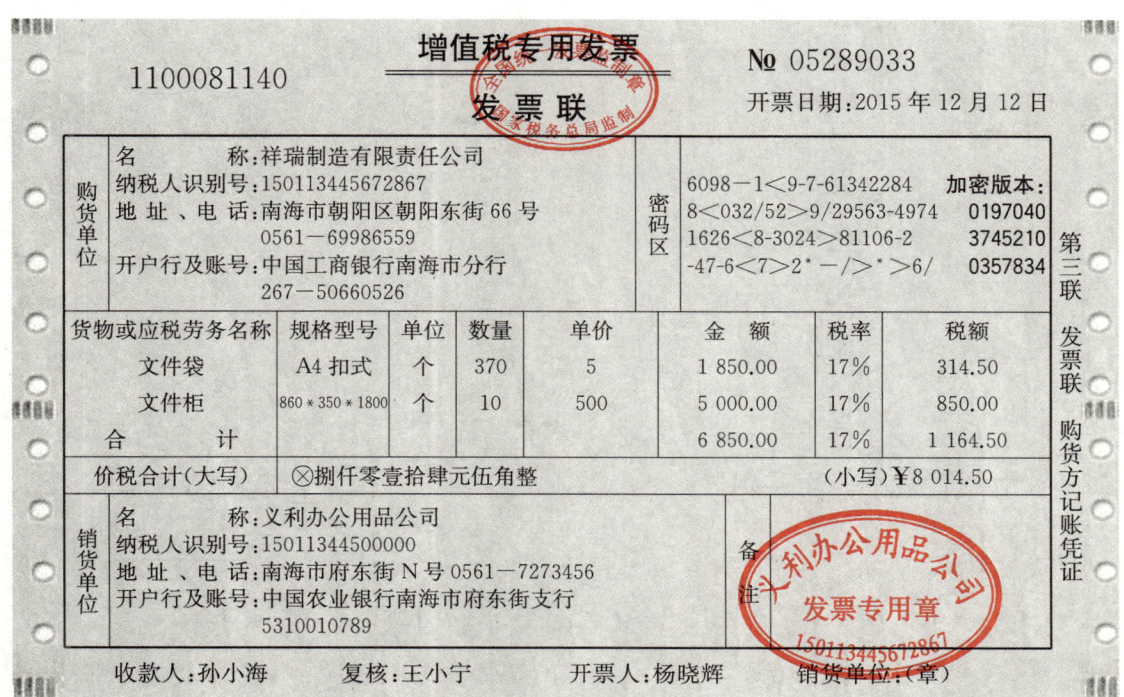

31－4

增值税专用发票　抵扣联　No 05289033

1100081140

开票日期：2015 年 12 月 12 日

货物或应税劳务名称	规格型号	单位	数量	单价	金额	税率	税额
文件袋	A4 扣式	个	370	5	1 850.00	17％	314.50
文件柜	860*350*1800	个	10	500	5 000.00	17％	850.00
合　计					6 850.00	17％	1 164.50

价税合计（大写）⊗捌仟零壹拾肆元伍角整　　（小写）￥8 014.50

销货单位：名　称：义利办公用品公司
纳税人识别号：15011344500000
地　址、电话：南海市府东街 N 号 0561－7273456
开户行及账号：中国农业银行南海市府东街支行
5310010789

收款人：孙小海　复核：王小宁　开票人：杨晓辉　销货单位：（章）

31－5

办公用品分配表

2015 年 12 月

审核:张瑞英　　　　　　　　　　　　　　　　　　　　　　　　制表:李红

部门	借方科目	文件柜	文件袋	金额
管理部门	管理费用	1 500	1 240	2 740
销售部门	销售费用	1 000	30	1 030
机加工车间	制造费用	1 000	380	1 380
装配车间	制造费用	1 000	20	1 020
机修车间	生产成本	500	180	680
合计		5 000	1 850	6 850

32－1

报　销　单

填报日期　2015 年 12 月 12 日

姓名	王健	所属部门	采购部	报销形式:现金	
				支票号码	
报销项目	金额	报销项目			金额
住宿费(3 * 150)	450.00	交通费			800.00
会议费	2 300.00	现金付讫			
出差补助(3 * 100)	300.00	以上单据共 3 张　　金额小计￥3 850.00			
总金额(大写)零万叁仟捌佰伍拾零元零角零分		预支金额: 5 000.0		实付金额:3 850	
总经理:　　　分管经理:张力　　财务负责人:张伟　　部门负责人:张建平　　报销人:王健					

32－2

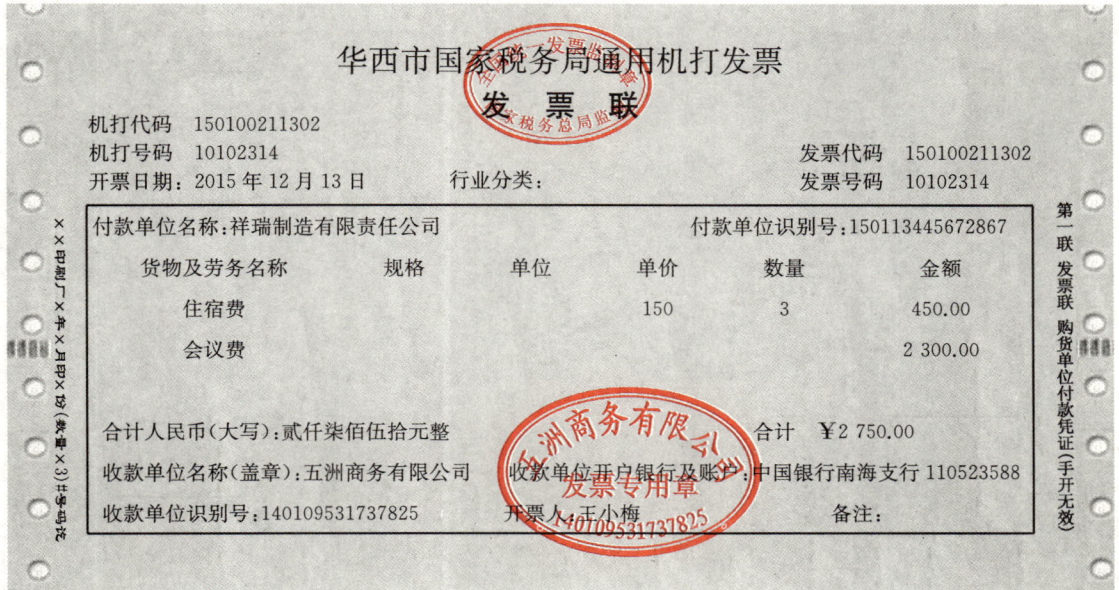

32－3

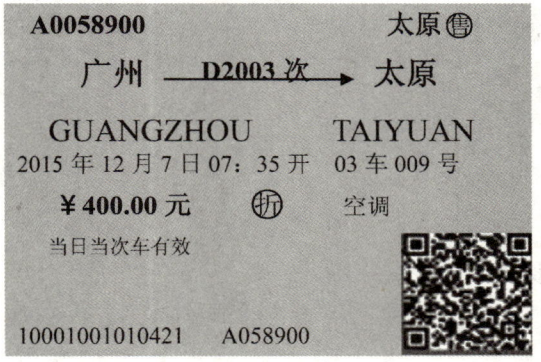

32－4

33－1

折 让 协 议

编号:12－01

甲方:祥瑞制造有限责任公司

乙方:远航公司

　　乙方于 2015 年 11 月自甲方购入 2 台 A 型数控机床,因包装破损导致表面划损,甲方同意给予乙方销售折让。为此,经甲乙双方共同协商,在平等、公平、公正、自愿的原则下,达成如下协议:

　　第一条:货物描述

货物名称	规格型号	单位	数量	单价	金额	税率	税额	价税合计
数控机床	A 型	台	2	36 000.00	72 000.00	17％	12 240.00	84 240.00

　　第二条:折让原因

　　因运输途中包装破损,导致货物表面划损。

　　第三条:双方责任

　　(一)为了维护和巩固双方的长期友好合作关系,经乙方申请并结合当期市场情况,甲方同意给予乙方 10％ 的折让,即折让金额为 7 200.00 元,折让增值税税额为 1 224.00 元,并开具相应数额的红字增值税专用发票。

　　(二)甲方应于协议生效之日起 5 日内将款项与红字发票一并交付乙方。

　　第四条:协议生效、中止与结束

　　(一)本协议一式两份,甲乙双方各执一份,需经双方签字认可后生效,生效日期以甲乙双方最后一个签字盖章日期为准。

　　(二)以货款两讫之日,结束本协议。

　　第五条:纠纷解决方式

　　因执行本协议发生的或与本协议有关的一切争议,甲乙双方应通过友好协商解决,如双方协商仍不能达成一致意见时,则提交仲裁机构。

甲方签字:祥瑞制造有限责任公司　　　　　　　乙方签字:远航公司

盖　　章:　　　　　　　　　　　　　　　　　盖　　章:

日　　期:2015 年 12 月 13 日　　　　　　　日　　期:2015 年 12 月 13 日

33－2

开具红字增值税专用发票通知单

填开日期:2015 年 12 月 13 日　　　　　　　　　　　　　　　NO.1402113

销售方	名称	祥瑞制造有限责任公司	购买方	名称	远航公司
	税务登记代码	150113445672867		税务登记代码	160245312545835

开具红字发票内容	货物(劳务)名称	单价	数量	金额	税额
	数控机床			7 200.00	1 224.00
	合计	———	———	¥7 200.00	¥1 224.00

说明	需要作进项税额转出□
	不需要作进项税额转出□
	纳税人识别号认证不符□
	专用发票代码、号码认证不符□
	对应蓝字专用发票密码区内打印的代码:_____
	号码:_____
	开具红字专用发票理由:
	所购货物验收后发现因包装破损导致表面划损,销售方同意折让 10%。

经办人:方静　　负责人:王磊　　主管税务机关名称(印章):_____

注:

1. 本通知单一式三联:第一联,购买方主管税务机关留存;第二联,购买方送交销货方留存;第三联,购买方留存。

2. 通知单应与申请单一一对应。

3. 销售方应在开具红字专用发票后到主管税务机关进行核销。

33－3

1100131140

增值税专用发票

此联不作报销　扣税凭证使用

№ 00131205

开票日期：2015 年 12 月 13 日

购货单位	名　　称：远航公司 纳税人识别号：160245312545835 地　址、电话：江宁市青年路 X 号 039－8965321 开户行及账号：中国建设银行江宁市青年路分理处 6227003920060125202	密码区	6098－1＜9-7-61342284 8＜032/52＞9/29563-4974 1626＜8-3024＞81106-2 -47-6＜7＞2* －/＞* ＞6/	加密版本： 0197040 3745210 0357834

货物或应税劳务名称	规格型号	单位	数量	单价	金额	税率	税额
数控机床	A 型	台	－2	3 600.00	－7 200.00	17％	－1 224.00
合　计					￥－7 200.00		￥－1 224.00

价税合计（大写）　⊗（负数）捌仟肆佰贰拾肆元整　（小写）￥－8 424.00

销货单位	名　　称：祥瑞制造有限责任公司 纳税人识别号：150113445672867 地　址、电话：南海市朝阳区朝阳东街 66 号 0561－69986559 开户行及账号：中国工商银行南海市分行 267－50660526	备注	对应正数发票代码： 1100131140 号码：00131109

收款人：杨杰　　　复核：张瑞英　　　开票人：杨杰　　　销货单位：（章）

第一联　记账联　销货方记账凭证

33－4

1100131140

增值税专用发票

此联不作报销　扣税凭证使用

№ 00131205

开票日期：2015 年 12 月 13 日

购货单位	名　　称：远航公司 纳税人识别号：160245312545835 地　址、电话：江宁市青年路 X 号 039－8965321 开户行及账号：中国建设银行江宁市青年路分理处 6227003920060125202	密码区	6098－1＜9-7-61342284 8＜032/52＞9/29563-4974 1626＜8-3024＞81106-2 -47-6＜7＞2* －/＞* ＞6/	加密版本： 0197040 3745210 0357834

货物或应税劳务名称	规格型号	单位	数量	单价	金额	税率	税额
数控机床	A 型	台	－2	3 600.00	－7 200.00	17％	－1 224.00
合　计					￥－7 200.00		￥－1 224.00

价税合计（大写）　⊗（负数）捌仟肆佰贰拾肆元整　（小写）￥－8 424.00

销货单位	名　　称：祥瑞制造有限责任公司 纳税人识别号：150113445672867 地　址、电话：南海市朝阳区朝阳东街 66 号 0561－69986559 开户行及账号：中国工商银行南海市分行 267－50660526	备注	对应正数发票代码： 1100131140 号码：00131109

收款人：杨杰　　　复核：张瑞英　　　开票人：杨杰　　　销货单位：（章）

第四联　存根联　销货方留存

33－5

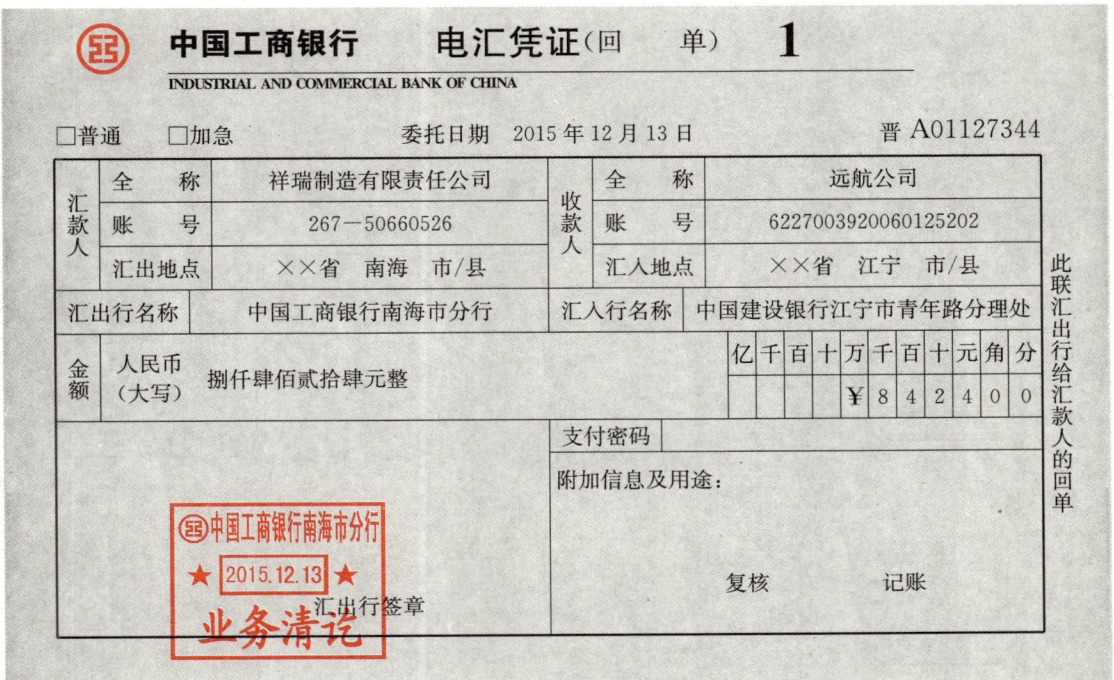

33－6

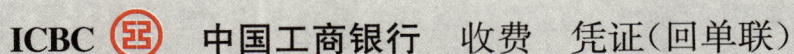

ICBC 中国工商银行 收费 凭证（回单联）

2015 年 12 月 13 日

付款人名称:祥瑞制造有限责任公司

付款人账号:转账

服务项目	数量	手续费	金额小计
电汇手续费		25.00	25.00

金额合计（大写）:人民币贰拾伍元整

金额合计（小写）:RMB25.00

地区号:2009　网点号:0325　操作柜员:03176　授权柜员:01411　记账:03176

34—1

增值税专用发票

1100081140

No 00131206

此联不作报销 扣税凭证使用

开票日期:2015 年 12 月 14 日

购货单位	名 称:泰安起重机厂 纳税人识别号:120412425357421 地 址、电话:滨海市解放路 X 号 0391—7980449 开户行及账号:中国建设银行滨海市解放路分理处 6227003920060125282	密码区	6098—1＜9-7-61342284 加密版本: 8＜032/52＞9/29563-4974 0197040 1626＜8-3024＞81106-2 3745210 -47-6＜7＞2* —/＞* ＞6/ 0357834

货物或应税劳务名称	规格型号	单位	数量	单价	金额	税率	税额
数控机床	A 型	台	20	36 000.00	720 000.00	17%	122 400.00
合 计					¥720 000.00		¥122 400.00

价税合计(大写) ⊗捌拾肆万贰仟肆佰元整 (小写)¥842 400.00

销货单位	名 称:祥瑞制造有限责任公司 纳税人识别号:150113445672867 地 址、电话:南海市朝阳区朝阳东街 66 号 0561—69986559 开户行及账号:中国工商银行南海市分行 267—50660526	备注

收款人:杨杰　　复核:张瑞英　　开票人:杨杰　　销货单位:(章)

第一联 记账联 销货方记账凭证

34—2

增值税专用发票

1100081140

No 00131206

此联不作报销 扣税凭证使用

开票日期:2015 年 12 月 14 日

购货单位	名 称:泰安起重机厂 纳税人识别号:120412425357421 地 址、电话:滨海市解放路 X 号 0391—7980449 开户行及账号:中国建设银行滨海市解放路分理处 6227003920060125282	密码区	6098—1＜9-7-61342284 加密版本: 8＜032/52＞9/29563-4974 0197040 1626＜8-3024＞81106-2 3745210 -47-6＜7＞2* —/＞* ＞6/ 0357834

货物或应税劳务名称	规格型号	单位	数量	单价	金额	税率	税额
数控机床	A 型	台	20	36 000.00	720 000.00	17%	122 400.00
合 计					¥720 000.00		¥122 400.00

价税合计(大写) ⊗捌拾肆万贰仟肆佰元整 (小写)¥842 400.00

销货单位	名 称:祥瑞制造有限责任公司 纳税人识别号:150113445672867 地 址、电话:南海市朝阳区朝阳东街 66 号 0561—69986559 开户行及账号:中国工商银行南海市分行 267—50660526	备注

收款人:杨杰　　复核:张瑞英　　开票人:杨杰　　销货单位:(章)

第四联 存根联 销货方留存

34－3

销 售 合 同

供方:<u>祥瑞制造有限责任公司</u>　　　　合同编号:<u>XR12003</u>

需方:<u>泰安起重机厂</u>　　　　　　　　签订时间:<u>2015 年 12 月 14 日</u>

经双方友好协商,签订如下合同:

一、产品名称、规格、型号、数量、金额、供货时间:

序号	名称	规格型号	单位	数量	单价 (元)	金额 (元)	附注
	数控机床	A 型	台	20	36 000.00	720 000.00	
	合计					￥720 000.00	
货款总计(大写)		柒拾贰万元整					

二、质量要求、技术标准:<u>符合国家同类产品质量标准</u>

三、交货日期:<u>2015 年 12 月 24 日前</u>

四、交货地点:<u>需方仓库,由需方自行负责承运。</u>

五、产品验收地点、方法及提出异议期限:由需方按本合同约定标准及本合同附件验收,有质量异议在收货后十日内提出,需方未在上述期限内提出异议视为需方验收合格。

六、结算方式及期限:

需方须将本合同项下的所有款项支付到供方指定的账户上,如以现金方式支付,须事先征得供方财务部门同意。

七、违约责任:违约方须赔偿对方一切经济损失。但遇天灾人祸或其他人力不能控制之因素而导致延误交货,需方不能要求供方赔偿任何损失。

解决合同纠纷的方式:经双方友好协商解决,如协商不成的,可向当地仲裁委员会提出申诉解决。

本合同一式两份,供需双方各执一份,自签订之日起生效。

未尽事宜,双方协商一致并另行签订补充协议,补充协议与本合同具有同等法律效力。

供方(盖章):_____　　需方(盖章):_____

税号:<u>150113445672867</u>　　　　　　　税号:<u>120412425557421</u>

开户行及账号:中国工商银行南海市分行　开户行及账号:中国建设银行滨海市解放

267－50660526　　　　　　　　　　　　路分理处 6227003920060125282

地址:<u>南海市朝阳区朝阳东街 66 号</u>　　　地址:<u>滨海市解放路 X 号</u>

法定代表:<u>李栋梁</u>　　　　　　　　　　法定代表:<u>李　欣</u>

联系电话:<u>0561－69986559</u>　　　　　　联系电话:<u>0391－7980449</u>

34—4

出 库 单

出货单位:祥瑞制造有限责任公司　2015 年 12 月 14 日　　　　　　第 1208 号

提货单位或领货部门	南海市机床经销公司	销售单号		发出仓库	产成品库		记账联
编　号	名　　称	规　格	单　位	数　量			
				应　发	实　发		
	数控机床	A 型	台	20	20		
合　　计				20	20		

仓库负责人:王林　　　　　　　　　　　　　　　　发货人:王方

34—5

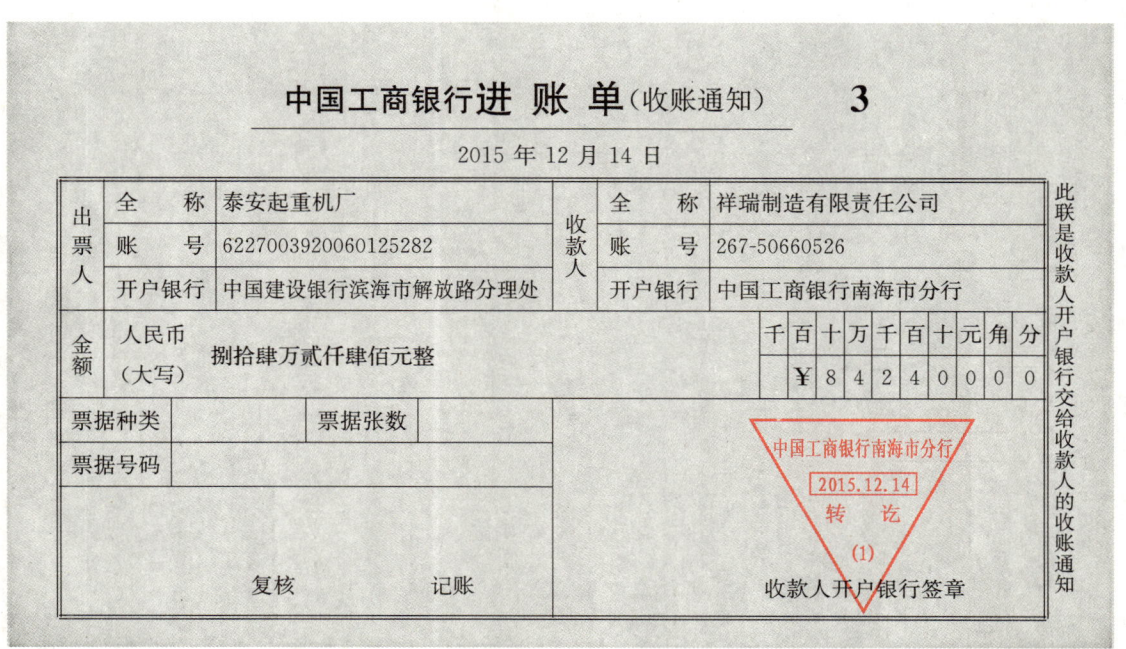

中国工商银行进 账 单(收账通知)　3

2015 年 12 月 14 日

出票人	全　称	泰安起重机厂	收款人	全　称	祥瑞制造有限责任公司
	账　号	6227003920060125282		账　号	267-50660526
	开户银行	中国建设银行滨海市解放路分理处		开户银行	中国工商银行南海市分行

金额	人民币(大写)	捌拾肆万贰仟肆佰元整	千	百	十	万	千	百	十	元	角	分
				¥	8	4	2	4	0	0	0	0

票据种类		票据张数	
票据号码			

中国工商银行南海市分行
2015.12.14
转　讫
(1)

复核　　　　　记账　　　　　　　　收款人开户银行签章

此联是收款人开户银行交给收款人的收账通知

235

35－1

领　料　单

领料部门:机加工车间

用　　途:生产 A 型数控机床　　　　2015 年 12 月 13 日　　　　　　　　第 011205 号

材　料			单　位	数　量	
编　号	名　　称	规　格		请　领	实　发
	钢板		吨	30	30
合计				30	30

记账联

仓库负责人:王林　　　　发料人:李明　　　　　领料部门负责人:赵旭　　　　领料人:郑敏

35－2

领　料　单

领料部门:机加工车间

用　　途:生产 B 型数控机床　　　　2015 年 12 月 13 日　　　　　　　　第 011206 号

材　料			单　位	数　量	
编　号	名　　称	规　格		请　领	实　发
	钢板		吨	20	20
合计				20	20

记账联

仓库负责人:王林　　　　发料人:李明　　　　　领料部门负责人:赵旭　　　　领料人:郑敏

35—3

出　库　单

出货单位：祥瑞制造有限责任公司　　2015 年 12 月 13 日　　　　　　　第 1209 号

提货单位或领货部门	机加工车间		销售单号		发出仓库	原材料库		记账联
编　号	名　称	规　格	单　位		数　量			
					应　发	实　发		
	钢板		吨		50	50		
合　计					50	50		

仓库负责人：王林　　　　　　　　　　　　　　　　发货人：李明

36—1

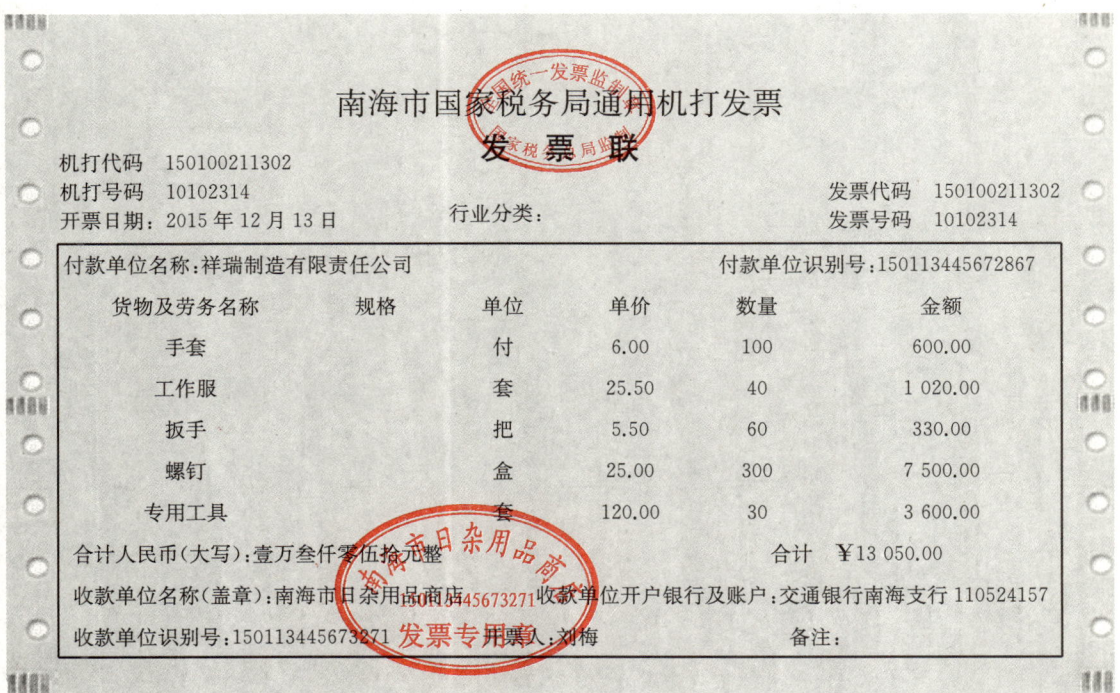

南海市国家税务局通用机打发票

发 票 联

机打代码　150100211302
机打号码　10102314
开票日期：2015 年 12 月 13 日　　　　行业分类：　　　　　　　发票代码　150100211302
　　　　　　　　　　　　　　　　　　　　　　　　　　　　　　发票号码　10102314

付款单位名称：祥瑞制造有限责任公司　　　　　付款单位识别号：150113445672867

货物及劳务名称	规格	单位	单价	数量	金额
手套		付	6.00	100	600.00
工作服		套	25.50	40	1 020.00
扳手		把	5.50	60	330.00
螺钉		盒	25.00	300	7 500.00
专用工具		套	120.00	30	3 600.00

合计人民币（大写）：壹万叁仟零伍拾元整　　　　　　　　　　合计　￥13 050.00

收款单位名称（盖章）：南海市日杂用品商店　　收款单位开户银行及账户：交通银行南海支行 110524157
收款单位识别号：150113445673271　　　　开票人：刘梅　　　备注：

36－2

入 库 单

2015 年 12 月 13 日　　　　　　　　　　　第 1207 号

收货单位 或 收货部门	祥瑞制造有限责任公司	购货 单号	10102314	收入仓库	低值易耗品库	
编　号	名　　称	规　格	单　位	数　量		记账联
				应　收	实　收	
	手套		付	100	100	
	工作服		套	40	40	
	扳手		把	60	60	
	螺钉		盒	300	300	
	专用工具		套	30	30	
	合　　计			530	530	

仓库负责人：王林　　　　　　　　　　　　发货人：周兴

36－3

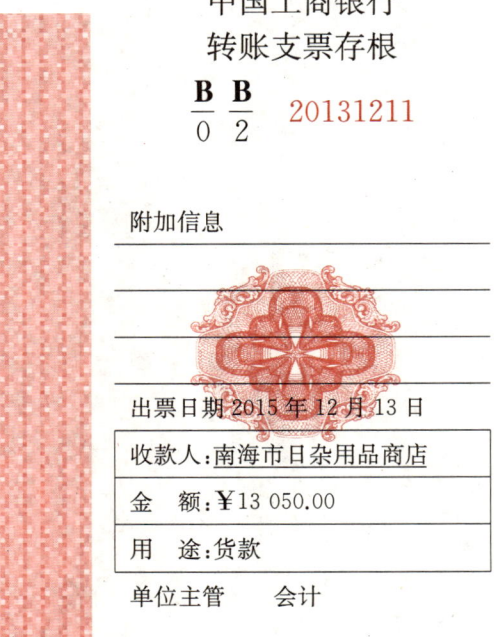

中国工商银行
转账支票存根
B **B**
0　2　　20131211

附加信息

_____

_____

出票日期 2015 年 12 月 13 日

收款人：南海市日杂用品商店
金　额：￥13 050.00
用　途：货款

单位主管　　会计

37－1

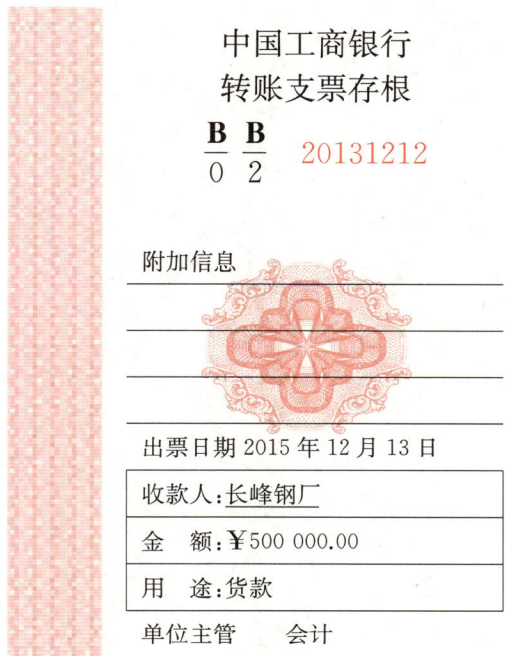

中国工商银行
转账支票存根

$\dfrac{B}{0}\dfrac{B}{2}$　20131212

附加信息

出票日期 2015 年 12 月 13 日

| 收款人：长峰钢厂 |
| 金　额：￥500 000.00 |
| 用　途：货款 |

单位主管　　会计

37－2

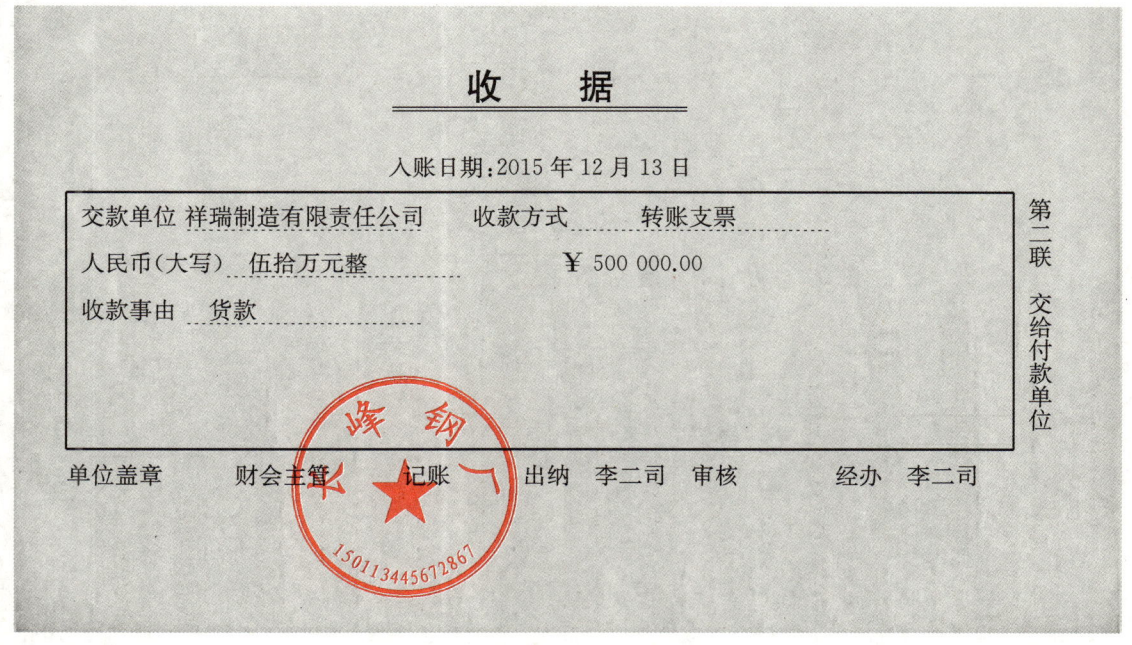

收　据

入账日期：2015 年 12 月 13 日

交款单位 祥瑞制造有限责任公司	收款方式　　转账支票
人民币（大写）　伍拾万元整	￥500 000.00
收款事由　　货款	

单位盖章　　财会主管　　记账　　出纳 李二司　　审核　　　　经办 李二司

第二联　交给付款单位

38－1

领　料　单

领料部门:机加工车间

用　　途:生产用　　　　　　　　2015 年 12 月 13 日　　　　　　　第 011207 号

| 材　料 | | | 单　位 | 数　量 | | 记账联 |
编　号	名　称	规　格		请　领	实　发	
	润滑油		千克	35	35	
合计				35	35	

仓库负责人:王林　　　　发料人:李明　　　　　领料部门负责人:赵旭　　　　领料人:郑敏

38－2

出　库　单

出货单位:祥瑞制造有限责任公司　　2015 年 12 月 13 日　　　　　　　第 1210 号

提货单位或领货部门	机加工车间		销售单号		发出仓库	辅助材料库	记账联
编　号	名　称	规　格	单　位	数　量			
				应　发	实　发		
	润滑油		千克	35	35		
合　计				35	35		

仓库负责人:王林　　　　　　　　　　　　　　　发货人:周兴

39－1

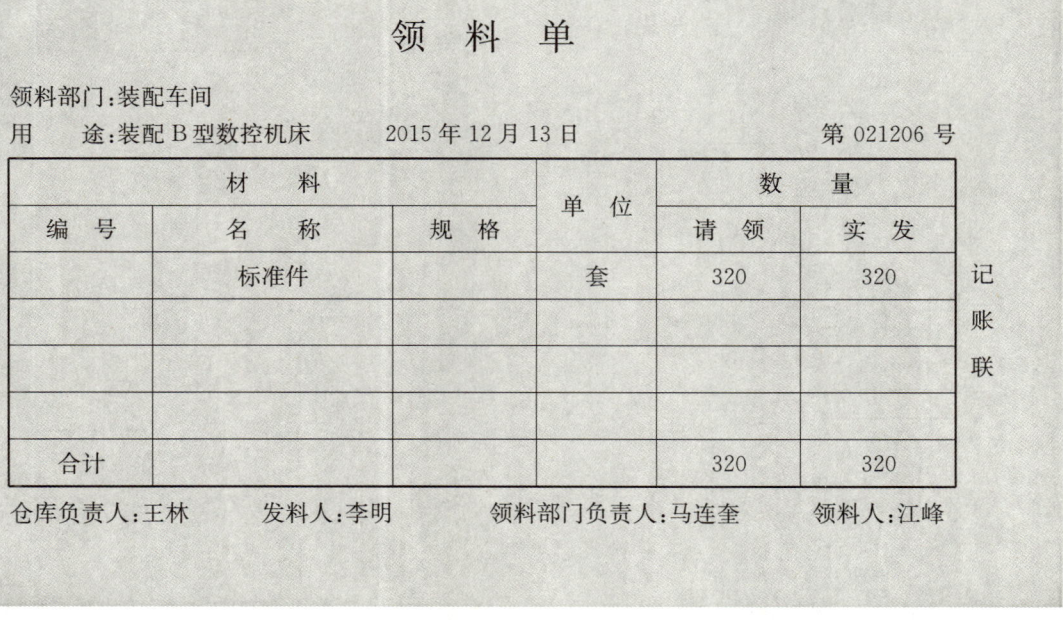

领　料　单

领料部门:装配车间

用　　途:装配 A 型数控机床　　　2015 年 12 月 13 日　　　　　　第 021205 号

材　料			单　位	数　量		记账联
编　号	名　　称	规　格		请　领	实　发	
	标准件		套	480	480	
合计				480	480	

仓库负责人:王林　　　发料人:李明　　　　　领料部门负责人:马连奎　　　领料人:江峰

39－2

领　料　单

领料部门:装配车间

用　　途:装配 B 型数控机床　　　2015 年 12 月 13 日　　　　　　第 021206 号

材　料			单　位	数　量		记账联
编　号	名　　称	规　格		请　领	实　发	
	标准件		套	320	320	
合计				320	320	

仓库负责人:王林　　　发料人:李明　　　　　领料部门负责人:马连奎　　　领料人:江峰

39－3

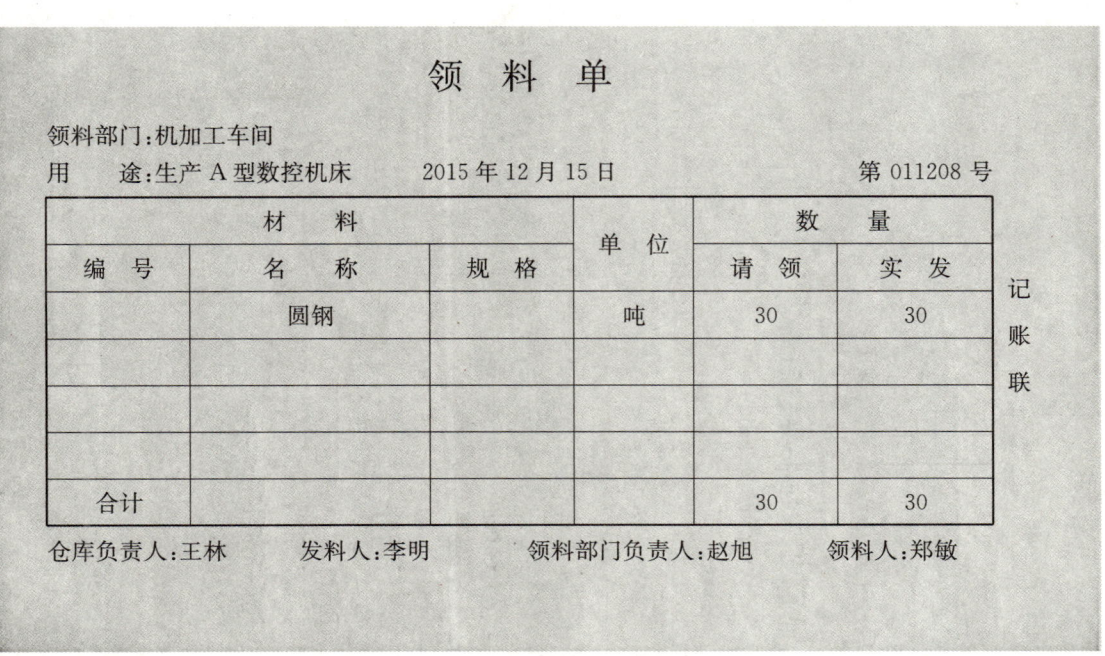

出　库　单

出货单位:祥瑞制造有限责任公司　2015 年 12 月 13 日　　　　　　第 1211 号

提货单位或领货部门	装配车间	销售单号		发出仓库	外购半成品库	记账联
编　号	名　　称	规　格	单　位	数　量		
				应　发	实　发	
	标准件		套	800	800	
合　　计				800	800	

仓库负责人:王林　　　　　　　　　　　　　　　　　发货人:李明

40－1

领　料　单

领料部门:机加工车间

用　途:生产 A 型数控机床　　2015 年 12 月 15 日　　　　第 011208 号

材　料			单　位	数　量		记账联
编　号	名　　称	规　格		请　领	实　发	
	圆钢		吨	30	30	
合计				30	30	

仓库负责人:王林　　　发料人:李明　　　领料部门负责人:赵旭　　　领料人:郑敏

40－2

领 料 单

领料部门:机加工车间

用　途:生产B型数控机床　　2015 年 12 月 15 日　　　　　　第 011209 号

材料			单 位	数 量		记账联
编 号	名 称	规 格		请 领	实 发	
	圆钢		吨	20	20	
合 计				20	20	

仓库负责人:王林　　　发料人:李明　　　　领料部门负责人:赵旭　　　领料人:郑敏

40－3

出 库 单

出货单位:祥瑞制造有限责任公司　　2015 年 12 月 15 日　　　　　　第 1212 号

提货单位或领货部门	机加工车间		销售单号		发出仓库	原材料库		记账联
编 号	名 称	规 格	单 位			数 量		
						应 发	实 发	
	圆钢		吨			50	50	
合　计						50	50	

仓库负责人:王林　　　　　　　　　　　　　　　　发货人:李明

41-1

领 料 单

领料部门:装配车间

用　途:装配 A 型数控机床　　2015 年 12 月 21 日　　　　　第 021207 号

| 材　料 | | | 单　位 | 数　量 | | 记账联 |
编　号	名　称	规　格		请　领	实　发	
	数控板		个	110	110	
合计				110	110	

仓库负责人:王林　　　　发料人:李明　　　　领料部门负责人:马连奎　　　　领料人:江峰

41-2

领 料 单

领料部门:装配车间

用　途:装配 B 型数控机床　　2015 年 12 月 21 日　　　　　第 021208 号

| 材　料 | | | 单　位 | 数　量 | | 记账联 |
编　号	名　称	规　格		请　领	实　发	
	数控板		个	70	70	
合计				70	70	

仓库负责人:王林　　　　发料人:李明　　　　领料部门负责人:马连奎　　　　领料人:江峰

41－3

出 库 单

出货单位:祥瑞制造有限责任公司　2015 年 12 月 21 日　　　　　第 1213 号

提货单位或领货部门	装配车间		销售单号		发出仓库	外购半成品库		记账联
编　号	名　称	规　格	单　位			数　量		
						应　发	实　发	
	数控板		个			180	180	
合　计						180	180	

仓库负责人:王林　　　　　　　　　　　　　　发货人:李明

42—1

借　款　合　同

立合同单位：

祥瑞制造有限责任公司（简称借款方）

 中国银行南内环支行 （简称贷款方）

　　根据国家规定，借款方为进行基本建设所需贷款，经贷款方审查同意发放。为明确双方责任，恪守信用，特签订本合同，共同遵守。

　　第一条　借款方向贷款方借款人民币（大写）贰佰万元，用于流动资金。预计用款时间为三个月。

　　第二条　自支用贷款之日起，按实际支用数计算利息，并计算复利。在合同规定的借款期内，年息为 5.8％。借款方如果不按期归还贷款，逾期部分加收利息 1％。

　　第三条　借款方保证从 2015 年 10 月 31 日起至 2016 年 1 月 31 日止，偿还全部贷款。逾期不还的，贷款方有权限期追回贷款，或者商请借款单位的其他开户银行代为扣款清偿。

　　第四条　因国家调整计划、产品价格、税率以及修正概算等原因，需要变更合同条款时，由双方签订变更合同的文件，作为本合同的组成部分。

　　第五条　贷款方有权检查、监督贷款的使用情况，了解借款方的经营管理、计划执行、财务活动和物资库存等情况。借款方应提供有关的统计、会计报表及资料。

　　第六条　贷款方保证按照本合同的规定供应资金。因贷款方责任，未按期提供贷款，应按延期天数以违约数额的 1％付给借款方违约金。

　　第七条　借款方应按合同规定使用贷款。否则，贷款方有权收回部分或全部贷款，对违约使用的部分按原定利率加收罚息 1％。

　　第八条　本合同经过双方签字、盖章后生效，贷款本息全部清偿后生效。合同正本一式 2 份，借、贷双方各执 1 份。

借款方：（公章）　　　　　　　　　　　贷款方：（公章）

祥瑞制造有限责任公司　　　　　　　　中国银行南内环支行

法人代表：（签字）李栋梁　　　　　　　法人代表：（签字）李小明

开户银行及账号：中国银行南内环支行，022—05387608

签约日期：2015 年 10 月 30 日

签约地点：中国银行南内环支行

42－2

短期借款利息计算单

单位名称:祥瑞制造有限责任公司　　　　　　　　　　　2015 年 12 月 21 日

借款本金	借款期限	起息日	利率	本期应计提利息
2 000 000.00	3 个月	2015 年 11 月 22 日	5.8%	9 666.67

审核:张瑞英　　　　　　　　　　　　　　　　　　　　　　编制:李红

42－3

中 国 银 行

借款利息通知单(第三联:收账通知)

存款账户户名:祥瑞制造有限责任公司	账号:022－05387608
利息计算时间:2015 年 10 月 31 日　　　起	
2015 年 12 月 21 日　　　止	
利息金额(大写):壹万陆仟柒佰伍拾伍元伍角陆分	左列借款利息已经从你单位账户支出。
附记　　　　　￥16 755.56 元	中国开户银行签章 2015.12.21 转讫 2015 年 12 月 21 日
会计:　　事后监督:　　复核:　　制单:	

43－1

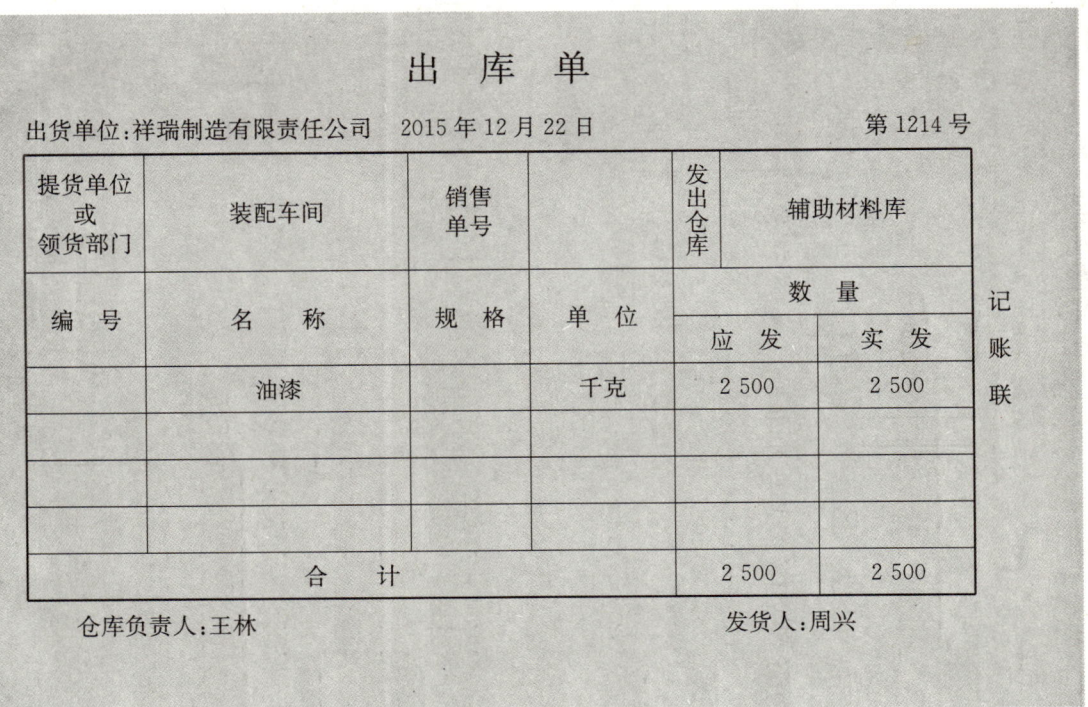

领　料　单

领料部门:装配车间
用　　途:装配用　　　　　2015 年 12 月 22 日　　　　　第 021209 号

材　料			单　位	数　量		记账联
编　号	名　称	规　格		请　领	实　发	
	油漆		千克	2 500	2 500	
合计				2 500	2 500	

仓库负责人:王林　　　发料人:李明　　　领料部门负责人:马连奎　　　领料人:江峰

43－2

出　库　单

出货单位:祥瑞制造有限责任公司　2015 年 12 月 22 日　　　　　第 1214 号

提货单位或领货部门	装配车间		销售单号		发出仓库	辅助材料库	记账联
编　号	名　称	规　格	单　位	数　量			
				应　发	实　发		
	油漆		千克	2 500	2 500		
合　计				2 500	2 500		

仓库负责人:王林　　　　　　　　　　　发货人:周兴

44－1

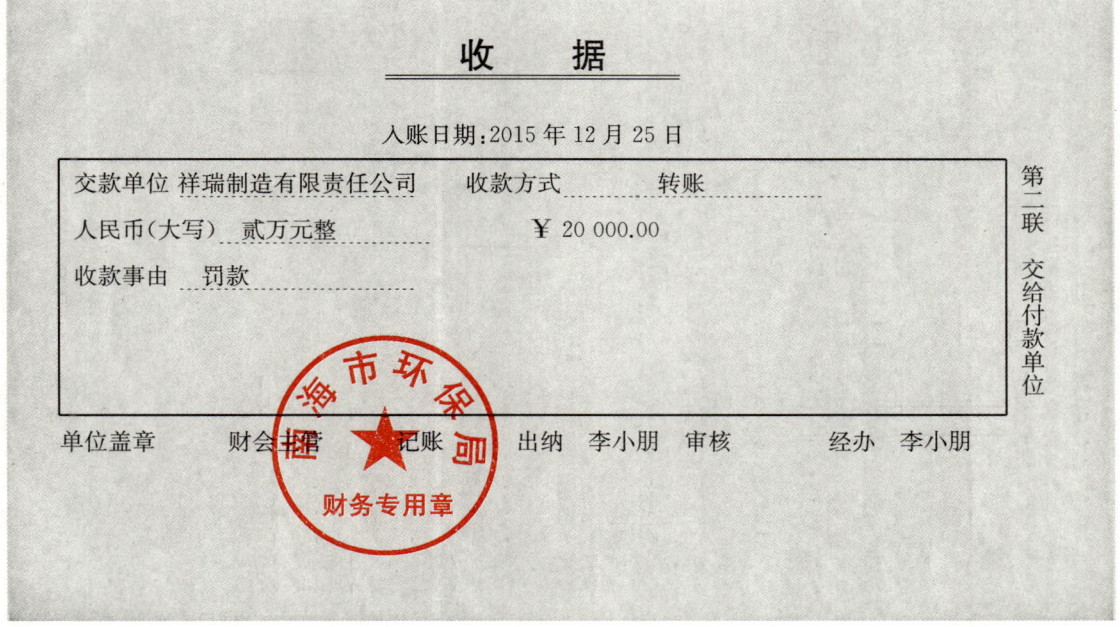

44－2

44—3

南海市环保局行政处罚通知书

南市环罚字〔2015〕7 号

祥瑞制造有限责任公司:

　　我局于 2015 年 11 月 25 日对你单位进行了调查,发现你单位随意排放生产污水,对周边环境造成极大的危害。依据《中华人民共和国固体废物污染环境防治法》第七十五条的规定,我局决定对你单位处人民币贰万元罚款。根据《行政处罚法》和《罚款决定与罚款收缴分离实施办法》的规定,你单位应于接到本处罚决定之日起十五日内,到我局领取《南海市非税收入统一缴款书》,并将罚款缴至指定银行。

　　你单位缴纳罚款后,应将缴款凭据复印件报送我局备案。逾期不缴纳罚款的,我局将依法按每日罚款数额的 3‰加处罚款。

同意支付。

李栋梁

南海市环保局
2015 年 11 月 25 日

45－1

领 料 单

领料部门：机加工车间
用　　途：生产活动用　　　2015 年 12 月 25 日　　　　　第 011210 号

材　料			单　位	数　量		记账联
编　号	名　称	规　格		请　领	实　发	
	工作服		套	20	20	
	手套		付	20	20	
	扳手		把	20	20	
	螺钉		盒	50	50	
	专用工具		套	10	10	
合　计						

仓库负责人：王林　　　发料人：李明　　　领料部门负责人：赵旭　　　领料人：郑敏

45－2

出 库 单

出货单位：祥瑞制造有限责任公司　　2015 年 12 月 25 日　　　　第 1215 号

提货单位或领货部门	机加工车间	销售单号		发出仓库	周转材料库	记账联
编　号	名　称	规　格	单　位	数　量 应　发	实　发	
	工作服		套	20	20	
	手套		付	20	20	
	扳手		把	20	20	
	螺钉		盒	50	50	
	专用工具		套	10	10	
合　计						

仓库负责人：王林　　　　　　　　　　　　　　发货人：周兴

45－3

领 料 单

领料部门:装配车间

用　　途:装配活动用　　　　　2015 年 12 月 25 日　　　　　第 021210 号

材　料			单　位	数　量	
编　号	名　称	规　格		请　领	实　发
	工作服		套	20	20
	手套		付	20	20
	扳手		把	20	20
	螺钉		盒	100	100
	专用工具		套	15	15
合计					

记账联

仓库负责人:王林　　　　发料人:李明　　　　领料部门负责人:马连奎　　　　领料人:江峰

45－4

出 库 单

出货单位:祥瑞制造有限责任公司　　2015 年 12 月 25 日　　　　　第 1216 号

提货单位或领货部门	装配车间		销售单号		发出仓库	周转材料库	
编　号	名　称	规　格	单　位			数　量	
						应　发	实　发
	工作服		套			20	20
	手套		付			20	20
	扳手		把			20	20
	螺钉		盒			100	100
	专用工具		套			15	15
合　计							

记账联

仓库负责人:王林　　　　　　　　　　　　　　　发货人:周兴

45－5

领 料 单

领料部门:机修车间

用　途:修理活动用　　　　2015 年 12 月 25 日　　　　第 031201 号

材　料			单 位	数　量		记账联
编　号	名　称	规　格		请 领	实 发	
	工作服		套	10	10	
	手套		付	10	10	
	扳手		把	10	10	
	螺钉		盒	50	50	
	专用工具		套	5	5	
合 计						

仓库负责人:王林　　　　发料人:李明　　　　领料部门负责人:田帅　　　　领料人:王玲

45－6

出 库 单

出货单位:祥瑞制造有限责任公司　　2015 年 12 月 25 日　　　　第 1217 号

提货单位或领货部门	机修车间		销售单号		发出仓库	周转材料库	记账联
编　号	名　称	规　格	单 位			数　量	
						应 发	实 发	
	工作服		套			10	10	
	手套		付			10	10	
	扳手		把			10	10	
	螺钉		盒			50	50	
	专用工具		套			5	5	
合　计								

仓库负责人:王林　　　　　　　　发货人:周兴

46－1

领　料　单

领料部门：机修车间

用　途：修理用　　　　　2015 年 12 月 26 日　　　　第 031202 号

材　料			单　位	数　量		记账联
编　号	名　称	规　格		请　领	实　发	
	润滑油		千克	15	15	
合　计				15	15	

仓库负责人：王林　　　　发料人：李明　　　　领料部门负责人：田帅　　　　领料人：王玲

46－2

出　库　单

出货单位：祥瑞制造有限责任公司　　2015 年 12 月 26 日　　　　第 1218 号

提货单位或领货部门	机修车间		销售单号		发出仓库	辅助材料库	记账联
编　号	名　称	规　格	单　位	数　量			
				应　发	实　发		
	润滑油		千克	15	15		
合　计				15	15		

仓库负责人：王林　　　　　　　　　　　　　　发货人：周兴

47－1

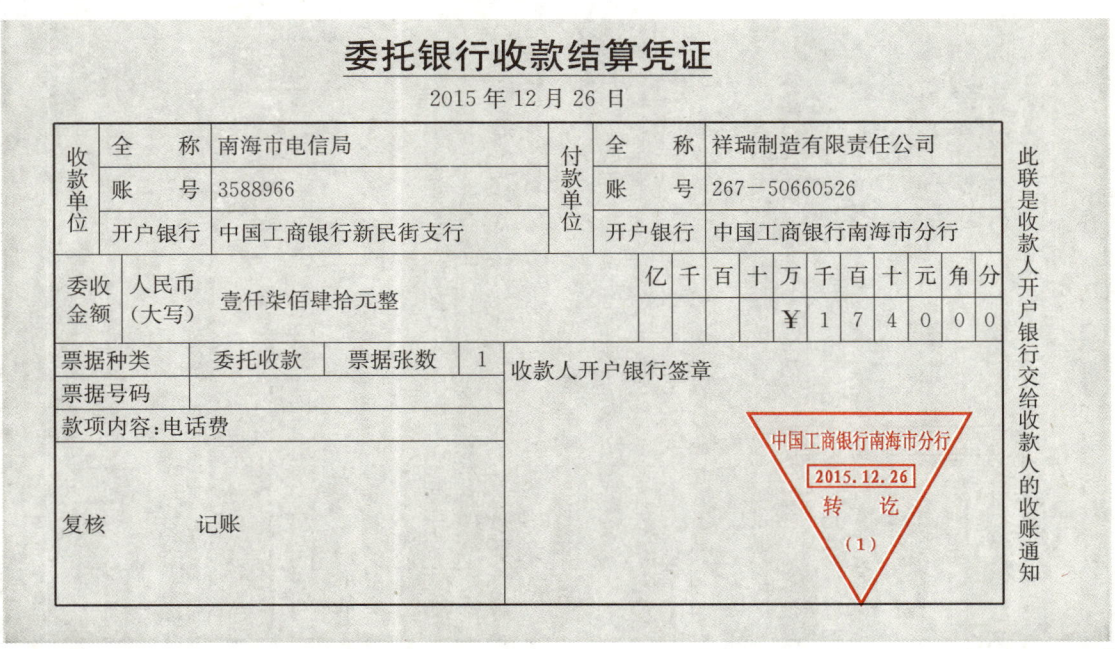

固定电话发票

话费种类	时间	单价	金额								
			百	十	万	千	百	十	元	角	分
市话费	2015 年 12 月份					¥	7	4	0	0	0
长途话费	2015 年 12 月份				¥	1	0	0	0	0	0
合计金额（大写）　壹仟柒佰肆拾元整					¥	1	7	4	0	0	0

开票单位：南海市电信局　（盖章有效）　开户银行

名称：祥瑞制造有限责任公司

2015 年 12 月 26 日

47－2

委托银行收款结算凭证

2015 年 12 月 26 日

收款单位	全　称	南海市电信局		付款单位	全　称	祥瑞制造有限责任公司										
	账　号	3588966			账　号	267－50660526										
	开户银行	中国工商银行新民街支行			开户银行	中国工商银行南海市分行										
委收金额	人民币（大写）	壹仟柒佰肆拾元整				亿	千	百	十	万	千	百	十	元	角	分
										¥	1	7	4	0	0	0

票据种类	委托收款	票据张数	1	收款人开户银行签章
票据号码				
款项内容：电话费				
复核　　　记账				

此联是收款人开户银行交给收款人的收账通知

中国工商银行南海市分行
2015.12.26
转讫
（1）

47-3

电话费用分配表

2015 年 12 月 　　　　　　　　　　　　　　　　　　单位:元

部门	借方科目	金额	备注
管理部门	管理费用	500	
销售部门	销售费用	500	
机加工车间	制造费用	300	
装配车间	制造费用	280	
机修车间	生产成本	160	
合计		1 740	

审核:张瑞英　　　　　　　　　　　　　　　　　　制表:李红

48-1

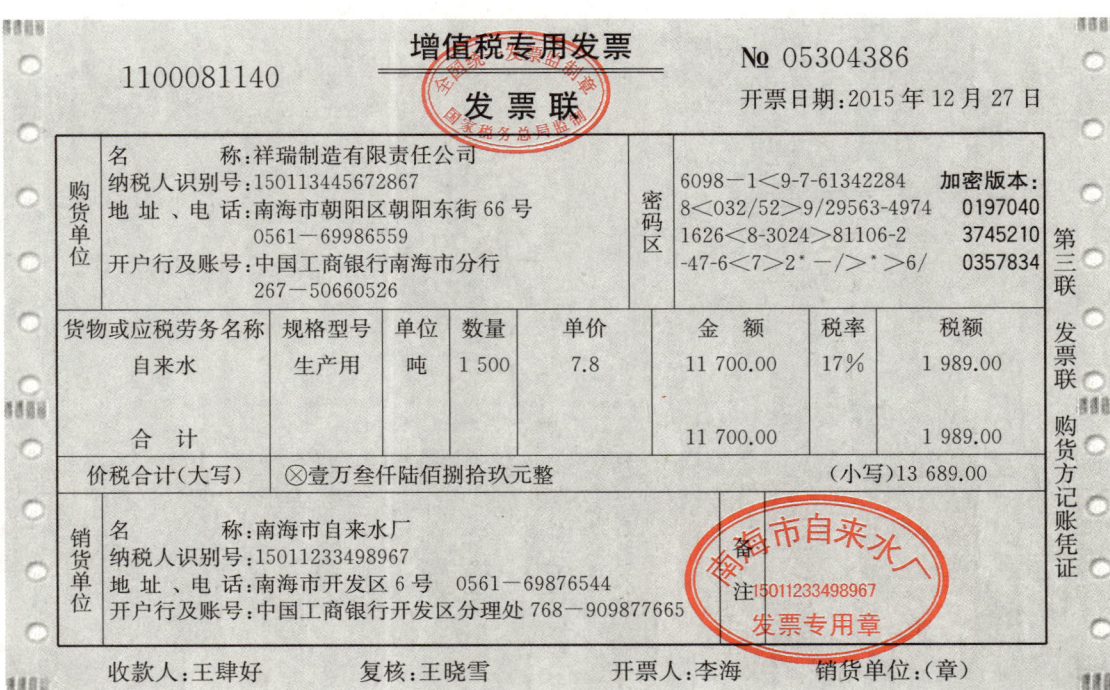

48－2

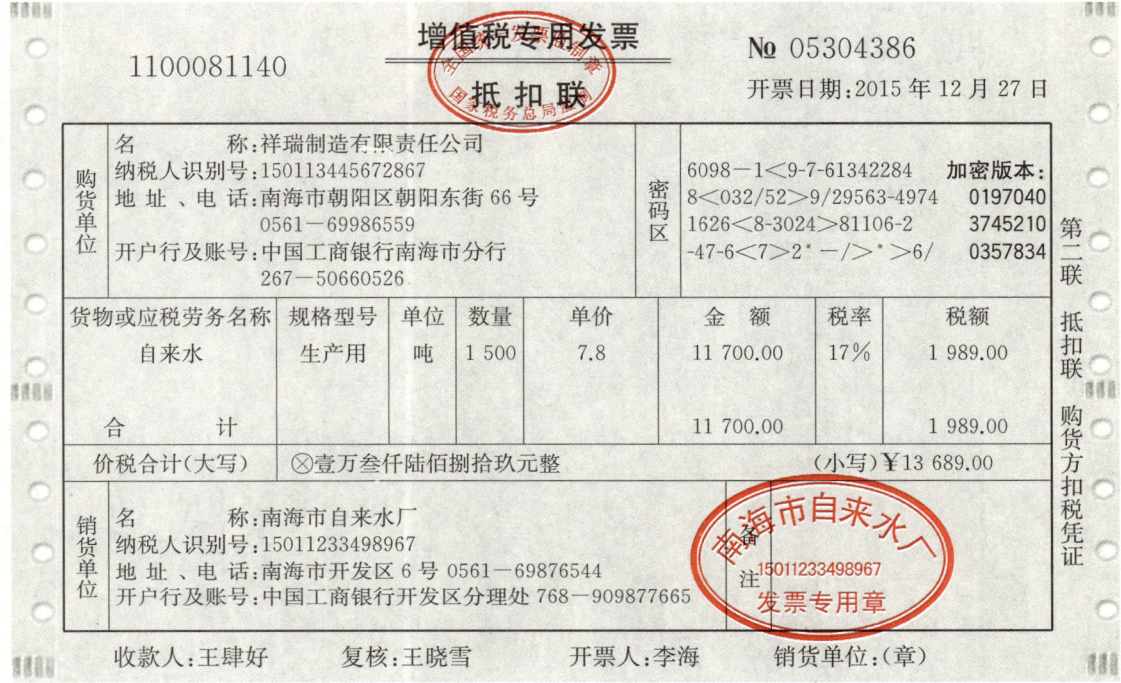

48－3

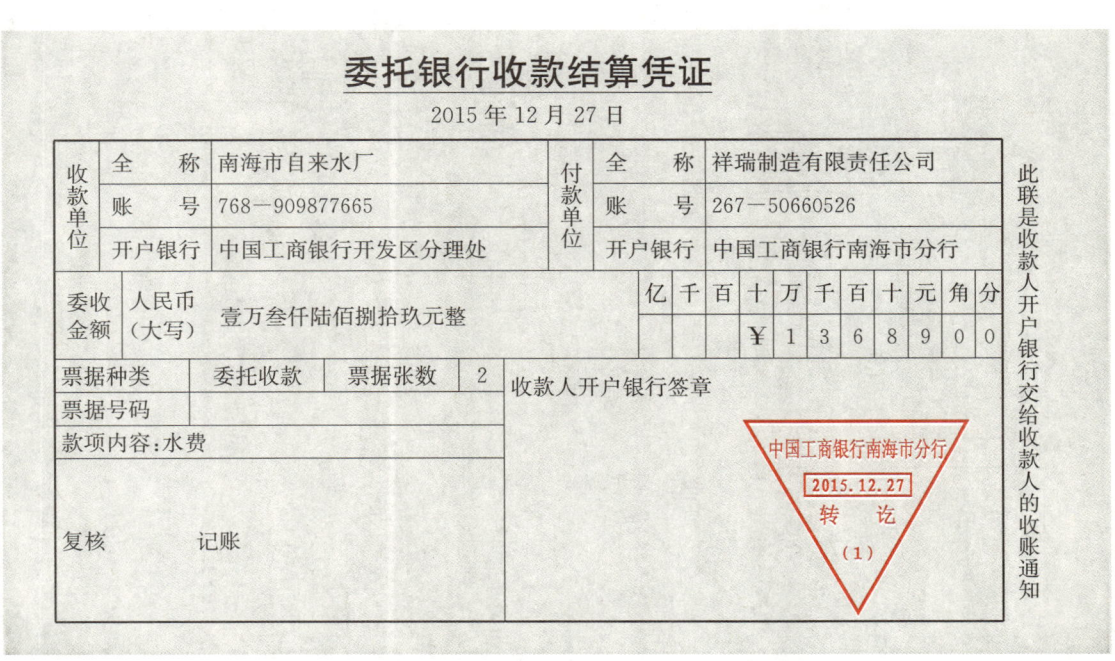

48－4

水费分配表

2015 年 12 月　　　　　　　　　　　　　　　　单位：元

部门	借方科目	分配比例	金额
机加工车间			
装配车间			
机修车间			
行政管理部门			
合计			

审核：张瑞英　　　　　　　　　　　　　　　　　制表：李红

49－1

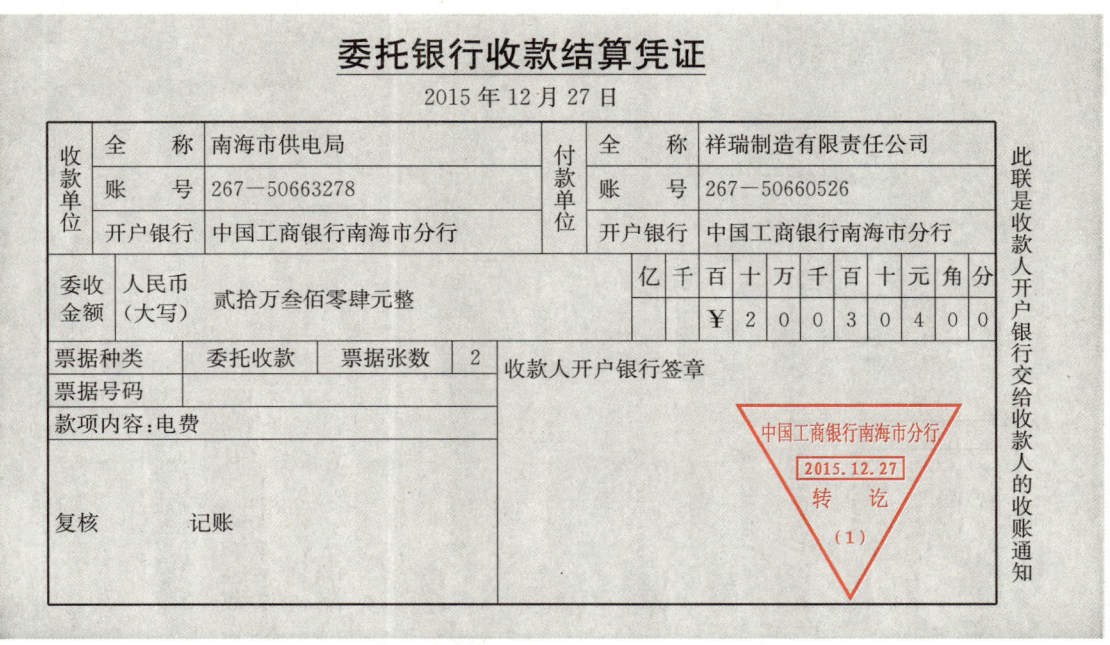

委托银行收款结算凭证

2015 年 12 月 27 日

收款单位	全　称	南海市供电局		付款单位	全　称	祥瑞制造有限责任公司
	账　号	267－50663278			账　号	267－50660526
	开户银行	中国工商银行南海市分行			开户银行	中国工商银行南海市分行

委收金额	人民币（大写）	贰拾万叁佰零肆元整	亿	千	百	十	万	千	百	十	元	角	分
					￥	2	0	0	3	0	4	0	0

票据种类	委托收款	票据张数	2	收款人开户银行签章
票据号码				

款项内容：电费

复核　　　　记账

中国工商银行南海市分行
2015.12.27
转　讫
（1）

此联是收款人开户银行交给收款人的收账通知

49—2

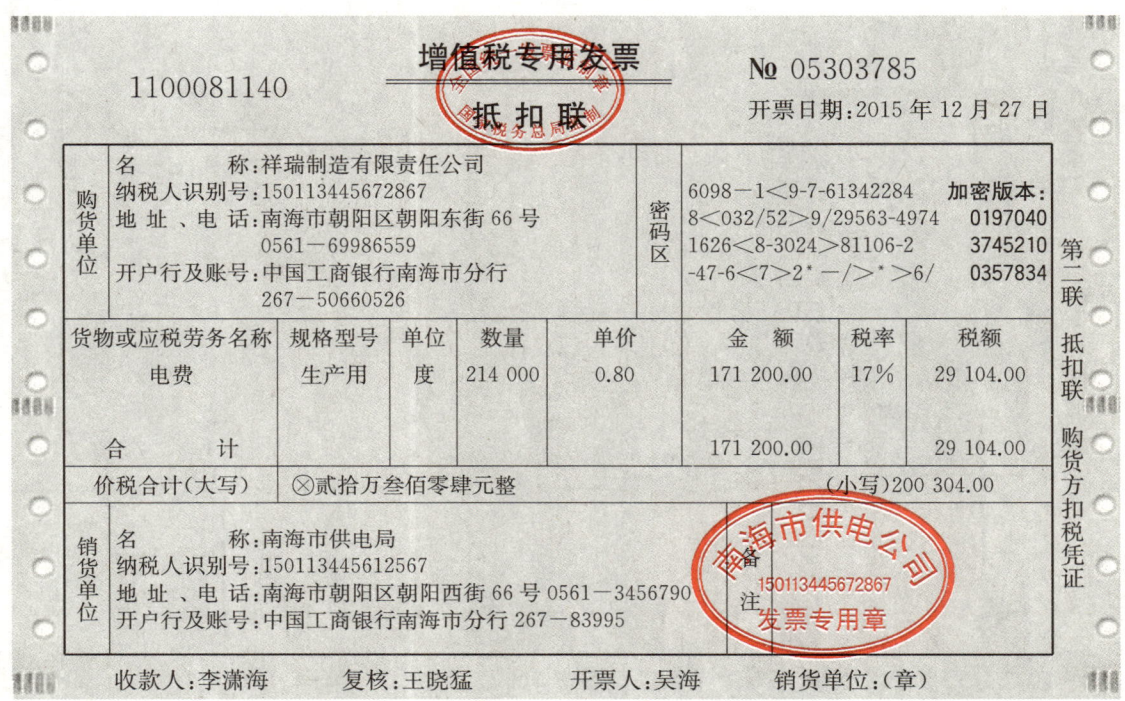

1100081140

增值税专用发票

发票联

No 05303785

开票日期：2015 年 12 月 27 日

购货单位	名　　称：祥瑞制造有限责任公司 纳税人识别号：150113445672867 地 址、电 话：南海市朝阳区朝阳东街 66 号 　　　　　0561—69986559 开户行及账号：中国工商银行南海市分行 　　　　　267—50660526	密码区	6098—1<9-7-61342284　加密版本： 8<032/52>9/29563-4974　0197040 1626<8-3024>81106-2　3745210 -47-6<7>2*—/>*>6/　0357834

货物或应税劳务名称	规格型号	单位	数量	单价	金　额	税率	税额
电费	生产用	度	214 000	0.80	171 200.00	17%	29 104.00
合　计					171 200.00		29 104.00

价税合计（大写）	⊗贰拾万叁佰零肆元整	（小写）200 304.00

销货单位	名　　称：南海市供电局 纳税人识别号：150113445612567 地 址、电 话：南海市朝阳区朝阳西街 66 号 0561—3456790 开户行及账号：中国工商银行南海市分行 267—83995	备注

收款人：李潇海　　复核：王晓猛　　开票人：吴海　　销货单位：（章）

第三联 发票联 购货方记账凭证

49—3

1100081140

增值税专用发票

抵扣联

No 05303785

开票日期：2015 年 12 月 27 日

购货单位	名　　称：祥瑞制造有限责任公司 纳税人识别号：150113445672867 地 址、电 话：南海市朝阳区朝阳东街 66 号 　　　　　0561—69986559 开户行及账号：中国工商银行南海市分行 　　　　　267—50660526	密码区	6098—1<9-7-61342284　加密版本： 8<032/52>9/29563-4974　0197040 1626<8-3024>81106-2　3745210 -47-6<7>2*—/>*>6/　0357834

货物或应税劳务名称	规格型号	单位	数量	单价	金　额	税率	税额
电费	生产用	度	214 000	0.80	171 200.00	17%	29 104.00
合　计					171 200.00		29 104.00

价税合计（大写）	⊗贰拾万叁佰零肆元整	（小写）200 304.00

销货单位	名　　称：南海市供电局 纳税人识别号：150113445612567 地 址、电 话：南海市朝阳区朝阳西街 66 号 0561—3456790 开户行及账号：中国工商银行南海市分行 267—83995	备注

收款人：李潇海　　复核：王晓猛　　开票人：吴海　　销货单位：（章）

第二联 抵扣联 购货方扣税凭证

49—4

电费分配表

2015 年 12 月

部门	借方科目	单价	用电度数	金额
机加工车间		0.8 元/度		
装配车间		0.8 元/度		
机修车间		0.8 元/度		
行政管理部门		0.8 元/度		
合计				

审核:张瑞英　　　　　　　　　　　　　　　　　　制表:李红

50—1

报 销 单

填报日期　2015 年 12 月 27 日

姓名	赵芳	所属部门	行政办公室	报销形式:转账	
				支票号码	20131214
报销项目	金额		报销项目		金额
招待费	21 850.00	转账付讫			
		以上单据共 2 张　金额小计￥21 850.00			
总金额(大写)贰万壹仟捌佰伍拾零元零角零分			预支金额:0	实付金额:0	
总经理:李栋梁　　分管经理:		财务负责人:张伟	部门负责人:张丽萍	报销人:赵芳	

50－2

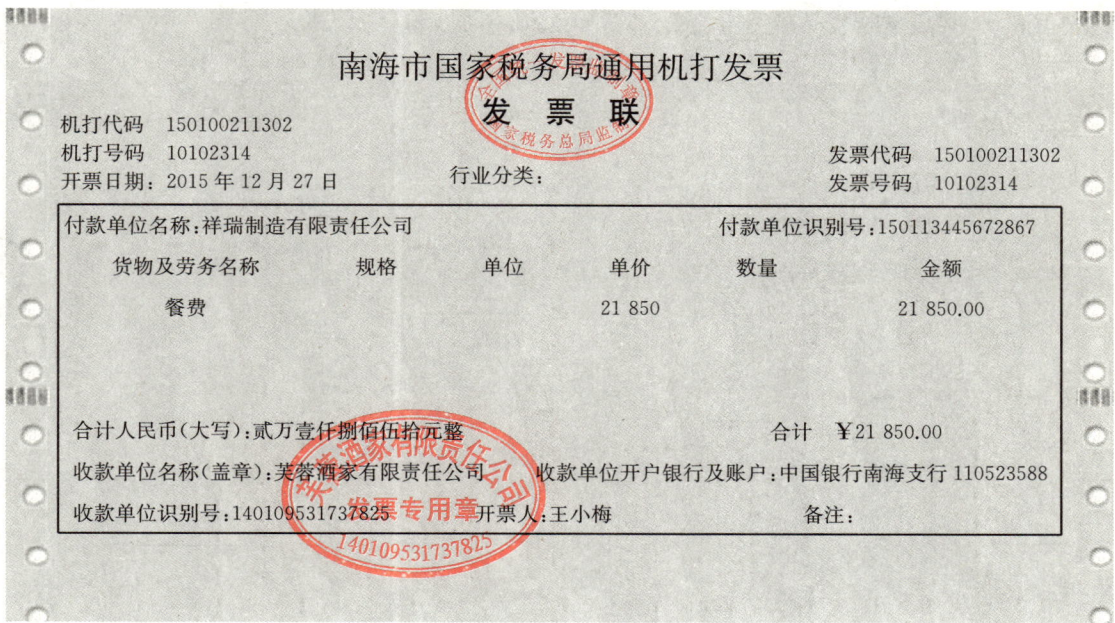

南海市国家税务局通用机打发票

发 票 联

机打代码 150100211302　　　　　　　　　　　发票代码 150100211302
机打号码 10102314　　　　　　　　　　　　　　发票号码 10102314
开票日期：2015 年 12 月 27 日　　行业分类：

付款单位名称:祥瑞制造有限责任公司				付款单位识别号:150113445672867	
货物及劳务名称	规格	单位	单价	数量	金额
餐费			21 850		21 850.00

合计人民币(大写):贰万壹仟捌佰伍拾元整　　　　　　合计　¥21 850.00
收款单位名称(盖章):芙蓉酒家有限责任公司　收款单位开户银行及账户:中国银行南海支行 110523588
收款单位识别号:14010953173725　开票人:王小梅　　　　备注:

50－3

中国工商银行
转账支票存根

$\frac{B}{0}$ $\frac{B}{2}$　20131214

附加信息

出票日期2015 年 12 月 27 日

收款人:芙蓉酒家有限责任公司
金　额:￥21 850.00
用　途:招待费

单位主管　　会计

51－1

报　销　单

填报日期　2015 年 12 月 28 日

姓名	赵小华	所属部门	销售部	报销形式:转账	
				支票号码	20131215
报销项目	金额	报销项目		金额	
广告费	25 000.00				
		以上单据共 2 张　　金额小计￥25 000.00			
总金额(大写)贰万伍仟零佰零拾零元零角零分			预支金额:0	实付金额:0	
总经理:李栋梁　　分管经理:张力　　财务负责人:张伟　　部门负责人:宋建军　　报销人:赵小华					

51－2

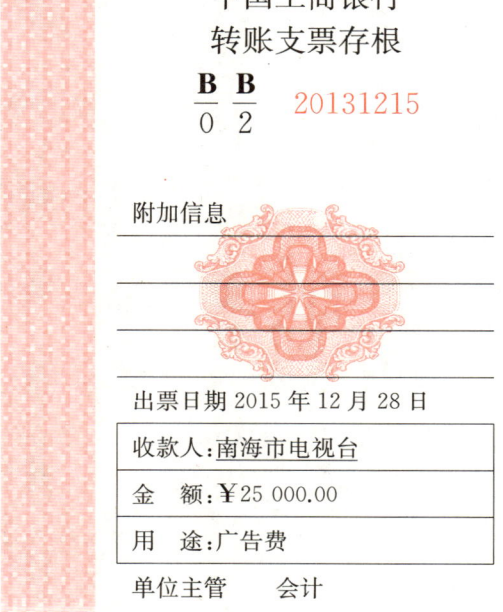

中国工商银行
转账支票存根
$\frac{\mathbf{B}}{0}$ $\frac{\mathbf{B}}{2}$　20131215

附加信息

出票日期 2015 年 12 月 28 日

收款人:南海市电视台
金　额:￥25 000.00
用　途:广告费

单位主管　　会计

51—3

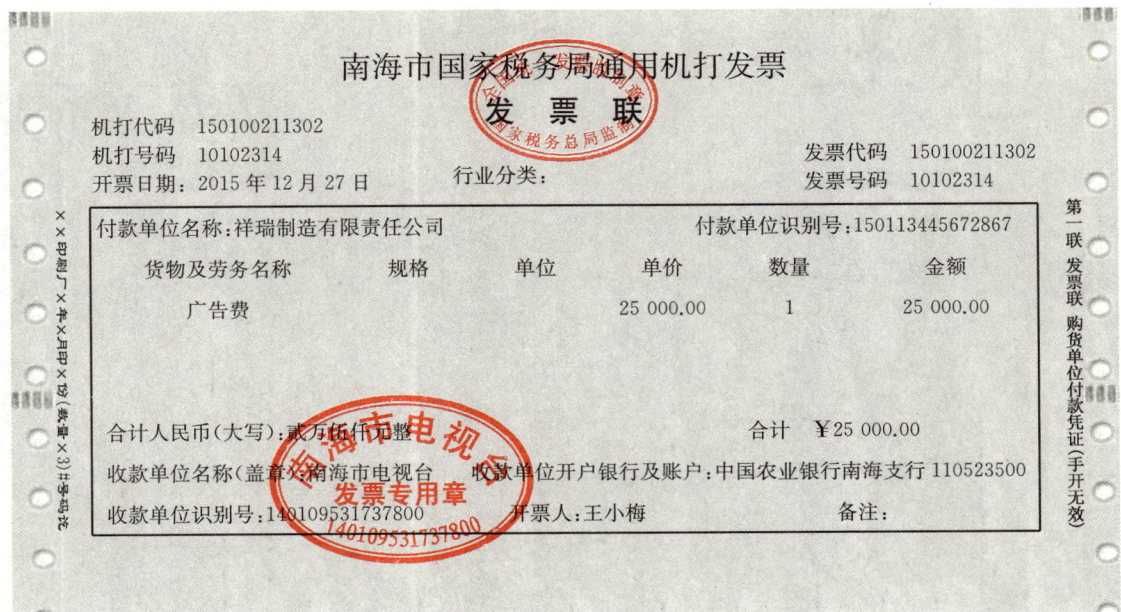

52—1

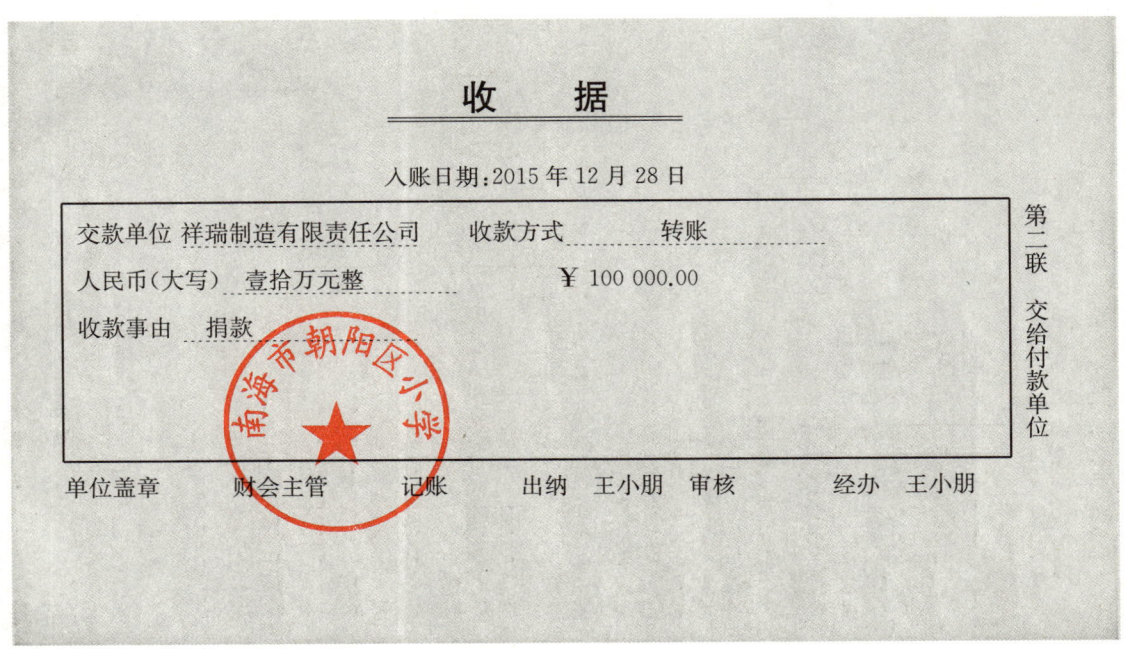

52－2

中国工商银行
转账支票存根

$$\frac{\mathbf{B}}{0}\ \frac{\mathbf{B}}{2}$$　20131216

附加信息 _____

_____

_____

出票日期 2015 年 12 月 28 日

收款人：南海市朝阳区小学
金　额：￥100 000.00
用　途：捐款

单位主管　　会计

52－3

祥瑞制造有限责任公司文件

2015 董字第 4 号

关于向南海市朝阳区小学捐款的决议

经董事会 2015 年第六次会议决定，向南海市朝阳区小学捐款100 000元，用于校园基础设施建设。

董事长签字：李栋梁

祥瑞制造有限责任公司
2015 年 12 月 25 日

53－1

存货盘点报告单

单位名称：祥瑞制造有限责任公司　　　　　　　　盘点日：2015 年 12 月 29 日

编号	名称	单位	单价	实存数量	账存数量	盘盈		盘亏		备注
						数量	金额	数量	金额	
05－1	手套	副	6	65	70			5	30	
05－7	工作服	套	25.5	14	15			1	25.5	
08－4	扳手	个	5.5	48	50			2	11	
合计									66.5	

财务负责人：张伟　　　　会计：王强　　　　仓库负责人：王林　　　　制表人：王方

54－1

关于对存货盘亏的处理决定

在年末存货盘点中，发现存货盘亏，金额为 66.50 元，其中：手套盘亏 5 副，金额为 30 元；工作服盘亏 1 套，金额为 25.5 元；扳手盘亏 2 个，金额为 11 元。经检查，盘亏的原因为仓库工作人员疏忽造成的。经研究，决定按照《企业会计准则》的规定，计入"管理费用"。

审批人：赵强

祥瑞制造有限责任公司
2015 年 12 月 30 日

55—1

增值税专用发票

1100131140

此联不作报销、扣税凭证使用

№ 00131207

开票日期：2015 年 12 月 30 日

| 购货单位 | 名　　　称：南海市机床经销公司
纳税人识别号：150113445672571
地址、电话：南海市长治路 M 号 0561—7985555
开户行及账号：交通银行南海市长治路分行
　　　　6222520714481777 | 密码区 | 6098—1<9-7-61342284
8<032/52>9/29563-4974
1626<8-3024>81106-2
-47-6<7>2* —/>* >6/ | 加密版本：
0197040
3745210
0357834 |

货物或应税劳务名称	规格型号	单位	数量	单价	金额	税率	税额
数控机床	A 型	台	6	35 000.00	210 000.00	17%	35 700.00
数控机床	B 型	台	8	23 500.00	188 000.00	17%	31 960.00
合　计					￥398 000.00		￥67 660.00

价税合计（大写）　⊗肆拾陆万伍仟陆佰陆拾元整　　　（小写）￥465 660.00

| 销货单位 | 名　　　称：祥瑞制造有限责任公司
纳税人识别号：150113445672867
地址、电话：南海市朝阳区朝阳东街 66 号 0561—69986559
开户行及账号：中国工商银行南海市分行
　　　　267—50660526 | 备注 |

收款人：杨杰　　　复核：张瑞英　　　开票人：杨杰　　　销货单位：（章）

第一联　记账联　销货方记账凭证

55—2

增值税专用发票

1100131140

此联不作报销、扣税凭证使用

№ 00131207

开票日期：2015 年 12 月 30 日

| 购货单位 | 名　　　称：南海市机床经销公司
纳税人识别号：150113445672571
地址、电话：南海市长治路 M 号 0561—7985555
开户行及账号：交通银行南海市长治路分行
　　　　6222520714481777 | 密码区 | 6098—1<9-7-61342284
8<032/52>9/29563-4974
1626<8-3024>81106-2
-47-6<7>2* —/>* >6/ | 加密版本：
0197040
3745210
0357834 |

货物或应税劳务名称	规格型号	单位	数量	单价	金额	税率	税额
数控机床	A 型	台	6	35 000.00	210 000.00	17%	35 700.00
数控机床	B 型	台	8	23 500.00	188 000.00	17%	31 960.00
合　计					￥398 000.00		￥67 660.00

价税合计（大写）　⊗肆拾陆万伍仟陆佰陆拾元整　　　（小写）￥465 660.00

| 销货单位 | 名　　　称：祥瑞制造有限责任公司
纳税人识别号：150113445672867
地址、电话：南海市朝阳区朝阳东街 66 号 0561—69986559
开户行及账号：中国工商银行南海市分行
　　　　267—50660526 | 备注 |

收款人：杨杰　　　复核：张瑞英　　　开票人：杨杰　　　销货单位：（章）

第四联　存根联　销货方留存

55－3

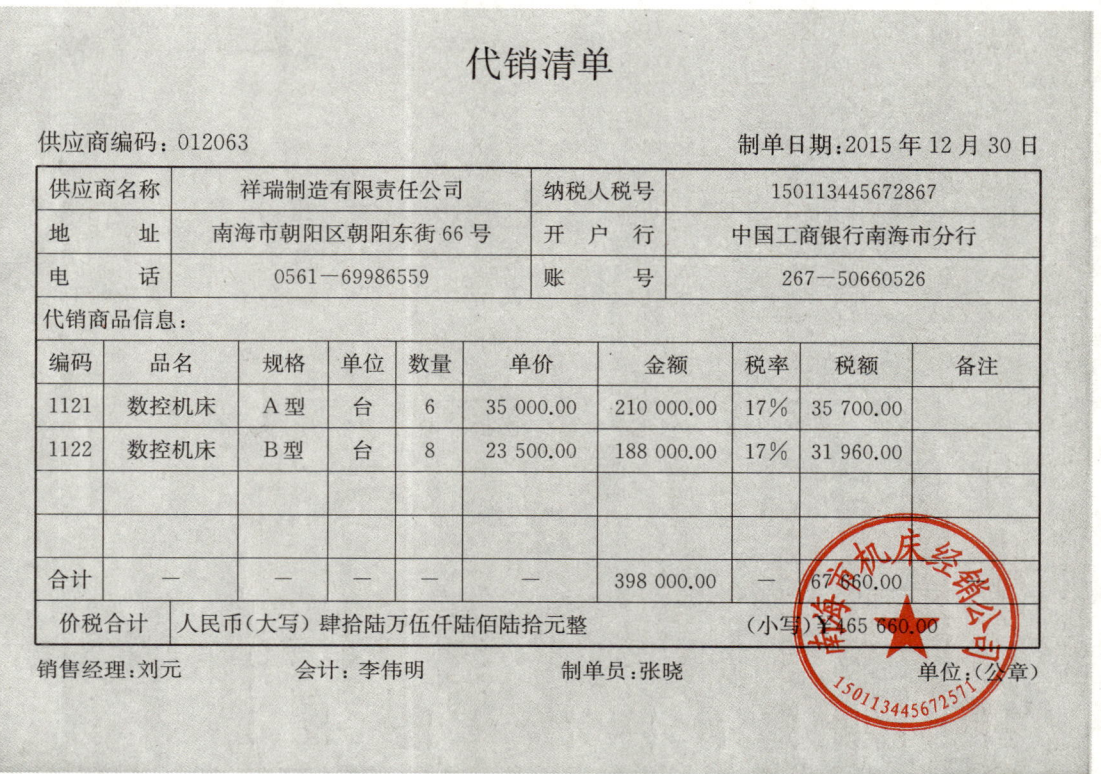

代销清单

供应商编码：012063　　　　　　　　　　　　　　制单日期：2015 年 12 月 30 日

供应商名称	祥瑞制造有限责任公司	纳税人税号	150113445672867
地　　址	南海市朝阳区朝阳东街 66 号	开 户 行	中国工商银行南海市分行
电　　话	0561－69986559	账　　号	267－50660526

代销商品信息：

编码	品名	规格	单位	数量	单价	金额	税率	税额	备注
1121	数控机床	A 型	台	6	35 000.00	210 000.00	17％	35 700.00	
1122	数控机床	B 型	台	8	23 500.00	188 000.00	17％	31 960.00	
合计					—	398 000.00	—	67 660.00	
价税合计	人民币(大写)肆拾陆万伍仟陆佰陆拾元整					(小写)￥465 660.00			

销售经理：刘元　　　　会计：李伟明　　　　　制单员：张晓　　　　　　　　单位：(公章)

55－4

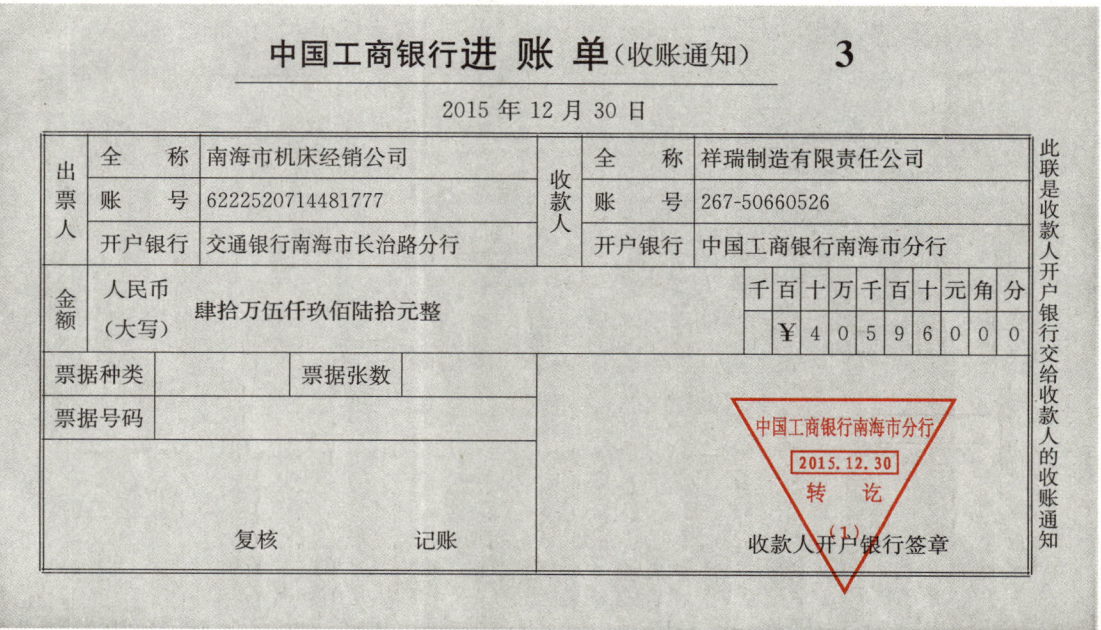

中国工商银行进 账 单（收账通知）　　3

2015 年 12 月 30 日

出票人	全　　称	南海市机床经销公司	收款人	全　　称	祥瑞制造有限责任公司
	账　　号	6222520714481777		账　　号	267-50660526
	开户银行	交通银行南海市长治路分行		开户银行	中国工商银行南海市分行

金额	人民币 （大写）	肆拾万伍仟玖佰陆拾元整	千	百	十	万	千	百	十	元	角	分
				￥	4	0	5	9	6	0	0	0

票据种类		票据张数	
票据号码			

复核　　　　　　记账　　　　　　　　　　　　收款人开户银行签章

此联是收款人开户银行交给收款人的收账通知

55—5

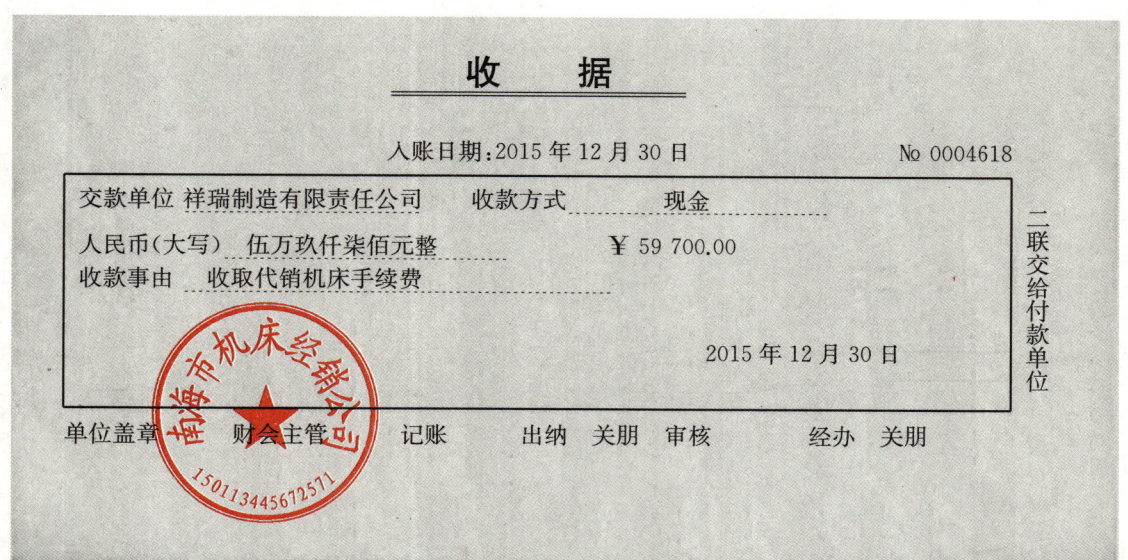

55－6

委托代销合同

合同编号：20151108

委托人(甲方)：祥瑞制造有限责任公司
代销人(乙方)：南海市机床经销公司

第一条　代销商品、数量、价格
单位：元

商品名称	规格型号	计量单位	数量	单价	合计
数控机床	A 型	台	10	35 000.00	350 000.00
数控机床	B 型	台	10	23 500.00	235 000.00
合计					585 000.00

第二条　代销商品的质量标准

甲方代销商品应与样品相符,保质保量,代销商品数量、规格、价格在有效期内如有变更,甲方必须及时通知乙方,通知到达前,由乙方签出的合同应照旧履行,如因质量或供应脱节而造成的损失和费用(包括手续费)均由甲方负责。

第三条　代销商品的交付地点、方式及费用负担

交货地点：乙方仓库。

交货方式及费用负担：货运,费用由甲方负担。

第四条　代销期限：从 2015 年 11 月 30 日至 2016 年 2 月 28 日。

第五条　代销期限终止后,未售出的代销商品退回甲方。

第六条　代销商品报酬的计算方法

乙方按协议价格及委托代销商品的不含税价格的 15% 收取手续费,乙方以协议价对外出售。

第七条　报酬、货款的结算

已售商品的价款每月结算一次,最后一批代销商品价款在代销期限终止时结清。

第八条　本合同解除的条件

有一方未按上述事项执行,合同自行解除。

第九条　合同争议的解决方式

本合同在履行过程中若发生争议,由双方当事人协商解决;协商不成的,按下列第(一)种方式解决：

(一)提交仲裁委员会仲裁；

(二)依法向人民法院起诉。

第十条　其他约定事项：无。

本协议一式两份,甲方一份,乙方一份,自签订日起生效。

甲方(盖章)：祥瑞制造有限责任公司　　乙方(盖章)：南海市机床经销公司

法定代表人：李栋梁　　　　　　　　　法定代表人：王强

签订时间：2015 年 11 月 30 日　　　　签订地点：南海市朝阳区朝阳东街 66 号

56－1

固定资产折旧计提表

单位名称:祥瑞制造有限责任公司　　　　　2015 年 12 月　　　　　单位:元

固定资产类别	项目名称	购建时间	原值	预计净残值率	预计使用年限	本月折旧	记入借方科目
房屋建筑物	办公楼	2012.6.20	1 239 060.00	10%	50		
	机加工车间	2012.6.20	516 350.00	10%	50		
	装配车间	2012.6.20	450 260.00	10%	50		
	机修车间	2012.6.20	50 260.00	10%	50		
	小　计		2 255 930.00				
机器设备	车床 1	2012.6.20	52 580.00	5%	20		
	车床 2	2013.6.5	52 580.00	5%	20		
	铣床 1	2012.6.20	86 800.00	5%	20		
	铣床 2	2013.6.5	86 800.00	5%	20		
	磨床	2012.6.20	48 500.00	5%	20		
	剪板机	2012.6.20	35 000.00	5%	20		
	折弯机	2012.6.20	45 800.00	5%	20		
	机加工车间小计		408 060.00				
	A 型数控机床装配线	2012.6.20	853 800.00	5%	20		
	B 型数控机床装配线	2013.6.20	903 580.00	5%	20		
	装配车间小计		1 757 380.00				
	车床 3	2012.6.20	18 500.00	5%	20		
	电焊机(2 个)	2012.6.20	7 300.00	5%	20		
	机修车间小计		25 800.00				
	机器设备小计		2 191 240.00				
运输工具	桑塔纳轿车	2012.6.20	83 500.00	5%	8		
	帕萨特轿车	2013.12.20	225 600.00	5%	8		
	桑塔纳轿车	2013.6.20	80 500.00	5%	8		
	五十铃客货车 2 辆	2012.6.20	158 000.00	5%	8		
	中型自卸货车(6 吨)1 辆	2013.12.1	125 600.00	5%	8		
	小　计		673 200.00				
合　计			5 120 370.00				

审批:张伟　　　　　　　　复核:张瑞英　　　　　　　　制表:李红

57－1

无形资产摊销明细表

单位名称:祥瑞制造有限责任公司　　　　2015 年 12 月　　　　　　单位:元

项目	购置时间	入账价值	摊销期限	年摊销额	月摊销额	记入借方科目
土地使用权		1 152 000.00	50			
生产专利技术	2014.12.08	68 950.00	10			

批准:张伟　　　　　　复核:张瑞英　　　　　　编制:李红

58-1

单位名称:祥瑞制造有限责任公司

职工薪酬计提汇总表

2015 年 12 月

单位:元

部门		职工人数	基本工资	岗位工资	绩效工资	应发工资	各项计提								合计
							住房公积金	养老保险	医疗保险	工伤保险	生育保险	工会经费	教育经费	小计	
行政管理人员		30	52 000.00	31 200.00	20 800.00	104 000.00									
销售部门		8	11 200.00	6 720.00	4 480.00	22 400.00									
机加工车间	生产工人	30	35 200.00	21 120.00	14 080.00	70 400.00									
	管理人员	5	9 400.00	5 640.00	3 760.00	18 800.00									
	小计	35	44 600.00	26 760.00	17 840.00	89 200.00									
装配车间	生产工人	24	28 000.00	16 800.00	11 200.00	56 000.00									
	管理人员	4	7 600.00	4 560.00	3 040.00	15 200.00									
	小计	28	35 600.00	21 360.00	14 240.00	71 200.00									
机修车间	生产工人	6	5 400.00	3 240.00	2 160.00	10 800.00									
	管理人员	2	4 800.00	2 880.00	1 920.00	9 600.00									
	小计	8	10 200.00	6 120.00	4 080.00	20 400.00									
合 计		109	153 600.00	92 160.00	61 440.00	307 200.00									

批 准:张伟　　　审 核:张瑞英　　　制 表:李红

58—2

产品工时记录汇总表

2015 年 12 月 31 日　　　　　　　　　　　　　　　　单位:小时

产品名称	机加工总工时	装配总工时
A 型数控机床	10 855	9 865
B 型数控机床	3 519.76	5 136.52
合　计	14 374.76	15 001.52

批准:张伟　　　　　　　　审核:张瑞英　　　　　　　　制表:李红

58—3

职工薪酬分配表

2015 年 12 月

部　门			直接计入费用	间接计入费用			费用合计	应借科目
				生产工时	分配率	金额		
行政管理部门								
销售部门								
机加工车间	生产工人	A 型数控机床						
		B 型数控机床						
		小　计						
	管理人员							
	小　计							
装配车间	生产工人	A 型数控机床						
		B 型数控机床						
		小　计						
	管理人员							
	小　计							
机修车间	生产工人							
	管理人员							
	小　计							
合　计								

59—1

维修劳务量汇总表

2015 年 12 月 31 日　　　　　　　　　　　　　　　　单位:小时

受益部门	总劳务量
机加工车间	2 818.71
装配车间	2 192.33
管理部门	939.57
销售部门	313.18
合　计	6 263.79

批准:张伟　　　　　　　　　审核:田帅　　　　　　　　　制表:王玲

59—2

辅助生产费用分配表

2015 年 12 月 31 日

受益部门	总劳务量(小时)	分配率	分配金额(元)
机加工车间			
装配车间			
管理部门			
销售部门			
合　计			

批准:张伟　　　　　　　　　审核:张瑞英　　　　　　　　制表:李红

59－3

工时记录汇总表

2015 年 12 月 31 日   单位:小时

产品名称	机加工总工时	装配总工时
A 型数控机床	10 855	9 865
B 型数控机床	3 519.76	5 136.52
合　计	14 374.76	15001.52

批准:张伟　　　　　　审核:张瑞英　　　　　　制表:李红

59－4

制造费用分配表

车间:机加工车间　　　　　　2015 年 12 月 31 日

产品名称	工时(小时)	分配率	分配金额(元)
A 型数控机床			
B 型数控机床			
合　计			

批准:张伟　　　　　　审核:张瑞英　　　　　　制表:李红

59－5

制造费用分配表

车间:装配车间　　　　　　2015 年 12 月 31 日

产品名称	工时(小时)	分配率	分配金额(元)
A 型数控机床			
B 型数控机床			
合　计			

批准:张伟　　　　　　审核:张瑞英　　　　　　制表:李红

60－1

入 库 单

2015 年 12 月 31 日   第 1208 号

交货单位或部门	装配车间	生产单号	00023768	验收仓库	产成品库		记账联
编 号	名 称	规 格	单 位	数 量			
				交 库	实 收		
	A 型数控机床		台	36	36		
合 计				36	36		

仓库负责人：王林   发货人：于力

60－2

入 库 单

2015 年 12 月 31 日   第 1209 号

交货单位或部门	装配车间	生产单号	00023769	验收仓库	产成品库		记账联
编 号	名 称	规 格	单 位	数 量			
				交 库	实 收		
	B 型数控机床		台	33	33		
合 计				33	33		

仓库负责人：王林   交货人：高小平

60-3

产品盘点表

2015 年 12 月 31 日　　　　　　　　　　　　　　　　单位:台

产品名称	月初在产品	本月投入产品	本月完工产品	月末在产品
A 型数控机床	8	37	36	9
B 型数控机床	6	33	33	6
合　计	14	70	69	15

生产副经理:赵强　　　　　　仓库负责人:王林　　　　　　　　盘点:李明

60-4

产成品成本计算单

产品名称:A 型数控机床　　　　2015 年 12 月 31 日　　　　　　单位:元

成本项目	产品数量	直接材料	直接人工	制造费用	合　计
月初在产品定额成本					
本月生产费用					
生产费用合计					
完工产品单位定额					
在产品完工程度					
在产品单位定额					
月末在产品定额成本					
完工产品成本					
完工产品单位成本					

批准:张伟　　　　　　　　审核:张瑞英　　　　　　　　制表:李红

60－5

产成品成本计算单

产品名称:B 型数控机床　　　　　　2015 年 12 月 31 日　　　　　　　　　　　单位:元

成本项目	产品数量	直接材料	直接人工	制造费用	合　计
月初在产品定额成本					
本月生产费用					
生产费用合计					
完工产品单位定额					
在产品完工程度					
在产品单位定额					
月末在产品定额成本					
完工产品成本					
完工产品单位成本					

批准:张伟　　　　　　　　　审核:张瑞英　　　　　　　　　制表:李红

61－1

关于祥瑞制造有限责任公司交易性金融资产公允价值的说明

　　根据 2015 年 12 月 31 日上海证券交易所收盘情况,查得阳光股份收盘价为 16.8 元／股。

批准人:张伟　　　　　审核人:张瑞英　　　　　编制人:赵龙

祥瑞制造有限责任公司
2015 年 12 月 31 日

62－1

销售商品成本结转表

单位名称：祥瑞制造有限公司　　　　2015 年 12 月 31 日　　　　　　单位：台、元

产品型号	期初余额			本月完工入库			本月销售成本			期末余额		
	数量	单价	金额	数量	单价	金额	数量	单价	金额	数量	单价	金额
A 型												
B 型												

审批人：张　伟　　　　　　　复核人：张瑞英　　　　　　　　制表人：李红

62－2

委托代销商品成本结转表

单位名称：祥瑞制造有限公司　　　　2015 年 12 月 31 日　　　　　　单位：台、元

产品型号	期初余额			本月销售成本			期末余额		
	数量	单价	金额	数量	单价	金额	数量	单价	金额
A 型									
B 型									

审批人：张　伟　　　　　　　复核人：张瑞英　　　　　　　　制表人：李红

63－1

坏账准备计提明细表

单位名称:祥瑞制造有限公司　　　　2015 年 12 月 31 日　　　　　　单位:元

账龄	应收账款期初余额	计提比率(%)	坏账准备期初余额	本期转销坏账准备	应收账款期末余额	坏账准备期末余额	本期计提坏账准备
1 年以内		5					
1～2 年		20					
2～3 年		40					
3 年以上		100					
合计							

审批人:张　伟　　　　　　　复核人:张瑞英　　　　　　　制表人:王强

64－1

增 值 税 纳 税 申 报 表

(一般纳税人适用)

根据国家税收法律法规及增值税相关规定制定本表。纳税人不论有无销售额，均应按税务机关核定的纳税期限填写本表，并向当地税务机关申报。

税款所属时间：自 2015 年 12 月 01 日至 2015 年 12 月 31 日　　　填表日期：2015 年 12 月 31 日　　　金额单位：元至角分

纳税人识别号	1	5	0	1	3	4	4	5	6	7	2	8	6	7				

纳税人名称	(公章) 法定代表人姓名	李栋梁	注册地址	南海市朝阳区朝阳东街 66 号	生产经营地址	南海市朝阳区朝阳东街 66 号
开户银行及账号	中国工商银行南海市分行 267－50660526		登记注册类型	有限责任公司	电话号码	0561－69986559

项 目		栏次	一般货物、劳务和应税服务		即征即退货物、劳务和应税服务	
			本月数	本年累计	本月数	本年累计
销售额	(一)按适用税率计税销售额	1				
	其中：应税货物销售额	2				
	应税劳务销售额	3				
	纳税检查调整的销售额	4				
	(二)按简易办法计税销售额	5				
	其中：纳税检查调整的销售额	6				
	(三)免、抵、退办法出口销售额	7			—	—
	(四)免税销售额	8				
	其中：免税货物销售额	9				
	免税劳务销售额	10				
税款计算	销项税额	11				
	进项税额	12				
	上期留抵税额	13				
	进项税额转出	14				
	免、抵、退应退税额	15				
	按适用税率计算的纳税检查应补缴税额	16				
	应抵扣税额合计	17＝12＋13－14－15＋16				
	实际抵扣税额	18(如 17＜11，则为 17，否则为 11)				
	应纳税额	19＝11－18				
	期末留抵税额	20＝17－18				
	简易计税办法计算的应纳税额	21				
	按简易计税办法计算的纳税检查应补缴税额	22			—	—
	应纳税额减征额	23				
	应纳税额合计	24＝19＋21－23				
税款缴纳	期初未缴税额(多缴为负数)	25				
	实收出口开具专用缴款书退税额	26				
	本期已缴税额	27＝28＋29＋30＋31				
	①分次预缴税额	28			—	—
	②出口开具专用缴款书预缴税额	29			—	—
	③本期缴纳上期应纳税额	30				
	④本期缴纳欠缴税额	31				
	期末未缴税额(多缴为负数)	32＝24＋25＋26－27				
	其中：欠缴税额(≥0)	33＝25＋26－27				
	本期应补(退)税额	34＝24－28－29				
	即征即退实际退税额	35				
	期初未缴查补税额	36				
	本期入库查补税额	37				
	期末未缴查补税额	38＝16＋22＋36－37				

授权声明	如果你已委托代理人申报，请填写下列资料： 为代理一切税务事宜，现授权 (地址)　　　　　　　　为本纳税人的代理申报人，任何与本申报表有关的往来文件，都可寄予此人。 授权人签字：	申报人声明	本纳税申报表是根据国家税收法律法规及相关规定填报的，我确定它是真实的、可靠的、完整的。 声明人签字：

主管税务机关：　　　　　　　　　　接收人：　　　　　　　　　　接收日期：

64－2

<h1 align="center">地方税（费）综合申报表</h1>

填报日期：2015 年 12 月 31 日　　　　　　　　　　　　　　金额单位：人民币元

身份识别	①纳税人□				②扣缴义务人			③委托代征人□	
编　码				名　称					
地　址			行业类别				注册类型		
开户银行			银行账号				电　话		
主管机关				税务管理人员					

税（费）种	税目	税（费）款所属时间	计税（费）依据或课税（费）数量	税（费）率或单位税（费）额	本期应纳税（费）额	累计欠缴或已缴税（费）额	减免税（费）额	本期应纳税（费）额合计

企业所得税	税款所属时间	收入额或利润总额	应税所得率或纳税调整额	应纳税所得额	税率	应纳所得税额	累计欠缴或已缴税额	减免税额	期末应补（退）税额

个人所得税	税款所属时间	所得项目	收入额	应纳税所得额	税率	速算扣除数	应纳税额	已扣缴税额	期末应补（退）税额

授权代理人	（如果你已委托代理人申报，请填写下列资料）为代理一切税务事宜，现授权＿＿＿＿＿＿为本人代理申报人。任何与本报表有关的往来文件，都可寄与此人。　　　　　　　　授权人签字：＿＿＿＿	声明	我声明：此纳税申报表是根据税收法律、法规的规定填报的，我确信它是真实的、可靠的、完整的。　　　　　　　　声明人签字：＿＿＿＿

会计主管签字：　　　　　　　　代理申报人签字：　　　　　　　　纳税人盖章：（章）

以下由税务机关填写

审核记录	收到日期		接收人		审核日期		税务机关盖章
	完税证号：　　　　　　　　　　　审核人签字：						

注：本表一式二联，第一联为申报联，税务机关审核后退还纳税人，第二联为收执联，由主管税务机关存档。

65－1

投 资 协 议

甲方(被投资人)：　伟业房地产公司　

乙方(投 资 人)：　祥瑞制造有限责任公司　

　　甲乙双方经友好协商,根据中华人民共和国法律、法规的规定,本着互惠互利的原则,就合作投资事宜达成如下协议,以共同遵守。

　　第一条　投资额和投资方式

　　乙方已充分了解甲方的创业计划,并认同其市场前景,拟投入风险资金与甲方共同创业。经甲、乙双方同意,以甲方注册成立的　伟业房地产公司　为项目投资主体。乙方以风险投资方身份向甲方提供经营公司的出资总额为人民币壹佰万元整,占出资总额的　40％　。

　　第二条　利润分享和亏损分担

　　投资人按其投资额占出资总额的比例分享投资的利润,分担投资的亏损。

　　每年　2　月　1　日为投资分红日,同时召开股东大会。

　　投资人以其投资额为限对股份有限公司承担责任。

　　投资于股份有限公司的股份转让后,各投资人有权按其出资比例取得财产。

　　第三条　事务执行

　　1. 共同投资人委托甲方代表全体共同投资人执行共同投资的日常事务,包括但不限于:

　　(1)在股份公司发起设立阶段,行使及履行作为股份有限公司发起人的权利和义务;

　　(2)在股份公司成立后,行使其作为股份公司股东的权利、履行相应义务;

　　(3)收集共同投资所产生的孳息,并按照本协议有关规定处置。

　　2. 其他投资人有权检查日常事务的执行情况,甲方有义务向其他投资人报告共同投资的经营状况和财务状况。

　　3. 甲方执行共同投资事务所产生的收益归全体共同投资人,所产生的亏损或者民事责任由共同投资人承担。

　　4. 共同投资的下列事务必须经全体共同投资人同意:

　　(1)转让共同投资于伟业房地产公司的股份;

　　(2)以上述股份对外出质;

　　(3)更换事务执行人。

　　第四条　投资的转让

　　1. 共同投资人向共同投资人以外的人转让其在共同投资中的全部或部分出资额时,须经全体共同投资人同意;

2. 共同投资人之间转让在共同投资中的全部或部分投资额时,应当通知其他共同出资人;

3. 共同投资人依法转让其出资额的,在同等条件下,其他共同投资人有优先受让的权利。

第五条　其他权利和义务

1. 甲方及其他共同投资人不得私自转让或者处分共同投资的股份;

2. 共同投资人在股份有限公司登记之日起三年内,不得转让其持有的股份及出资额;

3. 股份有限公司成立后,任一共同投资人不得从共同投资中抽回出资额;

4. 股份有限公司不能成立时,对设立行为所产生的债务和费用按各共同投资人的出资比例分担。

第六条　违约责任

为保证本协议的实际履行,乙方自愿向其他共同投资人提供担保。乙方承诺在其违约并造成其他共同投资人损失的情况下,以上述财产向其他共同投资人承担违约责任。

第七条　其他

1. 本协议未尽事宜由共同投资人协商一致后,另行签订补充协议。

2. 本协议经全体共同投资人签字盖章后生效。本协议一式　贰　份,共同投资人各执一份。

甲方(盖章):

法定代表人：李鹏

签订日期：2013 年 12 月 25 日

乙方(盖章):

法定代表人：李栋梁

签订日期：2013 年 12 月 25 日

65—2

资产负债表

填报日期:2015 年 12 月 31 日

会企 01 表

编制单位:伟业房地产公司

单位:元

资　产	行次	期末余额	年初余额	负债及所有者权益（或股东权益）	行次	期末余额	年初余额
流动资产:	1			流动负债:	34		
货币资金	2	200 000.00	180 000.00	短期借款	35	50 000.00	100 000.00
交易性金融资产	3	—	—	交易性金融负债	36	—	—
应收票据	4	—	—	应付票据	37	—	—
应收账款	5	500 000.00	300 000.00	应付账款	38	80 000.00	100 000.00
预付款项	6	—	—	预收款项	39	—	—
应收利息	7	—	—	应付职工薪酬	40	200 000.00	200 000.00
应收股利	8	—	—	应交税费	41	100 000.00	90 000.00
其他应收款	9	10 000.00	5 000.00	应付利息	42	2 000.00	1 500.00
存货	10	1 000 000.00	900 000.00	应付股利	43		
一年内到期的非流动资产	11			其他应付款	44		
其他流动资产	12			一年内到期的非流动负债	45		
流动资产合计	13	1 710 000.00	1 385 000.00	其他流动负债	46		
非流动资产:	14	—	—	流动负债合计	47	432 000.00	491 500.00
可供出售金融资产	15	—	—	非流动负债:	48	—	—
持有至到期投资	16	—	—	长期借款	49	150 000.00	150 000.00
长期应收款	17	—	—	应付债券	50		
长期股权投资	18	—	—	长期应付款	51		
投资性房地产	19	—	—	专项应付款	52		
固定资产	20	1 000 000.00	551 500.00	预计负债	53		
在建工程	21	—	—	递延所得税负债	54		
工程物资	22	—	—	其他非流动负债	55		
固定资产清理	23	—	—	非流动负债合计	56	150 000.00	150 000.00
生产性生物资产	24	—	—	负债合计	57	582 000.00	641 500.00
油气资产	25	—	—	所有者权益(或股东权益):	58		
无形资产	26	—	—	实收资本(或股本)	59	1 000 000.00	1 000 000.00
开发支出	27	—	—	资本公积	60	50 000.00	50 000.00
商誉	28	—	—	减:库存股	61		
长期待摊费用	29	—	—	盈余公积	62	48 000.00	45 000.00
递延所得税资产	30	—	—	未分配利润	63	1 030 000.00	200 000.00
其他非流动资产	31			所有者权益(或股东权益)合计	64	2 128 000.00	1 295 000.00
非流动资产合计	32	1 000 000.00	551 500.00		65	—	—
资产总计	33	2 710 000.00	1 936 500.00	负债和所有者权益(或股东权益)总计	66	2 710 000.00	1 936 500.00

制表:

65—3

利 润 表

2015 年度

会企 02 表

编制单位:伟业房地产公司

单位:元

项　　目	行次	本期金额	上期金额
一、营业收入	1	12 000 000.00	11 000 000.00
减:营业成本	2	10 500 000.00	10 000 000.00
营业税金及附加	3	100 000.00	90 000.00
销售费用	4	12 000.00	10 000.00
管理费用	5	10 000.00	9 000.00
财务费用	6	8 000.00	8 000.00
资产减值损失	7	—	—
加:公允价值变动收益(损失以"—"号填列)	8	—	—
投资收益(损失以"—"号填列)	9	—	—
其中:对联营企业和合营企业的投资收益	10	—	—
二、营业利润(亏损以"—"号填列)	11	1 370 000.00	883 000.00
加:营业外收入	12	8 000.00	6 000.00
减:营业外支出	13	20 000.00	18 000.00
其中:非流动资产处置损失	14	—	—
三、利润总额(亏损总额以"—"号填列)	15	1 358 000.00	871 000.00
减:所得税费用	16	558 000.00	200 000.00
四、净利润(净亏损以"—"号填列)	17	800 000.00	671 000.00
五、每股收益:	18	—	—
(一)基本每股收益	19	—	—
(二)稀释每股收益	20	—	—

制表:

66－1

所得税费用计算表

年　　月　　日

项　　目	金　　额
1. 会计利润总额	
加:纳税调增金额	
减:纳税调减金额	
2. 应纳税所得额	
3. 应纳所得税(税率 25%)	
加:递延所得税负债	
减:递延所得税资产	
4. 所得税费用	

审批:张伟　　　　　　　　　　复核:张瑞英　　　　　　　　　　制表:赵龙

第六章 编制及分析财务报表的相关资料

第一节 2015 年 1～11 月损益类各项目累计发生额

2015 年 1～11 月损益类各账户累计发生额　　　　　单位：元

总账科目	二级明细科目	三级明细科目	借方累计发生额	贷方累计发生额
主营业务收入			13 084 000.00	13 084 000.00
	A 型数控机床		8 046 000.00	8 046 000.00
	B 型数控机床		5 038 000.00	5 038 000.00
主营业务成本			9 147 654.21	9 147 654.21
	A 型数控机床		5 896 672.53	5 896 672.53
	B 型数控机床		3 250 981.68	3 250 981.68
其他业务收入			252 600.00	252 600.00
	运输费收入		252 600.00	252 600.00
其他业务成本			13 672.12	13 672.12
	折旧费		13 672.12	13 672.12
营业税金及附加			83 627.06	83 627.06
销售费用			457 908.34	457 908.34
	工资及福利费		246 400.00	246 400.00
	公积金		12 320.00	12 320.00
	医疗保险		8 624.00	8 624.00
	养老保险		24 640.00	24 640.00
	工伤保险		739.20	739.20
	生育保险		985.60	985.60
	工会经费		2 464.00	2 464.00
	教育经费		1 848.00	1 848.00

总账科目	二级明细科目	三级明细科目	借方累计发生额	贷方累计发生额
	折旧费		0.00	0.00
	运输费		52 500.00	52 500.00
	广告费		0.00	0.00
	差旅费		56 850.00	56 850.00
	其他		50 537.54	50 537.54
管理费用			1 997 788.58	1 997 788.58
	工资及福利费		1 144 000.00	1 144 000.00
	公积金		57 200.00	57 200.00
	医疗保险		40 040.00	40 040.00
	养老保险		114 400.00	114 400.00
	工伤保险		3 432.00	3 432.00
	生育保险		4 576.00	4 576.00
	工会经费		11 440.00	11 440.00
	教育经费		8 580.00	8 580.00
	折旧费		80 052.94	80 052.94
	无形资产摊销		21 120.00	21 120.00
	业务招待费		152 950.00	152 950.00
	差旅费		123 500.00	123 500.00
	其他		236 497.64	236 497.64
财务费用			72 462.66	72 462.66
	利息		31 500.00	31 500.00
	现金折扣		40 437.66	40 437.66
	手续费		525.00	525.00
资产减值损失			0.00	0.00
公允价值变动收益			0.00	0.00
投资收益			0.00	0.00
营业外收入			48 328.63	48 328.63
	罚款及赔偿所得		23 328.63	23 328.63
	现金盘盈		0.00	0.00
	其他		25 000.00	25 000.00
营业外支出			0.00	0.00

续表

总账科目	二级明细科目	三级明细科目	借方累计发生额	贷方累计发生额
	处置非流动资产净损失		0.00	0.00
	罚款支出		0.00	0.00
	捐赠支出		0.00	0.00
	其他		0.00	0.00
所得税费用			402 953.92	402 953.92
合计			25 560 995.52	25 560 995.52

第二节　2015 年资产负债及所有者权益类各项目年初数及 1~11 月累计发生额

2015 年资产负债及所有者权益类各账户年初余额及 1~11 月累计发生额　　　　单位:元

总账科目	二级明细科目	三级明细科目	年初余额		1~11月累计发生额		11月末余额	
			借方	贷方	借方	贷方	借方	贷方
库存现金			3 520.00		58 652.80	61 934.30	238.50	
银行存款			653 218.09		18 558 205.60	18 797 758.22	413 665.47	
	工商银行		600 858.09		14 558 205.60	14 769 248.22	389 815.47	
	中国银行		52 360.00		4 000 000.00	4 028 510.00	23 850.00	
其他货币资金	银行汇票存款		0.00		0.00	0.00	0.00	
交易性金融资产			156 500.00		0.00	0.00	156 500.00	
	阳光股份	成本	148 500.00		0.00	0.00	148 500.00	
		公允价值变动	8 000.00		0.00	0.00	8 000.00	
应收票据			258 000.00		1 392 400.00	258 000.00	1 392 400.00	
	北方机电公司		0.00		760 000.00	0.00	760 000.00	
	汉北有限公司		258 000.00		632 400.00	258 000.00	632 400.00	
应收账款			1 610 000.00		6 100 000.00	6 100 000.00	1 610 000.00	
	福海贸易公司		910 000.00		0.00	0.00	910 000.00	
	泰山公司		500 000.00		1 253 000.00	1 753 000.00	0.00	
	远航公司		200 000.00		197 000.00	397 000.00	0.00	
	南海市机床经销公司		0.00		3 600 000.00	3 000 000.00	600 000.00	
	泰安起重机厂				1 050 000.00	950 000.00	100 000.00	
其他应收款			1 200.00		2 080.00	2 000.00	1 280.00	
	南海市机床经销公司	押金	1 200.00		80.00	0.00	1 280.00	
	张建平		0.00		2 000.00	2 000.00	0.00	
坏账准备				267 000.00	35 000.00	35 000.00		267 000.00
	福海贸易公司			232 000.00	0.00	0.00		232 000.00
	泰山公司			25 000.00	25 000.00	0.00		0.00
	远航公司			10 000.00	10 000.00	0.00		0.00

续表

总账科目	二级明细科目	三级明细科目	年初余额		1～11月累计发生额		11月末余额	
			借方	贷方	借方	贷方	借方	贷方
	南海市机床经销公司			0.00	0.00	30 000.00		30 000.00
	泰安起重机厂			0.00	0.00	5 000.00		5 000.00
原材料			758 350.00		7 100 250.00	7 380 600.00	478 000.00	
	原材料		405 540.00		3 579 460.00	3 930 000.00	55 000.00	
		圆钢	215 000.00		2 023 000.00	2 210 000.00	28 000.00	
		钢板	190 540.00		1 556 460.00	1 720 000.00	27 000.00	
	外购半成品		276 850.00		3 445 550.00	3 400 000.00	322 400.00	
		轴承	100 850.00		673 150.00	634 000.00	140 000.00	
		电机	85 000.00		1 254 400.00	1 268 000.00	71 400.00	
		标准件	28 000.00		376 000.00	368 000.00	36 000.00	
		数控板	63 000.00		1 142 000.00	1 130 000.00	75 000.00	
	辅助材料		75 960.00		75 240.00	50 600.00	100 600.00	
		油漆	75 000.00		71 000.00	46 000.00	100 000.00	
		润滑油	960.00		4 240.00	4 600.00	600.00	
库存商品			1 165 323.50		9 768 134.91	9 580 945.01	1 352 513.40	
	A型数控机床		699 194.10		6 302 939.43	6 159 877.53	842 256.00	
	B型数控机床		466 129.40		3 465 195.48	3 421 067.48	510 257.40	
发出商品			0.00		433 290.80	0.00	433 290.80	
	A型数控机床		0.00		263 205.00	0.00	263 205.00	
	B型数控机床		0.00		170 085.80	0.00	170 085.80	
周转材料			10 500.00		131 380.00	124 080.00	17 800.00	
	低值易耗品		7 500.00		108 080.00	102 780.00	12 800.00	
		工作服	500.00		4 260.00	4 260.00	500.00	
		手套	100.00		1 065.00	1 065.00	100.00	
		专用工具	1 200.00		7 900.00	7 100.00	2 000.00	
		扳手	100.00		455.00	355.00	200.00	
		螺钉	5 600.00		94 400.00	90 000.00	10 000.00	
	包装物		3 000.00		23 300.00	21 300.00	5 000.00	
		包装箱	3 000.00		23 300.00	21 300.00	5 000.00	
长期股权投资			1 150 000.00		0.00	0.00	1 150 000.00	
	伟业房地产公司	成本	1 000 000.00		0.00	0.00	1 000 000.00	
		损益调整	150 000.00		0.00	0.00	150 000.00	
固定资产			5 120 370.00		0.00	0.00	5 120 370.00	
	房屋建筑物		2 255 930.00				2 255 930.00	
		办公楼	1 239 060.00				1 239 060.00	
		机加工车间	516 350.00				516 350.00	
		装配车间	450 260.00				450 260.00	
		机修车间	50 260.00				50 260.00	
	机器设备		2 191 240.00				2 191 240.00	
		车床1	52 580.00				52 580.00	
		车床2	52 580.00				52 580.00	
		铣床1	86 800.00				86 800.00	
		铣床2	86 800.00				86 800.00	

续表

总账科目	二级明细科目	三级明细科目	年初余额		1～11月累计发生额		11月末余额	
			借方	贷方	借方	贷方	借方	贷方
		磨床	48 500.00				48 500.00	
		剪板机	35 000.00				35 000.00	
		折弯机	45 800.00				45 800.00	
		A型数控机床装配线	853 800.00				853 800.00	
		B型数控机床装配线	903 580.00				903 580.00	
		车床3	18 500.00				18 500.00	
		电焊机(2个)	7 300.00				7 300.00	
	运输工具		673 200.00				673 200.00	
		桑塔纳轿车1	83 500.00				83 500.00	
		帕萨特轿车	225 600.00				225 600.00	
		桑塔纳轿车2	80 500.00				80 500.00	
		五十铃客货车2辆(1吨)	158 000.00				158 000.00	
		中型自卸货车1辆(6吨)	125 600.00				125 600.00	
累计折旧				439 925.46		205 913.73		645 839.19
	房屋建筑物			101 517.00		37 222.90		138 739.90
		办公楼		55 757.70		20 444.49		76 202.19
		机加工车间		23 235.90		8 519.83		31 755.73
		装配车间		20 261.70		7 429.29		27 690.99
		机修车间		2 261.70		829.29		3 090.99
	机器设备			210 669.24		95 410.26		306 079.50
		车床1		6 243.90		2 289.43		8 533.33
		车床2		3 746.34		2 289.43		6 035.77
		铣床1		10 307.40		3 779.38		14 086.78
		铣床2		6 184.44		3 779.38		9 963.82
		磨床		5 759.40		2 111.78		7 871.18
		剪板机		4 156.20		1 523.94		5 680.14
		折弯机		5 438.70		1 994.19		7 432.89
		A型数控机床装配线		101 388.90		37 175.93		138 564.83
		B型数控机床装配线		64 380.06		39 343.37		103 723.43
		车床3		2 196.90		805.53		3 002.43
		电焊机(2个)		867.00		317.90		1 184.90
	运输工具			127 739.22		73 280.57		201 019.79
		桑塔纳轿车1		24 789.00		9 089.30		33 878.30
		帕萨特轿车		26 790.00		24 557.50		51 347.50
		桑塔纳轿车2		14 338.98		8 762.71		23 101.69
		五十铃客货车2辆(1吨)		46 906.20		17 198.94		64 105.14
		中型自卸货车1辆(6吨)		14 915.04		13 672.12		28 587.16
无形资产			1 220 950.00				1 220 950.00	
	土地使用权		1 152 000.00				1 152 000.00	
	生产专利技术		68 950.00				68 950.00	

续表

总账科目	二级明细科目	三级明细科目	年初余额		1~11月累计发生额		11月末余额	
			借方	贷方	借方	贷方	借方	贷方
累计摊销				60 094.58		27 440.42		87 535.00
	土地使用权			59 520.00		21 120.00		80 640.00
	生产专利技术			574.58		6 320.42		6 895.00
递延所得税资产			66 750.00				66 750.00	
资产合计			12 174 681.59	767 020.04	43 579 394.11	42 573 671.68	13 413 758.17	1 000 374.19
短期借款				2 000 000.00	2 000 000.00	2 000 000.00		2 000 000.00
	中国银行			2 000 000.00	2 000 000.00	2 000 000.00		2 000 000.00
应付票据				385 900.00	385 900.00			0.00
	淮北钢铁厂			385 900.00	385 900.00			0.00
应付账款				1 881 000.00	4 121 610.00	4 212 510.00		1 971 900.00
	新伟钢铁厂			571 760.00	699 260.00	807 500.00		680 000.00
	长峰钢厂			1 035 320.00	1 188 830.00	1 333 210.00		1 179 700.00
	新华标准件厂			153 020.00	1 016 820.00	898 000.00		34 200.00
	创新电子设备厂			85 900.00	767 900.00	780 000.00		98 000.00
	新阳轴承厂			35 000.00	448 800.00	393 800.00	20 000.00	
应付职工薪酬				369 258.10	4 079 842.10	4 087 142.40		376 558.40
	短期薪酬			338 538.10	3 741 922.10	3 749 222.40		345 838.40
		工资		307 200.00	3 379 200.00	3 379 200.00		307 200.00
		福利		0.00	0.00	0.00		0.00
		公积金		15 360.00	168 960.00	168 960.00		15 360.00
		医疗保险		10 752.00	118 272.00	118 272.00		10 752.00
		工伤保险		921.60	10 137.60	10 137.60		921.60
		生育保险		1 228.80	13 516.80	13 516.80		1 228.80
		工会经费		1 072.00	29 792.00	33 792.00		5 072.00
		职工教育经费		2 003.70	22 043.70	25 344.00		5 304.00
	离职后福利			30 720.00	337 920.00	337 920.00		30 720.00
		养老保险		30 720.00	337 920.00	337 920.00		30 720.00
应交税费				125 078.22	3 479 141.95	3 588 157.73		234 094.00
	应交增值税			0.00	2 252 066.00	2 252 066.00		0.00
		进项税额			1 415 795.40			
		销项税额				2 252 066.00		
		转出未交增值税			836 270.60			
	未交增值税			74 135.00	721 065.60	836 270.60		189 340.00
	应交城市建设维护税			5 189.45	50 474.59	58 538.94		13 253.80
	应交教育费附加			2 224.05	21 631.97	25 088.12		5 680.20
	应交企业所得税			43 529.72	420 663.64	402 953.92		25 820.00
	应交个人所得税			0.00	13 240.15	13 240.15		0.00
应付利息				4 098.89	18 010.00	21 000.00		7 088.89
	中国银行			4 098.89	18 010.00	21 000.00		7 088.89
其他应付款				26 195.39	279 635.39	253 440.00		0.00
	远航公司押金			26 195.39	26 195.39	0.00		0.00

总账科目	二级明细科目	三级明细科目	年初余额		1～11月累计发生额		11月末余额	
			借方	贷方	借方	贷方	借方	贷方
	公积金			0.00	84 480.00	84 480.00		0.00
	养老保险			0.00	135 168.00	135 168.00		0.00
	医疗保险			0.00	33 792.00	33 792.00		0.00
递延所得税负债				2 000.00	0.00	0.00		2 000.00
负债合计				4 793 530.60	14 364 139.44	14 162 250.13	0.00	4 591 641.29
实收资本				5 000 000.00				5 000 000.00
	长达股份有限公司			1 250 000.00	0.00	0.00		1 250 000.00
	蓝海股份公司			3 750 000.00	0.00	0.00		3 750 000.00
资本公积				250 000.00	0.00	0.00		250 000.00
	其他资本公积			250 000.00	0.00	0.00		250 000.00
盈余公积				205 206.50	0.00	0.00		205 206.50
	法定盈余公积			205 206.50	0.00	0.00		205 206.50
本年利润					12 176 066.89	13 384 928.63		1 208 861.74
利润分配				1 432 674.45	0.00	0.00		1 432 674.45
	未分配利润			1 432 674.45	0.00	0.00		1 432 674.45
所有者权益合计				6 887 880.95	12 176 066.89	13 384 928.63	0.00	8 096 742.69

第三节　2015年成本类各项目年初数及1～11月累计发生额

2015年成本类各账户年初余额及1～11月累计发生额

单位:元

总账科目	二级明细科目	三级明细科目	年初余额		1～11月累计发生额		11月末余额	
			借方	贷方	借方	贷方	借方	贷方
生产成本			273 750.00		10 052 749.43	10 051 499.43	275 000.00	
	A型数控机床		185 250.00		6 302 689.43	6 302 939.43	185 000.00	
		直接材料	149 800.00		4 285 798.70	4 285 998.70	149 600.00	
		直接人工	11 415.00		630 278.94	630 293.94	11 400.00	
		制造费用	24 035.00		1 386 611.80	1 386 646.80	24 000.00	
	B型数控机床		88 500.00		3 466 695.48	3 465 195.48	90 000.00	
		直接材料	77 000.00		2 634 548.50	2 633 548.50	78 000.00	
		直接人工	3 980.00		277 285.63	277 215.63	4 050.00	
		制造费用	7 520.00		554 861.30	554 431.30	7 950.00	
	辅助生产费用				283 364.52	283 364.52		
制造费用					787 096.11	787 096.11		
	机加工车间				435 114.34	435 114.34		
		工资及福利费			206 800.00	206 800.00		
		公积金			10 340.00	10 340.00		
		医疗保险			7 238.00	7 238.00		
		养老保险			20 680.00	20 680.00		
		工伤保险			620.40	620.40		
		生育保险			827.20	827.20		

续表

总账科目	二级明细科目	三级明细科目	年初余额		1~11月累计发生额		11月末余额	
			借方	贷方	借方	贷方	借方	贷方
		工会经费			2 068.00	2 068.00		
		教育经费			1 551.00	1 551.00		
		低值易耗品摊销			45 529.00	45 529.00		
		折旧费			2 389.76	2 389.76		
		辅助生产费用			122 312.80	122 312.80		
		其他			14 758.18	14 758.18		
	装配车间				351 981.77	351 981.77		
		工资及福利费			167 200.00	167 200.00		
		公积金			8 360.00	8 360.00		
		医疗保险			5 852.00	5 852.00		
		养老保险			16 720.00	16 720.00		
		工伤保险			501.60	501.60		
		生育保险			668.80	668.80		
		工会经费			1 672.00	1 672.00		
		教育经费			1 254.00	1 254.00		
		低值易耗品摊销			40 251.00	40 251.00		
		折旧费			7 631.69	7 631.69		
		辅助生产费用			95 132.18	95 132.18		
		其他			6 738.50	6 738.50		
成本合计			273 750.00	0.00	10 839 845.54	10 838 595.54	275 000.00	0.00

第七章 科目汇总表及财务报表

第一节 科目汇总表

科目汇总表

编制单位:祥瑞制造有限责任公司 　　　　日期:2015 年 12 月 31 日 　　　　金额单位:元

科目编码	总账科目	本期发生额	
		借方	贷方
1001	库存现金		
1002	银行存款		
1012	其他货币资金		
1101	交易性金融资产		
1121	应收票据		
1122	应收账款		
1221	其他应收款		
1231	坏账准备		
1403	原材料		
1405	库存商品		
1406	发出商品		
1412	周转材料		
1511	长期股权投资		
1601	固定资产		
1602	累计折旧		
1606	固定资产清理		
1702	累计摊销		
1811	递延所得税资产		

续表

科目编码	总账科目	本期发生额	
		借方	贷方
1901	待处理财产损溢		
2201	应付票据		
2202	应付账款		
2211	应付职工薪酬		
2221	应交税费		
2231	应付利息		
2241	其他应付款		
2901	递延所得税负债		
4101	盈余公积		
4103	本年利润		
4104	利润分配		
5001	生产成本		
5101	制造费用		
6001	主营业务收入		
6051	其他业务收入		
6101	公允价值变动损益		
6111	投资收益		
6301	营业外收入		
6401	主营业务成本		
6402	其他业务成本		
6403	营业税金及附加		
6601	销售费用		
6602	管理费用		
6603	财务费用		
6701	资产减值损失		
6711	营业外支出		
6801	所得税费用		
合　计			

第二节　试算平衡表

试算平衡表

日期:2015 年 12 月 31 日

编制单位:祥瑞制造有限责任公司　　　　　　　　　　　　金额单位:元

总账科目	二级明细科目	三级明细科目	期初余额		本年累计发生额		年末余额	
			借方	贷方	借方	贷方	借方	贷方
库存现金								
银行存款	工商银行							
	中国银行							
其他货币资金	银行汇票存款							
交易性金融资产	阳光股份	成本						
		公允价值变动						
应收票据	北方机电公司							
	汉北有限公司							
应收账款	福海贸易公司							
	泰山公司							
	远航公司							
	南海市机床经销公司							
	泰安起重机厂							
其他应收款	南海市机床经销公司	押金						

续表

总账科目	二级明细科目	三级明细科目	期初余额		本年累计发生额		年末余额	
			借方	贷方	借方	贷方	借方	贷方
坏账准备	张建平							
	王健							
	福海贸易公司							
	泰山公司							
	远航公司							
	南海市机床经销公司							
	泰安起重机厂							
原材料	原材料	圆钢						
		钢板						
	外购半成品	轴承						
		电机						
		标准件						
		数控板						
	辅助材料	油漆						
		润滑油						
库存商品	A型数控机床							
	B型数控机床							

续表

总账科目	二级明细科目	三级明细科目	期初余额		本年累计发生额		年末余额	
			借方	贷方	借方	贷方	借方	贷方
发出商品								
	A 型数控机床							
	B 型数控机床							
周转材料								
	低值易耗品	工作服						
		手套						
		专用工具						
		扳手						
		螺钉						
	包装物	包装箱						
长期股权投资								
	伟业房地产公司	成本						
		损益调整						
固定资产								
	房屋建筑物	办公楼						
		机加工车间						
		装配车间						
		机修车间						
	机器设备	车床 1						

续表

总账科目	二级明细科目	三级明细科目	期初余额 借方	期初余额 贷方	本年累计发生额 借方	本年累计发生额 贷方	年末余额 借方	年末余额 贷方
		车床 2						
		W 车床						
		铣床 1						
		铣床 2						
		磨床						
		剪板机						
		折弯机						
		A 型数控机床装配线						
		B 型数控机床装配线						
		车床 3						
		电焊机(2 个)						
	运输工具							
		桑塔纳轿车 1						
		帕萨特轿车						
		桑塔纳轿车 2						
		五十铃客货车 2 辆(1 吨)						
		中型自卸货车 1 辆(6 吨)						
	房屋建筑物							
		办公楼						
		机加工车间						
累计折旧								

续表

总账科目	二级明细科目	三级明细科目	期初余额		本年累计发生额		年末余额	
			借方	贷方	借方	贷方	借方	贷方
	机器设备	装配车间						
		机修车间						
		车床 1						
		车床 2						
		铣床 1						
		铣床 2						
		磨床						
		剪板机						
		折弯机						
		A 型数控机床装配线						
		B 型数控机床装配线						
		车床 3						
		电焊机（2 个）						
	运输工具	桑塔纳轿车 1						
		帕萨特轿车						
		桑塔纳轿车 2						
		五十铃客货车 2 辆（1 吨）						
		中型自卸货车 1 辆（6 吨）						

续表

总账科目	二级明细科目	三级明细科目	期初余额		本年累计发生额		年末余额	
			借方	贷方	借方	贷方	借方	贷方
无形资产	土地使用权							
	生产专利技术							
累计摊销	土地使用权							
	生产专利技术							
递延所得税资产								
待处理财产损溢								
资产小计								
短期借款	中国银行							
应付票据	淮北钢铁厂							
应付账款	新伟钢铁厂							
	长峰钢厂							
	新华标准件厂							
	创新电子设备厂							
	新阳轴承厂							
应付职工薪酬								

续表

总账科目	二级明细科目	三级明细科目	期初余额		本年累计发生额		年末余额	
			借方	贷方	借方	贷方	借方	贷方
	短期薪酬	工资						
		福利						
		公积金						
		医疗保险						
		工伤保险						
		生育保险						
		工会经费						
		职工教育经费						
	离职后福利	养老保险						
应交税费	应交增值税	进项税额						
		销项税额						
		转出未交增值税						
	未交增值税							
	应交城市建设维护税							
	应交教育费附加							
	应交企业所得税							

续表

总账科目	二级明细科目	三级明细科目	期初余额 借方	期初余额 贷方	本年累计发生额 借方	本年累计发生额 贷方	年末余额 借方	年末余额 贷方
	应交个人所得税							
	应交土地使用税							
	应交房产税							
	应交车船税							
应付利息	中国银行							
其他应付款	远航公司押金							
	公积金							
	养老保险							
	医疗保险							
递延所得税负债								
负债小计								
实收资本	长达股份有限公司							
	蓝海股份公司							
资本公积	其他资本公积							
盈余公积	法定盈余公积							

续表

总账科目	二级明细科目	三级明细科目	期初余额 借方	期初余额 贷方	本年累计发生额 借方	本年累计发生额 贷方	年末余额 借方	年末余额 贷方
本年利润								
利润分配	未分配利润							
所有者权益小计								
主营业务收入	A型数控机床							
	B型数控机床							
主营业务成本	A型数控机床							
	B型数控机床							
其他业务收入	运输费收入							
其他业务成本	折旧费							
营业税金及附加								
销售费用	工资及福利费							
	公积金							
	医疗保险							
	养老保险							

续表

总账科目	二级明细科目	三级明细科目	期初余额		本年累计发生额		年末余额	
			借方	贷方	借方	贷方	借方	贷方
	工伤保险							
	生育保险							
	工会经费							
	教育经费							
	折旧费							
	运输费							
	广告费							
	差旅费							
	其他							
管理费用	工资及福利费							
	公积金							
	医疗保险							
	养老保险							
	工伤保险							
	生育保险							
	工会经费							
	教育经费							
	折旧费							
	无形资产摊销							

续表

总账科目	二级明细科目	三级明细科目	期初余额		本年累计发生额		年末余额	
			借方	贷方	借方	贷方	借方	贷方
	业务招待费							
	差旅费							
	其他							
财务费用	利息							
	现金折扣							
	手续费							
资产减值损失								
公允价值变动收益								
投资收益								
营业外收入	罚款及赔偿所得							
	现金盘盈							
	其他							
营业外支出	处置非流动资产净损失							
	罚款支出							
	捐赠支出							
	其他							
所得税费用								

续表

总账科目	二级明细科目	三级明细科目	期初余额		本年累计发生额		年末余额	
			借方	贷方	借方	贷方	借方	贷方
损益小计								
生产成本	A型数控机床	直接材料						
		直接人工						
		制造费用						
	B型数控机床	直接材料						
		直接人工						
		制造费用						
	辅助生产费用							
制造费用	机加工车间	工资及福利费						
		公积金						
		医疗保险						
		养老保险						
		工伤保险						
		生育保险						
		工会经费						

续表

总账科目	二级明细科目	三级明细科目	期初余额		本年累计发生额		年末余额	
			借方	贷方	借方	贷方	借方	贷方
		教育经费						
		低值易耗品摊销						
		折旧费						
		辅助生产费用						
		其他						
	装配车间	工资及福利费						
		公积金						
		医疗保险						
		养老保险						
		工伤保险						
		生育保险						
		工会经费						
		教育经费						
		低值易耗品摊销						
		折旧费						
		辅助生产费用						
		其他						
成本小计								
总　计								

第三节　财务报表

一、资产负债表

资产负债表

填报日期：2015 年 12 月 31 日

会企 01 表

单位：元

编制单位：祥瑞制造有限责任公司

资　产	行次	期末余额	年初余额	负债及所有者权益（或股东权益）	行次	期末余额	年初余额
流动资产：	1			流动负债：	34		
货币资金	2			短期借款	35		
交易性金融资产	3			交易性金融负债	36		
应收票据	4			应付票据	37		
应收账款	5			应付账款	38		
预付款项	6			预收款项	39		
应收利息	7			应付职工薪酬	40		
应收股利	8			应交税费	41		
其他应收款	9			应付利息	42		
存货	10			应付股利	43		
一年内到期的非流动资产	11			其他应付款	44		
其他流动资产	12			一年内到期的非流动负债	45		
流动资产合计	13			其他流动负债	46		
非流动资产：	14			流动负债合计	47		
可供出售金融资产	15			非流动负债：	48		
持有至到期投资	16			长期借款	49		
长期应收款	17			应付债券	50		
长期股权投资	18			长期应付款	51		
投资性房地产	19			专项应付款	52		
固定资产	20			预计负债	53		
在建工程	21			递延所得税负债	54		
工程物资	22			其他非流动负债	55		
固定资产清理	23			非流动负债合计	56		
生产性生物资产	24			负债合计	57		
油气资产	25			所有者权益（或股东权益）：	58		
无形资产	26			实收资本（或股本）	59		
开发支出	27			资本公积	60		
商誉	28			其他综合收益	61		
长期待摊费用	29			盈余公积	62		
递延所得税资产	30			未分配利润	63		
其他非流动资产	31			所有者权益（或股东权益）合计	64		
非流动资产合计	32				65		
资产总计	33			负债和所有者权益（或股东权益）总计	66		

单位负责人：　　　　　　　　　　　　财务负责人：　　　　　　　　　　　制表：

二、利润表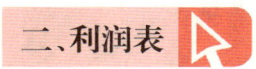

利润表

2015 年度

会企 02 表

编制单位:祥瑞制造有限责任公司　　　　　　　　　　　　　　　　　单位:元

项目	行次	本期金额	上期金额
一、营业收入	1		
减:营业成本	2		
营业税金及附加	3		
销售费用	4		
管理费用	5		
财务费用	6		
资产减值损失	7		
加:公允价值变动收益(损失以"—"号填列)	8		
投资收益(损失以"—"号填列)	9		
其中:对联营企业和合营企业的投资收益	10		
二、营业利润(亏损以"—"号填列)	11		
加:营业外收入	12		
减:营业外支出	13		
其中:非流动资产处置损失	14		
三、利润总额(亏损总额以"—"号填列)	15		
减:所得税费用	16		
四、净利润(净亏损以"—"号填列)	17		
五、其他综合收益的税后净额	18		
(一)以后不能重分类进损益的其他综合收益	19		
(二)以后将重分类进损益的其他综合收益	20		
六、综合收益总额	21		
七、每股收益	22		
(一)基本每股收益	23		
(二)稀释每股收益	24		

单位负责人:　　　　　　　　财务负责人:　　　　　　　　制表:

三、现金流量表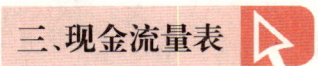

现金流量表

会企 03 表

编制单位：祥瑞制造有限责任公司　　　　　2015 年 12 月　　　　　单位：元

项　目	行次	金额	补充资料	行次	金额
一、经营活动产生的现金流量			1. 将净利润调节为经营活动现金流量：		
销售商品、提供劳务收到的现金	1		净利润	36	
收到的税费返还	2		加：资产减值准备	37	
收到的其他与经营活动有关的现金	3		固定资产折旧	38	
经营活动现金流入小计	4		无形资产摊销	39	
购买商品、接受劳务支付的现金	5		长期待摊费用摊销	40	
支付给职工以及为职工支付的现金	6		处置固定资产、无形资产和其他长期资产的损失（减：收益）	41	
支付的各项税费	7		固定资产报废损失（减：收益）	42	
支付的其他与经营活动有关的现金	8		公允价值变动损益（减：收益）	43	
经营活动现金流出小计	9		财务费用	44	
经营活动产生的现金流量净额	10		投资损失（减：收益）	45	
二、投资活动产生的现金流量			递延所得税资产减少（减：增加）	46	
收回投资收到的现金	11		递延所得税负债增加（减：减少）	47	
取得投资收益收到的现金	12		存货的减少（减：增加）	48	
处置固定资产、无形资产和其他长期资产收回的现金净额	13		经营性应收项目的减少（减：增加）	49	
处置子公司及其他营业单位收到的现金净额	14		经营性应付项目的增加（减：减少）	50	
收到的其他与投资活动有关的现金	15		其他	51	
投资活动现金流入小计	16		经营活动产生的现金流量净额	52	
购建固定资产、无形资产和其他长期资产支付的现金	17				
投资支付的现金	18				
取得子公司及其他营业单位支付的现金净额	19				
支付的其他与投资活动有关的现金	20				
投资活动现金流出小计	21				
投资活动产生的现金流量净额	22		2. 不涉及现金收支的重大投资和筹资活动		
三、筹资活动产生的现金流量			债务转为资本	53	
吸收投资收到的现金	23		一年内到期的可转换公司债券	54	
借款收到的现金	24		融资租入固定资产	55	
收到的其他与筹资活动有关的现金	25				
筹资活动现金流入小计	26				
偿还债务支付的现金	27				
分配股利、利润或偿付利息支付的现金	28		3. 现金及现金等价物净增加情况：		
支付的其他与筹资活动有关的现金	29		现金的期末余额	56	
筹资活动现金流出小计	30		减：现金的期初余额	57	
筹资活动产生的现金流量净额	31		加：现金等价物的期末余额	58	
四、汇率变动对现金及现金等价物的影响	32		减：现金等价物的期初余额	59	
五、现金及现金等价物净增加额	33		现金及现金等价物净增加额	60	
加：期初现金及现金等价物余额	34				
六、期末现金及现金等价物余额	35				

第四节　纳税申报表

增值税纳税申报表

(一般纳税人适用)

根据国家税收法律法规及增值税相关规定制定本表。纳税人不论有无销售额，均应按税务机关核定的纳税期限填写本表，并向当地税务机关申报。

税款所属时间：自 2015 年 12 月 01 日至 2015 年 12 月 31 日　　　　填表日期：2015 年 12 月 31 日　　　　　　　　　　金额单位：元至角分

纳税人识别号	1 5 0 1 1 3 4 4 5 6 7 2 8 6 7				所属行业：C342			
纳税人名称	祥瑞制造有限责任公司(公章)	法定代表人姓名	李栋梁	注册地址	南海市朝阳区朝阳东街 66 号	生产经营地址		南海市朝阳区朝阳东街 66 号
开户银行及账号	中国工商银行南海市分行 267－50660526	登记注册类型			有限责任公司	电话号码		0561-69986559

项　目	栏次	一般货物、劳务和应税服务		即征即退货物、劳务和应税服务	
		本月数	本年累计	本月数	本年累计
销售额 (一)按适用税率计税销售额	1				
其中：应税货物销售额	2				
应税劳务销售额	3				
纳税检查调整的销售额	4				
(二)按简易办法计税销售额	5				
其中：纳税检查调整的销售额	6				
(三)免、抵、退办法出口销售额	7			－	－
(四)免税销售额	8			－	－
其中：免税货物销售额	9			－	－
免税劳务销售额	10			－	－
税款计算 销项税额	11				
进项税额	12				
上期留抵税额	13				－
进项税额转出	14				
免、抵、退应退税额	15			－	
按适用税率计算的纳税检查应补缴税额	16			－	
应抵扣税额合计	17＝12＋13－14－15＋16			－	
实际抵扣税额	18(如 17＜11,则为17,否则为 11)				
应纳税额	19＝11－18				
期末留抵税额	20＝17－18				－
简易计税办法计算的应纳税额	21				
按简易计税办法计算的纳税检查应补缴税额	22				
应纳税额减征额	23				
应纳税额合计	24＝19＋21－23				
税款缴纳 期初未缴税额(多缴为负数)	25				
实收出口开具专用缴款书退税额	26			－	
本期已缴税额	27＝28＋29＋30＋31				
①分次预缴税额	28			－	
②出口开具专用缴款书预缴税额	29			－	
③本期缴纳上期应纳税额	30				
④本期缴纳欠缴税额	31				
期末未缴税额(多缴为负数)	32＝24＋25＋26－27				
其中：欠缴税额(≥0)	33＝25＋26－27			－	
本期应补(退)税额	34＝24－28－29	96 292.50		－	
即征即退实际退税额	35			－	
期初未缴查补税额	36				－
本期入库查补税额	37				
期末未缴查补税额	38＝16＋22＋36－37				

授权声明	如果你已委托代理人申报,请填写下列资料： 为代理一切税务事宜,现授权 (地址)　　　　　　为本纳税人的代理申报人,任何与本申报表有关的往来文件,都可寄予此人。 授权人签字：	申报人声明	本纳税申报表是根据国家税收法律法规及相关规定填报的,我确定它是真实的、可靠的、完整的。 声明人签字：李栋梁

主管税务机关：　　　　　　　　　　　　　接收人：　　　　　　　　　　　　接收日期：

地方税（费）综合申报表

填报日期：2015 年 12 月 31 日   金额单位：人民币元

身份识别	①纳税人 ☑			②扣缴义务人			③委托代征人 □	
编码	150113445672867			名称	祥瑞制造有限责任公司			
地址	南海市朝阳区朝阳东街 66 号		行业类别	制造业		注册类型	有限责任公司	
开户银行	中国工商银行南海市分行		银行账号	267—50660526		电话	0561—69986559	
主管机关	南海市地税局第四分局			税务管理人员		李亚明		

税（费）种	税目	税（费）款所属时间	计税（费）依据或课税（费）数量	税（费）率或单位税（费）额	本期应纳税（费）额	累计欠缴或已缴税（费）额	减免税（费）额	本期应纳税（费）额合计
城市维护建设税								
教育费附加								

企业所得税	税款所属时间	收入额或利润总额	应税所得率或纳税调整额	应纳税所得额	税率	应纳所得税额	累计欠缴或已缴税额	减免税额	期末应补（退）税额

个人所得税	税款所属时间	所得项目	收入额	应纳税所得额	税率	速算扣除数	应纳税额	已扣缴税额	期末应补（退）税额

授权代理人	（如果你已委托代理人申报，请填写下列资料） 为代理一切税务事宜，现授权_____为本人代理申报人。任何与本报表有关的往来文件，都可寄与此人。 授权人签字：_____	声明	我声明：此纳税申报表是根据税收法律、法规的规定填报的，我确信它是真实的、可靠的、完整的。 声明人签字：_李栋梁_

会计主管签字：张　伟　　　　　　代理申报人签字：　　　　　　纳税人盖章：（章）

以下由税务机关填写

收到日期		接收人	李亚明	审核日期		税务机关盖章
审核记录		完税证号： 审核人签字：				

注：本表一式二联，第一联为申报联，税务机关审核后退还纳税人，第二联为收执联，由主管税务机关存档。

中华人民共和国企业所得税年度纳税申报表(A 类)

税款所属期间:2015 年 01 月 01 日至 2015 年 12 月 31 日

纳税人名称:祥瑞制造有限责任公司

纳税人识别号:150113445672867　　　　　　　　　金额单位:元(列至角分)

类别	行次	项目	金额
利润总额计算	1	一、营业收入(填附表一)	
	2	减:营业成本(填附表二)	
	3	营业税金及附加	
	4	销售费用(填附表二)	
	5	管理费用(填附表二)	
	6	财务费用(填附表二)	
	7	资产减值损失	
	8	加:公允价值变动收益	
	9	投资收益	
	10	二、营业利润	
	11	加:营业外收入(填附表一)	
	12	减:营业外支出(填附表二)	
	13	三、利润总额(10+11-12)	
应纳税所得额计算	14	加:纳税调整增加额(填附表三)	
	15	减:纳税调整减少额(填附表三)	
	16	其中:不征税收入	
	17	免税收入	
	18	减计收入	
	19	减、免税项目所得	
	20	加计扣除	
	21	抵扣应纳税所得额	
	22	加:境外应税所得弥补境内亏损	
	23	纳税调整后所得(13+14-15+22)	
	24	减:弥补以前年度亏损(填附表四)	
	25	应纳税所得额(23-24)	
应纳税额计算	26	税率(25%)	
	27	应纳所得税额(25×26)	
	28	减:减免所得税额(填附表五)	
	29	减:抵免所得税额(填附表五)	
	30	应纳税额(27-28-29)	
	31	加:境外所得应纳所得税额(填附表六)	
	32	减:境外所得抵免所得税额(填附表六)	
	33	实际应纳所得税额(30+31-32)	
	34	减:本年累计实际已预缴的所得税额	
	35	其中:汇总纳税的总机构分摊预缴的税额	
	36	汇总纳税的总机构财政调库预缴的税额	
	37	汇总纳税的总机构所属分支机构分摊的预缴税额	
	38	合并纳税(母子体制)成员企业就地预缴比例	
	39	合并纳税企业就地预缴的所得税额	
	40	本年应补(退)的所得税额(33-34)	
附列资料	41	以前年度多缴的所得税额在本年抵减额	
	42	以前年度应缴未缴在本年入库所得税额	

纳税人公章:	代理申报中介机构公章:	主管税务机关受理专用章:
经办人:赵龙	经办人及执业证件号码:	受理人:
申报日期:2016 年 04 月 15 日	代理申报日期:　　年　月　日	受理日期:　　年　月　日

企业所得税年度纳税申报表附表一(1)

收入明细表

填报时间:2015 年 12 月 31 日 　　　　金额单位:元(列至角分)

行次	项　目	金　额
1	一、销售(营业)收入合计(2+13)	
2	(一)营业收入合计(3+8)	
3	1. 主营业务收入(4+5+6+7)	
4	(1)销售货物	
5	(2)提供劳务	
6	(3)让渡资产使用权	
7	(4)建造合同	
8	2. 其他业务收入(9+10+11+12)	
9	(1)材料销售收入	
10	(2)代购代销手续费收入	
11	(3)包装物出租收入	
12	(4)其他	
13	(二)视同销售收入(14+15+16)	
14	(1)非货币性交易视同销售收入	
15	(2)货物、财产、劳务视同销售收入	
16	(3)其他视同销售收入	
17	二、营业外收入(18+19+20+21+22+23+24+25+26)	
18	1. 固定资产盘盈	
19	2. 处置固定资产净收益	
20	3. 非货币性资产交易收益	
21	4. 出售无形资产收益	
22	5. 罚款净收入	
23	6. 债务重组收益	
24	7. 政府补助收入	
25	8. 捐赠收入	
26	9. 其他	

经办人(签章):　　　　　　　　　　　　　　　　法定代表人(签章):

企业所得税年度纳税申报表附表二(1)

成本费用明细表

填报时间:2015 年 12 月 31 日　　　　　　　金额单位:元(列至角分)

行次	项　　目	金　额
1	一、销售(营业)成本合计(2+7+12)	
2	(一)主营业务成本(3+4+5+6)	
3	(1)销售货物成本	
4	(2)提供劳务成本	
5	(3)让渡资产使用权成本	
6	(4)建造合同成本	
7	(二)其他业务成本(8+9+10+11)	
8	(1)材料销售成本	
9	(2)代购代销费用	
10	(3)包装物出租成本	
11	(4)其他	
12	(三)视同销售成本(13+14+15)	
13	(1)非货币性交易视同销售成本	
14	(2)货物、财产、劳务视同销售成本	
15	(3)其他视同销售成本	
16	二、营业外支出(17+18+……+24)	
17	1.固定资产盘亏	
18	2.处置固定资产净损失	
19	3.出售无形资产损失	
20	4.债务重组损失	
21	5.罚款支出	
22	6.非常损失	
23	7.捐赠支出	
24	8.其他	
25	三、期间费用(26+27+28)	
26	1.销售(营业)费用	
27	2.管理费用	
28	3.财务费用	

经办人(签章):　　　　　　　　　　　　　　　法定代表人(签章):

企业所得税年度纳税申报表附表三

纳税调整项目明细表

填报时间:2015 年 12 月 31 日   金额单位:元(列至角分)

	行次	项 目	账载金额	税收金额	调增金额	调减金额
			1	2	3	4
	1	一、收入类调整项目	＊	＊		
	2	1. 视同销售收入(填写附表一)	＊	＊		＊
＃	3	2. 接受捐赠收入	＊			＊
	4	3. 不符合税收规定的销售折扣和折让				＊
＊	5	4. 未按权责发生制原则确认的收入				
＊	6	5. 按权益法核算长期股权投资对初始投资成本调整确认收益	＊	＊	＊	
	7	6. 按权益法核算的长期股权投资持有期间的投资损益	＊	＊		
＊	8	7. 特殊重组				
＊	9	8. 一般重组				
＊	10	9. 公允价值变动净收益	＊	＊		
	11	10. 确认为递延收益的政府补助				
	12	11. 境外应税所得	＊	＊	＊	
	13	12. 不允许扣除的境外投资损失	＊	＊		＊
	14	13. 不征税收入	＊	＊	＊	
	15	14. 免税收入	＊	＊	＊	
	16	15. 减计收入	＊	＊	＊	
	17	16. 减、免税项目所得	＊	＊	＊	
	18	17. 抵扣应纳税所得额	＊	＊	＊	
	19	18. 其他				
	20	二、扣除类调整项目	＊	＊		
	21	1. 视同销售成本(填写附表二)	＊	＊	＊	
	22	2. 工资薪金支出				
	23	3. 职工福利费支出				
	24	4. 职工教育经费支出				
	25	5. 工会经费支出				
	26	6. 业务招待费支出				＊
	27	7. 广告费和业务宣传费支出	＊	＊		
	28	8. 捐赠支出				＊
	29	9. 利息支出				

续表

行次	项　目	账载金额	税收金额	调增金额	调减金额
		1	2	3	4
30	10. 住房公积金				＊
31	11. 罚金、罚款和被没收财物的损失		＊		＊
32	12. 税收滞纳金		＊		＊
33	13. 赞助支出		＊		＊
34	14. 各类基本社会保障性缴款				
35	15. 补充养老保险、补充医疗保险				
36	16. 与未实现融资收益相关在当期确认的财务费用				
37	17. 与取得收入无关的支出		＊		＊
38	18. 不征税收入用于支出所形成的费用		＊		＊
39	19. 加计扣除	＊	＊	＊	
40	20. 其他				
41	三、资产类调整项目	＊	＊		
42	1. 财产损失				
43	2. 固定资产折旧	＊	＊		
44	3. 生产性生物资产折旧	＊	＊		
45	4. 长期待摊费用的摊销	＊	＊		
46	5. 无形资产摊销	＊	＊		
47	6. 投资转让、处置所得	＊	＊		
48	7. 油气勘探投资				
49	8. 油气开发投资				
50	9. 其他				
51	四、准备金调整项目	＊	＊		
52	五、房地产企业预售收入计算的预计利润	＊	＊		
53	六、特别纳税调整应税所得	＊	＊		＊
54	七、其他	＊	＊		
55	合　计	＊	＊		

注:1. 标有＊的行次为执行新会计准则的企业填列,标有♯的行次为除执行新会计准则以外的企业填列。

　2. 没有标注的行次,无论执行何种会计核算办法,有差异就填报相应行次,填＊号不可填列。

　3. 有二级附表的项目只填调增、调减金额,账载金额、税收金额不再填写。

经办人(签章):　　　　　　　　　　　　　　　　法定代表人(签章):

第五节　财务分析表

一、规模分析表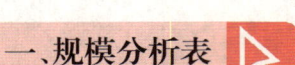

资产负债表的规模分析表

编制单位:祥瑞制造有限责任公司　　　　　　　　　　　　　　　　金额单位:元

项　目	2014.12.31	2015.12.31	增减额	增减率(%)
资产:				
货币资金				
交易性金融资产				
应收票据				
应收账款				
其他应收款				
存货				
流动资产小计				
长期股权投资				
固定资产				
无形资产				
递延所得税资产				
长期资产小计				
资产合计				
负债:				
短期借款				
应付账款				
应付票据				
应付职工薪酬				
应交税费				
应付利息				
其他应付款				
递延所得税负债				

续表

项　目	2014.12.31	2015.12.31	增减额	增减率（％）
负债合计				
所有者权益：				
实收资本				
资本公积				
盈余公积				
未分配利润				
所有者权益合计				
负债及所有者权益合计				

利润表的规模分析表

编制单位：祥瑞制造有限责任公司　　　　　　　　　　　　　　　金额单位：元

项　目	2014 年	2015 年	增减额	增减率（％）
营业收入				
营业成本				
营业税金及附加				
销售费用				
管理费用				
财务费用				
资产减值损失				
公允价值变动收益				
投资收益				
营业利润				
营业外收入				
营业外支出				
利润总额				
所得税费用				
净利润				

二、结构分析表

资产负债表的结构分析表

编制单位:祥瑞制造有限责任公司

项 目	2014 年度结构(%)	2015 年度结构(%)	差 异
资产:			
货币资金			
交易性金融资产			
应收票据			
应收账款			
其他应收款			
存货			
流动资产小计			
长期股权投资			
固定资产			
无形资产			
递延所得税资产			
长期资产小计			
资产合计			
负债:			
短期借款			
应付账款			
应付票据			
应付职工薪酬			
应交税费			
应付利息			
其他应付款			
递延所得税负债			
负债合计			

续表

项　目	2014 年度结构(%)	2015 年度结构(%)	差　异
所有者权益:			
实收资本			
资本公积			
盈余公积			
未分配利润			
所有者权益合计			
负债及所有者权益合计			

利润表的结构分析表

编制单位:祥瑞制造有限责任公司

项　目	2014 年度结构(%)	2015 年度结构(%)	差　异
营业收入			
营业成本			
营业税金及附加			
销售费用			
管理费用			
财务费用			
资产减值损失			
公允价值变动收益			
投资收益			
营业利润			
营业外收入			
营业外支出			
利润总额			
所得税费用			
净利润			

三、财务比率分析表

偿债能力分析表

编制单位:祥瑞制造有限责任公司

项　目	2014 年	2015 年	差　异
短期偿债能力指标:			
流动比率			
速动比率			
现金比率			
长期偿债能力指标:			
资产负债率			
权益乘数			
长期资本负债率			

营运能力分析表

编制单位:祥瑞制造有限责任公司

项　目	2014 年	2015 年	差　异
应收账款周转率			
存货周转率			
流动资产周转率			
非流动资产周转率			
总资产周转率			

盈利能力分析表

编制单位:祥瑞制造有限责任公司

项　目	2014 年(％)	2015 年(％)	差　异
销售净利率			
总资产净利率			
权益净利率			

杜邦体系综合分析表

编制单位:祥瑞制造有限责任公司

项　目	2014 年	2015 年	差　异	对权益净利率的影响
权益净利率				
销售净利率				
总资产周转率				
权益乘数				

参考答案

一、会计分录

1. 借：库存现金　　　　　　　　　　　　　　　　8 000
　　　贷：银行存款——工商银行　　　　　　　　　　　8 000
2. 借：应收账款——泰山公司　　　　　　　　　　421 200
　　　银行存款——工商银行　　　　　　　　　　　33 300
　　　贷：主营业务收入——A 型数控机床　　　　　360 000
　　　　其他业务收入　　　　　　　　　　　　　30 000
　　　　应交税费——应交增值税（销项税额）　　　64 500
3. 借：银行存款——工商银行　　　　　　　　　　760 000
　　　贷：应收票据——北方机电公司　　　　　　　760 000
4. 借：原材料——原材料（钢板）　　　　　　　　184 800
　　　应交税费——应交增值税（进项税额）　　　　31 416
　　　贷：应付账款——长峰钢厂　　　　　　　　　216 216
5. 借：原材料——外购半成品（轴承）　　　　　　　90 000
　　　应交税费——应交增值税（进项税额）　　　　15 300
　　　贷：应付账款——新阳轴承厂　　　　　　　　105 300
6. 借：银行存款——工商银行　　　　　　　　　　880 830
　　　贷：主营业务收入——B 型数控机床　　　　　750 000
　　　　其他业务收入　　　　　　　　　　　　　 3 000
　　　　应交税费——应交增值税（销项税额）　　　127 830
7. 借：原材料——原材料（钢板）　　　　　　　　508 000
　　　应交税费——应交增值税（进项税额）　　　　84 680
　　　贷：应付票据——新伟钢铁厂　　　　　　　　592 680
8. 借：生产成本——A 型数控机床　　　　　　　　122 480
　　　　　　——B 型数控机床　　　　　　　　　77 000
　　　贷：原材料——原材料（钢板）　　　　　　　199 480
9. 借：其他应收款——采购部（王健）　　　　　　　5 000
　　　贷：银行存款——工商银行　　　　　　　　　　5 000
10. 借：原材料——原材料（圆钢）　　　　　　　　659 000

	应交税费——应交增值税(进项税额)	111 850	
	贷:银行存款——工商银行		770 850
11.	借:库存现金	6.8	
	贷:待处理财产损溢——待处理流动资产损溢		6.8
12.	借:待处理财产损溢——待处理流动资产损溢	6.8	
	贷:营业外收入		6.8
13.	借:原材料——外购半成品(标准件)	20 000	
	——外购半成品(数控板)	100 000	
	应交税费——应交增值税(进项税额)	20 400	
	贷:银行存款——工商银行		140 400
14.	借:应收账款——南海机床公司	210 600	
	销售费用	2 500	
	应交税费——应交增值税(进项税额)	275	
	贷:主营业务收入——A 型数控机床		180 000
	银行存款——工商银行		2 775
	应交税费——应交增值税(销项税额)		30 600
15.	借:生产成本——A 型数控机床	163 918.75	
	——B 型数控机床	98 850	
	贷:原材料——原材料(圆钢)		262 768.75
16.	借:生产成本——A 型数控机床	84 000	
	——B 型数控机床	56 000	
	贷:原材料——外购半成品(轴承)		140 000
17.	借:管理费用——其他	100	
	贷:库存现金		100
18.	借:原材料——外购半成品(电机)	70 000	
	应交税费——应交增值税(进项税额)	11 900	
	贷:银行存款——工商银行		81 900
19.	借:销售费用——其他	8 000	
	贷:银行存款——工商银行		8 000
20.	借:银行存款——工商银行	414 000	
	财务费用——现金折扣	7 200	
	贷:应收账款——泰山公司		421 200
21.	借:其他货币资金——银行汇票存款	680 000	
	财务费用——工本费	25	
	贷:银行存款——工商银行		680 025
	借:应付账款——新伟钢铁厂	680 000	
	贷:其他货币资金——银行汇票存款		680 000
22.	借:固定资产清理	43 838.54	
	累计折旧——车床 1	8 741.46	

	贷:固定资产——车床1	52 580
借:银行存款——工商银行		33 345
	贷:固定资产清理	28 500
	应交税费——应交增值税(销项税额)	4 845
借:营业外支出——处置非流动资产损失		15 338.54
	贷:固定资产清理	15 338.54
23. 借:应付职工薪酬——职工工资		307 200
	贷:银行存款——工商银行	282 956.35
	其他应付款——住房公积金	7 680
	——医疗保险	3 072
	——养老保险	12 288
	应交税费——应交个人所得税	1 203.65
24. 借:应付职工薪酬——短期薪酬(住房公积金)		15 360
	——短期薪酬(医疗保险)	10 752
	——短期薪酬(工伤保险)	921.6
	——短期薪酬(生育保险)	1 228.8
	——离职后福利(养老保险)	30 720
	其他应付款——住房公积金	7 680
	——医疗保险	3 072
	——养老保险	12 288
	贷:银行存款——工商银行	82 022.4
25. 借:应交税费——应交城市维护建设税		13 253.8
	——应交教育费附加	5 680.2
	——应交个人所得税	1 203.65
	贷:银行存款——工商银行	20 137.65
借:应交税费——未交增值税		189 340
	——应交所得税	25 820
	贷:银行存款——工商银行	215 160
26. 借:应付账款——长峰钢厂		216 216
	贷:银行存款——工商银行	212 520
	财务费用——现金折扣	3 696
27. 借:生产成本——A型数控机床		56 000
	——B型数控机床	28 000
	贷:原材料——外购半成品(电机)	84 000
28. 借:应付职工薪酬——职工教育经费		800
	贷:库存现金	800
29. 借:管理费用——其他		223.5
	贷:库存现金	223.5
30. 借:固定资产——W车床		72 000

银行存款——工商银行	635 000
应交税费——应交增值税（进项税额）	12 240
坏账准备	232 000
贷:应收账款——福海贸易公司	910 000
资产减值损失	41 240

31. 借:管理费用——其他　2 740
　　销售费用——其他　1 030
　　生产成本——辅助生产费用　680
　　制造费用——机加工车间（办公费）　1 380
　　　　　　——装配车间（办公费）　1 020
　　应交税费——应交增值税（进项税额）　1 164.5
　　　贷:银行存款——工商银行　8 014.5
32. 借:管理费用——差旅费　3 850
　　库存现金　1 150
　　　贷:其他应收款——王健　5 000
33. 借:主营业务收入——A 型数控机床　7 200
　　应交税费——应交增值税（销项税额）　1 224
　　财务费用——手续费　25
　　　贷:银行存款——工商银行　8 449
34. 借:银行存款——工商银行　842 400
　　　贷:主营业务收入——A 型数控机床　720 000
　　　　应交税费——应交增值税（销项税额）　122 400
35. 借:生产成本——A 型数控机床　94 870
　　　　　　——B 型数控机床　63 500
　　　贷:原材料——原材料（钢板）　158 370
36. 借:周转材料——低值易耗品（手套）　600
　　　　　　——低值易耗品（工作服）　1 020
　　　　　　——低值易耗品（扳手）　330
　　　　　　——低值易耗品（螺钉）　7 500
　　　　　　——低值易耗品（专用工具）　3 600
　　　贷:银行存款——工商银行　13 050
37. 借:应付账款——长峰钢厂　500 000
　　　贷:银行存款——工商银行　500 000
38. 借:制造费用——机加工车间（材料消耗）　350
　　　贷:原材料——辅助材料（润滑油）　350
39. 借:生产成本——A 型数控机床　19 200
　　　　　　——B 型数控机床　12 800
　　　贷:原材料——外购半成品（标准件）　32 000
40. 借:生产成本——A 型数控机床　98 850

	——B 型数控机床	65 900
	贷:原材料——原材料(圆钢)	164 750
41.	借:生产成本——A 型数控机床	55 000
	——B 型数控机床	35 000
	贷:原材料——外购半成品(数控板)	90 000
42.	借:财务费用——利息费用	9 666.67
	应付利息	7 088.89
	贷:银行存款——中国银行	16 755.56
43.	借:制造费用——装配车间(材料消耗)	50 000
	贷:原材料——辅助材料(油漆)	50 000
44.	借:营业外支出——罚款	20 000
	贷:银行存款——工商银行	20 000
45.	借:制造费用——机加工车间(低值易耗品摊销)	2 600
	——装配车间(低值易耗品摊销)	4 302.5
	生产成本——辅助生产费用	1 970
	贷:周转材料——低值易耗品(工作服)	1 137.5
	——低值易耗品(手套)	280
	——低值易耗品(扳手)	255
	——低值易耗品(螺钉)	4 000
	——低值易耗品(专用工具)	3 200
46.	借:生产成本——辅助生产费用	150
	贷:原材料——辅助材料(润滑油)	150
47.	借:管理费用——其他	500
	销售费用——其他	500
	制造费用——机加工车间(电话费)	300
	——装配车间(电话费)	280
	生产成本——辅助生产费用	160
	贷:银行存款——工商银行	1 740
48.	借:制造费用——机加工车间(水电费)	5 265
	——装配车间(水电费)	2 925
	生产成本——辅助生产费用	1 755
	管理费用——其他	1 755
	应交税费——应交增值税(进项税额)	1 989
	贷:银行存款——工商银行	13 689
49.	借:管理费用——其他	17 120
	制造费用——机加工车间(水电费)	85 600
	——装配车间(水电费)	47 936
	生产成本——辅助生产费用	20 544
	应交税费——应交增值税(进项税额)	29 104

   贷：银行存款——工商银行   200 304

50. 借：管理费用——业务招待费   21850

   贷：银行存款——工商银行   21 850

51. 借：销售费用——广告费   25 000

   贷：银行存款——工商银行   25 000

52. 借：营业外支出——捐赠文出   100 000

   贷：银行存款——工商银行   100 000

53. 借：待处理财产损溢——待处理流动资产损溢   66.5

   贷：周转材料——低值易耗品(手套)   30

      ——低值易耗品(工作服)   25.5

      ——低值易耗品(扳手)   11

54. 借：管理费用——盘亏存货   66.5

   贷：待处理财产损溢——待处理流动资产损溢   66.5

55. 借：银行存款——工商银行   405 960

  销售费用——其他   59 700

   贷：主营业务收入——A 型数据机床   210 000

      ——B 型数控机床   188 000

   应交税费——应交增值税(销项税额)   67 660

56. 借：管理费用——折旧费   7 277.54

  制造费用——机加工车间(折旧费)   2 389.76

     ——装配车间(折旧费)   7 631.69

  生产成本——辅助生产费用   177.52

  其他业务成本——折旧费   1 242.92

   贷：累计折旧   18 719.43

57. 借：管理费用——无形资产摊销   1 920

  制造费用——机加工车间(其他)   574.58

   贷：累计摊销   2 494.58

58. 借：管理费用——工资及福利费等   125 788

  销售费用——工资及福利费等   27 092.8

  生产成本——A 型数控机床(直接人工)   108 851.4

     ——B 型数控机床(直接人工)   44 029.4

  制造费用——机加工车间(工资及福利费等)   22 738.6

     ——装配车间(工资及福利费等)   18 384.4

  生产成本——辅助生产费用   24 673.8

   贷：应付职工薪酬——短期薪酬(工资)   307 200

      ——短期薪酬(公积金)   15 360

      ——短期薪酬(医疗保险)   10 752

      ——短期薪酬(生育保险)   1 228.8

      ——短期薪酬(工伤保险)   921.6

```
                ——短期薪酬(工会经费)                      3 072
                ——短期薪酬(教育经费)                      2 304
                ——离职后福利(养老保险)                   30 720
  59. 借:制造费用——机加工车间(辅助生产费用)            22 549.68
            ——装配车间(辅助生产费用)                  17 538.64
         管理费用——其他                               7 516.56
         销售费用——其他                               2 505.44
         贷:生产成本——辅助生产费用                          50 110.32
      借:生产成本——A 型数控机床                       207 200
            ——B 型数控机床                             86 565.85
         贷:制造费用——机加工车间                           143 747.62
               ——装配车间                                 150 018.23
  60. 借:库存商品——A 型数控机床                       987 245.15
            ——B 型数控机床                             567 645.25
         贷:生产成本——A 型数控机床                         987 245.15
               ——B 型数控机床                             567 645.25
  61. 借:交易性金融资产——公允价值变动                  11 500
         贷:公允价值变动损益                                 11 500
  62. 借:主营业务成本                                   1 748 933.79
         贷:库存商品——A 型数控机床                         941 655.05
               ——B 型数控机床                             513 287.1
         发出商品——A 型数控机床                           157 923
               ——B 型数控机床                             136 068.64
  63. 借:资产减值损失                                   10 530
         贷:坏账准备                                         10 530
  64. 借:应交税费——应交增值税(转出未交增值税)        96 292.5
         贷:应交税费——未交增值税                           96 292.5
      借:管理费用——其他                               43 376.93
         贷:应交税费——土地使用税                           20 000
               ——房产税                                   21 656.93
               ——车船税                                    1 720
      借:营业税金及附加                                 9 629.26
         贷:应交税费——应交城市维护建设税                    6 740.48
               ——应交教育费附加                            2 888.78
  65. 借:长期股权投资——伟业房地产(损益调整)          320 000
         贷:投资收益                                        320 000
  66. 借:本年利润                                       2 268 752.45
         贷:主营业务成本                                   1 748 933.79
            其他业务成本                                     1 242.92
```

	营业税金及附加	9 629.26
	管理费用	234 084.03
	销售费用	126 328.24
	财务费用	13 195.67
	营业外支出	135 338.54
借:主营业务收入		2 400 800
	其他业务收入	33 000
	公允价值变动损溢	11 500
	投资收益	320 000
	资产减值损失	30 710
	营业外收入	6.8
	贷:本年利润	2 796 016.8
67. 借:所得税费用		105 796.84
	贷:应交税费——应交所得税	47 554.34
	递延所得税资产	55 367.5
	递延所得税负债	2 875
借:本年利润		105 796.84
	贷:所得税费用	105 796.84
68. 借:本年利润		1 630 304.25
	贷:利润分配——未分配利润	1 630 304.25
借:利润分配——提取盈余公积		163 030.43
	贷:盈余公积	163 030.43
借:利润分配——未分配利润		163 030.43
	贷:利润分配——提取盈余公积	163 030.43

二、成本费用计算表

48－4

水费分配表
2015 年 12 月

部　门	借方科目	分配比例	金　额
机加工车间	制造费用	45%	5 265
装配车间	制造费用	25%	2 925
机修车间	生产成本	15%	1 755
行政管理部门	管理费用	15%	1755
合计		100%	11 700

审核：张瑞英　　　　　　　　　　　　　　　　　　　　制表：李　红

49－4

电费分配表
2015 年 12 月

部　门	借方科目	单价	用电度数	金　额
机加工车间	制造费用	0.8 元/度	107 000	85 600
装配车间	制造费用	0.8 元/度	59 920	47 936
机修车间	生产成本	0.8 元/度	25 680	20 544
行政管理部门	管理费用	0.8 元/度	21 400	17 120
合计			214 000	171 200

审核：张瑞英　　　　　　　　　　　　　　　　　　　　制表：李　红

56－1

固定资产折旧计提表

单位名称：祥瑞制造有限责任公司　　　　　　2015 年 12 月　　　　　　　　单位：元

固定资产类别	项目名称	购建时间	原值	预计净残值率	预计使用年限	本月折旧	记入借方科目
房屋建筑物	办公楼	2010.6.20	1 239 060.00	10%	50	1 858.59	管理费用
	机加工车间	2010.6.20	516 350.00	10%	50	774.53	制造费用
	装配车间	2010.6.20	450 260.00	10%	50	675.39	制造费用
	机修车间	2010.6.20	50 260.00	10%	50	75.39	制造费用
	小 计		2 255 930.00			3 383.90	
机器设备	车床 1	2010.6.20	52 580.00	5%	20	208.13	制造费用
	车床 2	2011.6.5	52 580.00	5%	20	208.13	制造费用
	铣床 1	2010.6.20	86 800.00	5%	20	343.58	制造费用
	铣床 2	2011.6.5	86 800.00	5%	20	343.58	制造费用
	磨床	2010.6.20	48 500.00	5%	20	191.98	制造费用
	剪板机	2010.6.20	35 000.00	5%	20	138.54	制造费用
	折弯机	2010.6.20	45 800.00	5%	20	181.29	制造费用
	机加工车间小计		408 060.00			1 615.23	
	A 型数控机床装配线	2010.6.20	853 800.00	5%	20	3 379.63	制造费用
	B 型数控机床装配线	2011.6.20	903 580.00	5%	20	3 576.67	制造费用
	装配车间小计		1 757 380.00			6 956.30	
	车床	2010.6.20	18 500.00	5%	20	73.23	制造费用
	电焊机(2 个)	2010.6.20	7 300.00	5%	20	28.9	制造费用
	机修车间小计		25 800.00			102.13	
	机器设备小计		2 191 240.00			8 673.66	
运输工具	桑塔纳轿车	2010.6.20	83 500.00	5%	8	826.3	管理费用
	帕萨特轿车	2011.12.20	225 600.00	5%	8	2 232.50	管理费用
	桑塔纳轿车	2011.6.20	80 500.00	5%	8	796.61	管理费用
	五十铃客货车 2 辆	2010.6.20	158 000.00	5%	8	1 563.54	管理费用
	中型自卸货车(6 吨)1 辆	2011.12.1	125 600.00	5%	8	1 242.92	其他业务成本
	小 计		673 200.00			6 661.87	
	合 计		5 120 370.00			18 719.43	

审批：张伟　　　　　　　　　　复核：张瑞英　　　　　　　　　　制表：李红

56—1

无形资产摊销明细表

单位名称:祥瑞制造有限责任公司　　　　　　2015 年 12 月　　　　　　　　　　　　单位:元

项目	购置时间	入账价值	摊销期限	年摊销额	月摊销额	记入借方科目
土地使用权	2010.6.30	1 152 000.00	50	23 040.00	1 920.00	管理费用
生产专利技术	2012.11.08	68 950.00	10	6 895.00	574.58	制造费用

批准:张伟　　　　　　　　　　复核:张瑞英　　　　　　　　　　编制:李红

职工薪酬计提汇总表

单位名称：祥瑞制造有限责任公司　　2015 年 12 月　　单位：元

部门		职工人数	基本工资	岗位工资	绩效工资	应发工资	住房公积金	各项计提							合计
								医疗保险	养老保险	工伤保险	生育保险	工会经费	教育经费	小计	
行政管理人员		30	52 000.00	31 200.00	20 800.00	104 000.00	5 200.00	3 640.00	10 400.00	312.00	416.00	1 040.00	780.00	21 788.00	125 788.00
销售部门		8	11 200.00	6 720.00	4 480.00	22 400.00	1 120.00	784.00	2 240.00	67.20	89.60	224.00	168.00	4 692.80	27 092.80
机加工车间	生产工人	30	35 200.00	21 120.00	14 080.00	70 400.00	3 520.00	2 464.00	7 040.00	211.20	281.60	704.00	528.00	14 748.80	85 148.80
	管理人员	5	9 400.00	5 640.00	3 760.00	18 800.00	940.00	658.00	1 880.00	56.40	75.20	188.00	141.00	3 936.60	22 738.60
	小计	35	44 600.00	26 760.00	17 840.00	89 200.00	4 460.00	3 122.00	8 920.00	267.60	356.80	892.00	669.00	18 687.40	107 887.40
装配车间	生产工人	24	28 000.00	16 800.00	11 200.00	56 000.00	2 800.00	1 960.00	5 600.00	168.00	224.00	560.00	420.00	11 732.00	67 732.00
	管理人员	4	7 600.00	4 560.00	3 040.00	15 200.00	760.00	532.00	1 520.00	45.60	60.80	152.00	114.00	3 184.40	18 384.40
	小计	28	35 600.00	21 360.00	14 240.00	71 200.00	3 560.00	2 492.00	7 120.00	213.60	284.80	712.00	534.00	14 916.40	86 116.40
机修车间	生产工人	6	5 400.00	3 240.00	2 160.00	10 800.00	540.00	378.00	1 080.00	32.40	43.20	108.00	81.00	2 262.60	13 062.60
	管理人员	2	4 800.00	2 880.00	1 920.00	9 600.00	480.00	336.00	960.00	28.80	38.40	96.00	72.00	2 011.20	11 611.20
	小计	8	10 200.00	6 120.00	4 080.00	20 400.00	1 020.00	714.00	2 040.00	61.20	81.60	204.00	153.00	4 273.80	24 673.80
合计		109	153 600.00	92 160.00	61 440.00	307 200.00	15 360.00	10 752.00	30 720.00	921.60	1 228.80	3 072.00	2 304.00	64 358.40	371 558.40

批准：张伟　　审核：张瑞英　　制表：李红

职工薪酬分配表

2015 年 12 月

部 门			直接计入费用	间接计入费用			费用合计	应借科目
				生产工时	分配率	金额		
行政管理部门			125 788				125 788	管理费用
销售部门			27 092.8				27 092.8	销售费用
机加工车间	生产工人	A 型数控机床		10 855	5.92	64 261.6	64 261.6	生产成本
		B 型数控机床		3 519.76	5.92	20 887.2	20 887.2	生产成本
		小计		14 374.76		85 148.8	85 148.8	
	管理人员		22 738.6				22 738.6	制造费用
	小计		22 738.6			85 148.8	107 887.4	
装配车间	生产工人	A 型数控机床		9 865	4.52	44 589.8	44 589.8	生产成本
		B 型数控机床		5 136.52	4.52	23 142.2	23 142.2	
		小计		15 001.52		67 732	67 732	
	管理人员		18 384.4				18 384.4	制造费用
	小计		18 384.4			67 732	86 116.4	
机修车间	生产工人		13 062.6				13 062.6	生产成本
	管理人员		11 611.2				11 611.2	
	小计		24 673.8				24 673.8	
合计			218 677.6				371 558.4	

58—3

59—2

辅助生产费用分配表

2015 年 12 月 31 日

受益部门	总劳务量（小时）	分配率	分配金额（元）
机加工车间	2 818.71		22 549.68
装配车间	2 192.33		17 538.64
管理部门	939.57		7 516.56
销售部门	313.18		2 505.44
合计	6 263.79	8	50 110.32

批准:张伟　　　　　　　　审核:张瑞英　　　　　　　　制表:李红

59—4

制造费用分配表

车间:机加工车间　　　　　2015 年 12 月 31 日

产品名称	工时（小时）	分配率	分配金额（元）
A 型数控机床	10 855		108 550
B 型数控机床	3 519.76		35 197.62
合计	14 374.76	10	143 747.62

批准:张伟　　　　　　　　审核:张瑞英　　　　　　　　制表:李红

59—5

制造费用分配表

车间:装配车间　　　　　　　　2015 年 12 月 31 日

产品名称	定额工时(小时)	分配率	分配金额(元)
A 型数控机床	9 865		98 650
B 型数控机床	5 136.52		51 365.23
合计	15 001.52	10	150 015.23

批准:张伟　　　　　　　　审核:张瑞英　　　　　　　　制表:李红

60—4

产成品成本计算单

产品名称:A 型数控机床　　　　　　2015 年 12 月 31 日　　　　　　单位:元

成本项目	产品数量	直接材料	直接人工	制造费用	合　计
月初在产品定额成本	8	149 600	11 400	24 000	185 000
本月生产费用	37	694 318.75	108 851.4	207 200	1 010 370.15
生产费用合计		843 918.75	120 251.4	231 200	1 195 370.15
完工产品单位定额		18 700	2 850	6 000	27 550
在产品完工程度		100%	50%	50%	
在产品单位定额		18 700	1 425	3 000	23 125
月末在产品定额成本	9	168 300	12 825	27 000	208 125
完工产品成本	36	675 618.75	107 426.4	204 200	987 245.15
完工产品单位成本		18 767.19	2 984.07	5 672.22	27 423.48

批准:张伟　　　　　　　　审核:张瑞英　　　　　　　　制表:李红

60—5

产成品成本计算单

产品名称：B型数控机床　　　　　2015 年 12 月 31 日　　　　　单位：元

成本项目	产品数量	直接材料	直接人工	制造费用	合 计
月初在产品定额成本	6	78 000	4 050	7 950	90 000
本月生产费用	33	437 050	44 029.4	86 562.85	567 642.25
生产费用合计		515 050	48 079.4	94 512.85	657 642.25
完工产品单位定额		13 000	1 350	2 650	17 000
在产品完工程度		100%	50%	50%	
在产品单位定额		13 000	675	1 325	15 000
月末在产品定额成本	6	78 000	4 050	7 950	90 000
完工产品成本	33	437 050	44 029.4	86 562.85	567 642.25
完工产品单位成本		13 243.94	1 334.22	2 623.12	17 201.28

批准：张伟　　　　　审核：张瑞英　　　　　制表：李红

62—1

销售商品成本结转表

单位名称：祥瑞制造有限公司　　　　　2015 年 12 月 31 日　　　　　单位：台、元

产品型号	期初余额			本月完工入库			本月销售成本			期末余额		
	数量	单价	金额	数量	单价	金额	数量	单价	金额	数量	单价	金额
A型	32	26 320.5	8 422.56	36	27 423.48	987 245.15	35	26 904.43	941 655.05	33	26 904.43	887 846.1
B型	30	17 008.58	510 257.4	33	17 201.37	567 645.25	30	17 109.57	513 287.1	33	17 109.57	564 615.55

审批人：张 伟　　　　　复核人：张瑞英　　　　　制表人：李红

62—2

委托代销商品成本结转表

单位名称:祥瑞制造有限公司　　　　　　2015 年 12 月 31 日　　　　　　　　　　单位:台、元

产品型号	期初余额			本月销售成本			期末余额		
	数量	单价	金额	数量	单价	金额	数量	单价	金额
A 型	10	26 320.5	263 205	6	26 320.5	157 923	4	26 320.5	105 282
B 型	10	17 008.58	170 085.8	8	17 008.58	136 068.64	2	17 008.58	34 017.16

审批人:张伟　　　　　　　　复核人:张瑞英　　　　　　　　制表人:李红

63—1

坏账准备计提明细表

单位名称:祥瑞制造有限公司　　　　　　2015 年 12 月 31 日　　　　　　　　　　单位:元

账 龄	应收账款期初余额	计提比率	坏账准备期初余额	本期转销坏账准备	应收账款期末余额	坏账准备期末余额	本期计提坏账准备
1 年以内	700 000.00	5%	35 000.00		910 600.00	45 530.00	10 530.00
1～2 年	660 000.00	20%	132 000.00	132 000.00			
2～3 年	250 000.00	40%	100 000.00	100 000.00			
3 年以上		100%					
合计	1 610 000.00		267 000.00	232 000.00	910 600.00	45 530.00	10 530.00

审批人:张　伟　　　　　　　复核人:张瑞英　　　　　　　　制表人:王强

64—1 增值税纳税申报表

增值税纳税申报表

(一般纳税人适用)

根据国家税收法律法规及增值税相关规定制定本表。纳税人不论有无销售额，均应按税务机关核定的纳税期限填写本表，并向当地税务机关申报。

税款所属时间：自 2015 年 12 月 1 日至 2015 年 12 月 31 日　　　　填表日期：2015 年 12 月 31 日　　　　　　　　　　　金额单位：元至角分

纳税人识别号								1 4 5 6 7 2 8 6 7			所属行业：C342				
纳税人名称				公章	法定代表人姓名	李栋梁	注册地址	南海市朝阳区朝阳东街66号		生产经营地址	南海市朝阳区朝阳东街66号		
开户银行及账号			中国工商银行南海市支行 267150660526				登记注册类型	有限责任公司			电话号码	0561-69986559		

	项　目	栏次	一般货物、劳务和应税服务		即征即退货物、劳务和应税服务	
			本月数	本年累计	本月数	本年累计
销售额	(一)按适用税率计税销售额	1	2 462 300.00	15 798 900.00		
	其中：应税货物销售额	2	2 429 300.00	15 513 300.00		
	应税劳务销售额	3	33 000.00	285 600.00		
	纳税检查调整的销售额	4				
	(二)按简易办法计税销售额	5				
	其中：纳税检查调整的销售额	6				
	(三)免、抵、退办法出口销售额	7			—	—
	(四)免税销售额	8			—	—
	其中：免税货物销售额	9			—	—
	免税劳务销售额	10			—	—
税款计算	销项税额	11	416 611.00	2 668 677.00		
	进项税额	12	320 318.50	1 334 226.50		
	上期留抵税额	13				—
	进项税额转出	14				
	免、抵、退应退税额	15				—
	按适用税率计算的纳税检查应补缴税额	16				—
	应抵扣税额合计	17＝12＋13－14－15＋16	320 318.50	—		—
	实际抵扣税额	18(如17＜11,则为17,否则为11)	320 318.50	1 334 226.50		—
	应纳税额	19＝11－18	96 292.50	1 334 450.50		
	期末留抵税额	20＝17－18				—
	简易计税办法计算的应纳税额	21				
	按简易计税办法计算的纳税检查应补缴税额	22				—
	应纳税额减征额	23				
	应纳税额合计	24＝19＋21－23	96 292.50	1 334 450.50		
税款缴纳	期初未缴税额(多缴为负数)	25	189 340.00	1 238 158.00		
	实收出口开具专用缴款书退税额	26				—
	本期已缴税额	27＝28＋29＋30＋31	189 340.00	1 238 158.00		
	①分次预缴税额	28		—		
	②出口开具专用缴款书预缴税额	29		—		
	③本期缴纳上期应纳税额	30	189 340.00	1 238 158.00		
	④本期缴纳欠缴税额	31				
	期末未缴税额(多缴为负数)	32＝24＋25＋26－27	96 292.50	96 292.50		
	其中：欠缴税额(≥0)	33＝25＋26－27				
	本期应补(退)税额	34＝24－28－29	96 292.50	—		
	即征即退实际退税额	35	—	—		
	期初未缴查补税额	36		—		
	本期入库查补税额	37		—		
	期末未缴查补税额	38＝16＋22＋36－37		—		

授权声明	如果你已委托代理人申报,请填写下列资料： 为代理一切税务事宜,现授权 (地址)　　　　　为本纳税人的代理申报人,任何与本申报表有关的往来文件,都可寄于此人。 授权人签字：	申报人声明	本纳税申报表是根据国家税收法律法规及相关规定填报的,我确定它是真实的、可靠的、完整的。 　　　　　　　　　　声明人签字：李栋梁

主管税务机关：　　　　　　　　　　接收人：　　　　　　　　　　　接收日期：

64—2

地方税(费)综合申报表

填报日期:2015 年 12 月 31 日　　　　　　　　　　　　金额单位:人民币元

身份识别	①纳税人 ☑		②扣缴义务人			③委托代征人 □	
编　码	150113445672867			名　称	祥瑞制造有限责任公司		
地　址	南海市朝阳区朝阳东街 66 号	行业类别	制造业		注册类型	有限责任公司	
开户银行	中国工商银行南海市分行	银行账号	267—50660526		电　话	0561—69986559	
主管机关	南海市地税局第四分局		税务管理人员		李亚明		

税(费)种	税目	税(费)款所属时间	计税(费)依据或课税(费)数量	税(费)率或单位税(费)额	本期应纳税(费)额	累计欠缴或已缴税(费)额	减免税(费)额	本期应纳税(费)额合计
城市维护建设税	城市	2015.12.01—12.31	96 292.50	7%	6 740.48			6 740.48
教育费附加	教育费附加	2015.12.01—12.31	96 292.50	3%	2 888.78			2 888.78
房产税	自用房产	2015.12.01—12.31	1 804 744.00	1.2%	21 656.93			21 656.93
城镇土地使用税	中等城市	2015.12.01—12.31	5 000	4 元/平方米	20 000.00			20 000.00
车船税		2015.12.01—12.31			1 720.00			1 720.00

企业所得税	税款所属时间	收入额或利润总额	应税所得率或纳税调整额	应纳税所得额	税率	应纳所得税额	累计欠缴或已缴税额	减免税额	期末应补(退)税额

个人所得税	税款所属时间	所得项目	收入额	应纳税所得额	税率	速算扣除数	应纳税额	已扣缴税额	期末应补(退)税额

授权代理人:(如果你已委托代理人申报,请填写下列资料)为代理一切税务事宜,现授权_____为本人代理申报人。任何与本报表有关的往来文件,都可寄予此人。

授权人签字:_____

声明:我声明:此纳税申报表是根据税收法律、法规的规定填报的,我确信它是真实的、可靠的、完整的。

声明人签字:李林梁

纳税人盖章:(章)

会计主管签字:张 伟　　　　代理申报人签字:

以下由税务机关填写

收到日期		接收人		审核日期		税务机关盖章
审核记录			完税证号:审核人签字:			

注:本表一式二联,第一联为申报联,税务机关审核后退还纳税人,第二联为收执联,由主管税务机关存档。

66—1

所得税费用计算表

2015 年 12 月 31 日

项　目	金　额
1. 会计利润总额	527 239.35
加：纳税调增金额	215 948.00
减：纳税调减金额	552 970.00
2. 应纳税所得额	190 217.35
3. 应交所得税（税率 25%）	47 554.34
加：递延所得税负债	2 875.00
减：递延所得税资产	−55 367.50
4. 所得税费用	105 796.84

审批：张　伟　　　　　复核：张瑞英　　　　　制表：赵龙

三、科目汇总表

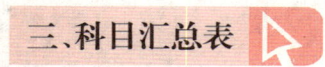

科目汇总表

编制单位：祥瑞制造有限责任公司　　　日期：2015 年 12 月 31 日　　　金额单位：元

科目编码	总账科目	本期发生额	
		借方	贷方
1001	库存现金	9 156.80	1 123.50
1002	银行存款	4 004 835.00	3 438 598.46
1012	其他货币资金	680 000.00	680 000.00
1101	交易性金融资产	11 500.00	
1121	应收票据		760 000.00
1122	应收账款	631 800.00	1 331 200.00
1221	其他应收款	5 000.00	5 000.00
1231	坏账准备	232 000.00	10 530.00
1403	原材料	1 631 800.00	1 181 868.75
1405	库存商品	1 554 890.40	1 454 942.15
1406	发出商品		293 991.64
1412	周转材料	13 050.00	8 939.00
1511	长期股权投资	320 000.00	

续表

科目编码	总账科目	本期发生额	
		借方	贷方
1601	固定资产	72 000.00	52 580.00
1602	累计折旧	8 741.46	18 719.43
1606	固定资产清理	43 838.54	43 838.54
1702	累计摊销		2 494.58
1811	递延所得税资产		55 367.50
1901	待处理财产损溢	73.30	73.30
2201	应付票据		592 680.00
2202	应付账款	1 396 216.00	321 516.00
2211	应付职工薪酬	366 982.40	371 558.40
2221	应交税费	651 908.65	614 667.68
2231	应付利息	7 088.89	
2241	其他应付款	23 040.00	23 040.00
2901	递延所得税负债		2 875.00
4101	盈余公积		163 030.43
4103	本年利润	4 004 878.54	2 796 016.80
4104	利润分配	326 060.86	1 793 334.68
5001	生产成本	1 628 125.72	1 605 000.72
5101	制造费用	293 765.85	293 765.85
6001	主营业务收入	2 400 800.00	2 400 800.00
6051	其他业务收入	33 000.00	33 000.00
6101	公允价值变动损益	11 500.00	11 500.00
6111	投资收益	320 000.00	320 000.00
6301	营业外收入	6.80	6.80
6401	主营业务成本	1 748 933.79	1 748 933.79
6402	其他业务成本	1 242.92	1 242.92
6403	营业税金及附加	9 629.26	9 629.26
6601	销售费用	126 328.24	126 328.24
6602	管理费用	234 084.03	234 084.03
6603	财务费用	13 220.67	13 220.67
6701	资产减值损失	30 710.00	30 710.00
6711	营业外支出	135 338.54	135 338.54
6801	所得税费用	105 796.84	105 796.84
合　计		23 087 343.50	23 087 343.50

四、试算平衡表

试算平衡表

编制单位：祥瑞制造有限责任公司　　日期：2015 年 12 月 31 日　　金额单位：元

总账科目	二级明细科目	三级明细科目	期初余额 借方	期初余额 贷方	本年累计发生额 借方	本年累计发生额 贷方	年末余额 借方	年末余额 贷方
库存现金			3 520.00		67 809.60	63 057.80	8 271.80	
银行存款			653 218.09		22 563 040.60	22 236 356.68	979 902.01	
	工商银行		600 858.09		18 563 040.60	18 191 091.12	972 807.57	
	中国银行		52 360.00		4 000 000.00	4 045 265.56	7 094.44	
其他货币资金	银行汇票存款		0.00		680 000.00	680 000.00	—	
交易性金融资产		成本	156 500.00		11 500.00		168 000.00	
	阳光股份		148 500.00		—	—	148 500.00	
		公允价值变动	8 000.00		11 500.00		19 500.00	
应收票据			258 000.00		1 392 400.00	1 018 000.00	632 400.00	
	北方机电公司		0.00		760 000.00	760 000.00	—	
	汉北有限公司		258 000.00		632 400.00	258 000.00	632 400.00	
应收账款			1 610 000.00		6 731 800.00	7 431 200.00	910 600.00	
	福海贸易公司		910 000.00		—	910 000.00		
	泰山公司		500 000.00		1 253 000.00	1 753 000.00		
	远航公司		200 000.00		197 000.00	397 000.00	—	
	南海市机床经销公司		0.00		3 810 600.00	3 000 000.00	810 600.00	
	泰安起重机厂		0.00		1 471 200.00	1 371 200.00	100 000.00	
其他应收款			1 200.00		7 080.00	7 000.00	1 280.00	

续表

总账科目	二级明细科目	三级明细科目	期初余额		本年累计发生额		年末余额	
			借方	贷方	借方	贷方	借方	贷方
	南海市机床经销公司	押金	1 200.00		80.00	—	1 280.00	
	张建平		0.00		2 000.00	2 000.00	—	
	王健				5 000.00	5 000.00	—	
坏账准备	福海贸易公司			267 000.00	267 000.00	45 530.00		45 530.00
	泰山公司			232 000.00	232 000.00	—		—
	远航公司			25 000.00	25 000.00	—		—
	南海市机床经销公司			10 000.00	10 000.00	—		—
	泰安起重机厂			0.00	—	40 530.00		40 530.00
				0.00	—	5 000.00		5 000.00
原材料			758 350.00		8 732 050.00	8 562 468.75	927 931.25	
	原材料		405 540.00		4 931 260.00	4 715 368.75	621 431.25	
		圆钢	215 000.00		2 682 000.00	2 637 518.75	259 481.25	
		钢板	190 540.00		2 249 260.00	2 077 850.00	361 950.00	
	外购半成品	轴承	276 850.00		3 725 550.00	3 746 000.00	256 400.00	
			100 850.00		763 150.00	774 000.00	90 000.00	
		电机	85 000.00		1 324 400.00	1 352 000.00	57 400.00	
		标准件	28 000.00		396 000.00	400 000.00	24 000.00	
		数控板	63 000.00		1 242 000.00	1 220 000.00	85 000.00	
	辅助材料		75 960.00		75 240.00	101 100.00	50 100.00	
		油漆	75 000.00		71 000.00	96 000.00	50 000.00	
		润滑油	960.00		4 240.00	5 100.00	100.00	
库存商品			1 165 323.50		11 323 025.31	11 035 887.16	1 452 461.65	

续表

总账科目	二级明细科目	三级明细科目	期初余额 借方	期初余额 贷方	本年累计发生额 借方	本年累计发生额 贷方	年末余额 借方	年末余额 贷方
	A型数控机床		699 194.10		7 290 184.58	7 101 532.58	887 846.10	
	B型数控机床		466 129.40		4 032 840.73	3 934 354.58	564 615.55	
发出商品					433 290.80	293 991.64	139 299.16	
	A型数控机床		0.00		263 205.00	157 923.00	105 282.00	
	B型数控机床		0.00		170 085.80	136 068.64	34 017.16	
周转材料			10 500.00		144 430.00	133 019.00	21 911.00	
	低值易耗品		7 500.00		121 130.00	111 719.00	16 911.00	
		工作服	500.00		5 280.00	5 423.00	357.00	
		手套	100.00		1 665.00	1 375.00	390.00	
		专用工具	1 200.00		11 500.00	10 300.00	2 400.00	
		扳手	100.00		785.00	621.00	264.00	
		螺钉	5 600.00		101 900.00	94 000.00	13 500.00	
	包装物		3 000.00		23 300.00	21 300.00	5 000.00	
		包装箱	3 000.00		23 300.00	21 300.00	5 000.00	
长期股权投资		成本	1 150 000.00		320 000.00	—	1 470 000.00	
	伟业房地产公司		1 000 000.00		—	—	1 000 000.00	
		损益调整	150 000.00		320 000.00	—	470 000.00	
固定资产			5 120 370.00		72 000.00	52 580.00	5 139 790.00	
	房屋建筑物		2 255 930.00			—	2 255 930.00	
		办公楼	1 239 060.00		—	—	1 239 060.00	
		机加工车间	516 350.00		—	—	516 350.00	
		装配车间	450 260.00		—	—	450 260.00	

续表

总账科目	二级明细科目	三级明细科目	期初余额		本年累计发生额		年末余额	
			借方	贷方	借方	贷方	借方	贷方
		机修车间	50 260.00		—		50 260.00	
	机器设备		2 191 240.00		72 000.00	52 580.00	2 210 660.00	
		车床 1	52 580.00		—	52 580.00	—	
		车床 2	52 580.00		—	—	52 580.00	
		W 车床	0.00		72 000.00	—	72 000.00	
		铣床 1	86 800.00		—	—	86 800.00	
		铣床 2	86 800.00		—	—	86 800.00	
		磨床	48 500.00		—	—	48 500.00	
		剪板机	35 000.00		—	—	35 000.00	
		折弯机	45 800.00		—	—	45 800.00	
		A 型数控机床装配线	853 800.00		—	—	853 800.00	
		B 型数控机床装配线	903 580.00		—	—	903 580.00	
		车床 3	18 500.00		—	—	18 500.00	
		电焊机(2 个)	7 300.00		—	—	7 300.00	
	运输工具		673 200.00		0.00	0.00	673 200.00	
		桑塔纳轿车 1	83 500.00		—	—	83 500.00	
		帕萨特轿车	225 600.00		—	—	225 600.00	
		桑塔纳轿车 2	80 500.00		—	—	80 500.00	
		五十铃客货车 2 辆(1 吨)	158 000.00		—	—	158 000.00	
		中型自卸货车 1 辆(6 吨)	125 600.00		—	—	125 600.00	
累计折旧				439 925.46	8 741.46	224 633.16	0.00	655 817.16
	房屋建筑物			101 517.00		40 606.80		142 123.80

续表

总账科目	二级明细科目	三级明细科目	期初余额		本年累计发生额		年末余额	
			借方	贷方	借方	贷方	借方	贷方
		办公楼		55 757.70	—	22 303.08		78 060.78
		机加工车间		23 235.90	—	9 294.36		32 530.26
		装配车间		20 261.70	—	8 104.68		28 366.38
		机修车间		2 261.70	—	904.68		3 166.38
	机器设备			210 669.24	8 741.46	104 083.92	0.00	306 011.70
		车床 1		6 243.90	8 741.46	2 497.56		—
		车床 2		3 746.34	—	2 497.56		6 243.90
		铣床 1		10 307.40	—	4 122.96		14 430.36
		铣床 2		6 184.44	—	4 122.96		10 307.40
		磨床		5 759.40	—	2 303.76		8 063.16
		剪板机		4 156.20	—	1 662.48		5 818.68
		折弯机		5 438.70	—	2 175.48		7 614.18
		A 型数控机床装配线		101 388.90	—	40 555.56		141 944.46
		B 型数控机床装配线		64 380.06	—	42 920.04		107 300.10
		车床 3		2 196.90	—	878.76		3 075.66
		电焊机(2 个)		867.00	—	346.80		1 213.80
	运输工具			127 739.22		79 942.44	0.00	207 681.66
		桑塔纳轿车 1		24 789.00		9 915.60		34 704.60
		帕萨特轿车		26 790.00		26 790.00		53 580.00
		桑塔纳轿车 2		14 338.98		9 559.32		23 898.30
		五十铃客货车 2 辆(1 吨)		46 906.20	—	18 762.48		65 668.68
		中型自卸货车 1 辆(6 吨)		14 915.04	—	14 915.04		29 830.08

续表

总账科目	二级明细科目	三级明细科目	期初余额 借方	期初余额 贷方	本年累计发生额 借方	本年累计发生额 贷方	年末余额 借方	年末余额 贷方
无形资产			1 220 950.00		—	—	1 220 950.00	
	土地使用权		1 152 000.00		—	—	1 152 000.00	
	生产专利技术		68 950.00		—	—	68 950.00	
累计摊销				60 094.58	—	29 935.00		90 029.58
	土地使用权			59 520.00	—	23 040.00		82 560.00
	生产专利技术			574.58	—	6 895.00		7 469.58
递延所得税资产			66 750.00		—	55 367.50	11 382.50	
待处理财产损溢			0.00		73.30	73.30		
资产小计			12 174 681.59	767 020.04	52 754 241.07	51 869 099.99	13 084 179.37	791 376.74
短期借款				2 000 000.00	2 000 000.00	2 000 000.00		2 000 000.00
	中国银行			2 000 000.00	2 000 000.00	2 000 000.00		2 000 000.00
应付票据				385 900.00	385 900.00	592 680.00		592 680.00
	淮北钢铁厂			385 900.00	385 900.00	592 680.00		592 680.00
应付账款				1 881 000.00	5 517 826.00	4 534 026.00		897 200.00
	新伟钢铁厂			571 760.00	1 379 260.00	807 500.00		—
	长峰钢厂			1 035 320.00	1 905 046.00	1 549 426.00		679 700.00
	新华标准件厂			153 020.00	1 016 820.00	898 000.00		34 200.00
	创新电子设备厂			85 900.00	767 900.00	780 000.00		98 000.00
	新阳轴承厂			35 000.00	448 800.00	499 100.00		85 300.00
应付职工薪酬				369 258.10	4 446 824.50	4 458 700.80	0.00	381 134.40
	短期薪酬			338 538.10	4 078 184.50	4 090 060.80	0.00	350 414.40
		工资		307 200.00	3 686 400.00	3 686 400.00		307 200.00
		福利		0.00	—	—		—

续表

总账科目	二级明细科目	三级明细科目	期初余额 借方	期初余额 贷方	本年累计发生额 借方	本年累计发生额 贷方	年末余额 借方	年末余额 贷方
		公积金		15 360.00	184 320.00	184 320.00		15 360.00
		医疗保险		10 752.00	129 024.00	129 024.00		10 752.00
		工伤保险		921.60	11 059.20	11 059.20		921.60
		生育保险		1 228.80	14 745.60	14 745.60		1 228.80
		工会经费		1 072.00	29 792.00	36 864.00		8 144.00
		职工教育经费		2 003.70	22 843.70	27 648.00		6 808.00
	离职后福利			30 720.00	368 640.00	368 640.00		30 720.00
		养老保险		30 720.00	368 640.00	368 640.00		30 720.00
应交税费				125 078.22	4 131 050.60	4 202 825.41		196 853.03
		进项税额			2 668 677.00	2 668 677.00		
		销项税额			1 736 113.90			
		转出未交增值税			932 563.10	2 668 677.00		
	未交增值税			74 135.00	910 405.60	932 563.10		96 292.50
	应交城市建设维护税			5 189.45	63 728.39	65 279.42		6 740.48
	应交教育费附加			2 224.05	27 312.17	27 976.90		2 888.78
	应交企业所得税			43 529.72	446 483.64	450 508.26		47 554.34
	应交个人所得税			0.00	14 443.80	14 443.80		—
	应交土地使用税			0.00	—	20 000.00		20 000.00
	应交房产税			0.00	—	21 656.93		21 656.93
	应交车船税			0.00	—	1 720.00		1 720.00
应付利息				4 098.89	25 098.89	21 000.00		—
	中国银行			4 098.89	25 098.89	21 000.00		—

续表

总账科目	二级明细科目	三级明细科目	期初余额		本年累计发生额		年末余额	
			借方	贷方	借方	贷方	借方	贷方
其他应付款				26 195.39	302 675.39	276 480.00		—
	远航公司押金			26 195.39	26 195.39	—		—
	公积金			0.00	92 160.00	92 160.00		—
	养老保险			0.00	147 456.00	147 456.00		—
	医疗保险			0.00	36 864.00	36 864.00		—
递延所得税负债				2 000.00	—	2 875.00		4 875.00
负债小计				4 793 530.60	16 809 375.38	16 088 587.21	0.00	4 072 742.43
实收资本				5 000 000.00	—	—		5 000 000.00
	长达股份有限公司			1 250 000.00	—	—		1 250 000.00
	蓝海股份公司			3 750 000.00	—	—		3 750 000.00
资本公积				250 000.00	—	—		250 000.00
	其他资本公积			250 000.00	—	—		250 000.00
盈余公积				205 206.50		163 030.43		368 236.93
	法定盈余公积			205 206.50		163 030.43		368 236.93
本年利润					16 180 945.43	16 180 945.43		
利润分配				1 432 674.45	326 060.86	1 793 334.68		2 899 948.27
	未分配利润			1 432 674.45	163 030.43	1 630 304.25		2 899 948.27
	提取盈余公积				163 030.43	163 030.43		
所有者权益小计				6 887 880.95	16 507 006.29		0.00	8 518 185.20
主营业务收入					15 484 800.00	15 484 800.00		
	A型数控机床				9 508 800.00	9 508 800.00		
	B型数控机床				5 976 000.00	5 976 000.00		
主营业务成本					10 896 588.00	10 896 588.00		

续表

总账科目	二级明细科目	三级明细科目	期初余额 借方	期初余额 贷方	本年累计发生额 借方	本年累计发生额 贷方	年末余额 借方	年末余额 贷方
	A型数控机床				6 996 250.58	6 996 250.58		
	B型数控机床				3 900 337.42	3 900 337.42		
其他业务收入					285 600.00	285 600.00		
	运输费收入				285 600.00	285 600.00		
其他业务成本					14 915.04	14 915.04		
	折旧费				14 915.04	14 915.04		
营业税金及附加					93 256.32	93 256.32		
销售费用					584 236.58	584 236.58		
	工资及福利费				268 800.00	268 800.00		
	公积金				13 440.00	13 440.00		
	医疗保险				9 408.00	9 408.00		
	养老保险				26 880.00	26 880.00		
	工伤保险				806.40	806.40		
	生育保险				1 075.20	1 075.20		
	工会经费				2 688.00	2 688.00		
	教育经费				2 016.00	2 016.00		
	折旧费				—	—		
	运输费				55 000.00	55 000.00		
	广告费				25 000.00	25 000.00		
	差旅费				56 850.00	56 850.00		
	其他				122 272.98	122 272.98		
管理费用					2 231 872.61	2 231 872.61		
	工资及福利费				1 248 000.00	1 248 000.00		

续表

总账科目	二级明细科目	三级明细科目	期初余额		本年累计发生额		年末余额	
			借方	贷方	借方	贷方	借方	贷方
	公积金				62 400.00	62 400.00		
	医疗保险				43 680.00	43 680.00		
	养老保险				124 800.00	124 800.00		
	工伤保险				3 744.00	3 744.00		
	生育保险				4 992.00	4 992.00		
	工会经费				12 480.00	12 480.00		
	教育经费				9 360.00	9 360.00		
	折旧费				87 330.48	87 330.48		
	无形资产摊销				23 040.00	23 040.00		
	业务招待费				174 800.00	174 800.00		
	差旅费				127 350.00	127 350.00		
	其他				309 896.13	309 896.13		
财务费用	利息				85 683.33	85 683.33		
	现金折扣				41 191.67	41 191.67		
	手续费				43 941.66	43 941.66		
					550.00	550.00		
资产减值损失					30 710.00	30 710.00		
公允价值变动收益					11 500.00	11 500.00		
投资收益					320 000.00	320 000.00		
营业外收入	罚款及赔偿所得				48 335.43	48 335.43		
	现金盘盈				23 328.63	23 328.63		
	其他				6.80	6.80		
					25 000.00	25 000.00		

续表

总账科目	二级明细科目	三级明细科目	期初余额 借方	期初余额 贷方	本年累计发生额 借方	本年累计发生额 贷方	年末余额 借方	年末余额 贷方
营业外支出					135 338.54	135 338.54		
	处置非流动资产净损失				15 338.54	15 338.54		
	罚款支出				20 000.00	20 000.00		
	捐赠支出				100 000.00	100 000.00		
	其他				—	—		
所得税费用					508 750.76	508 750.76		
损益小计					30 731 586.61	30 731 586.61		
生产成本			273 750.00		11 680 875.11	11 656 500.11	298 125.00	
	A 型数控机床		185 250.00		7 313 059.59	7 290 184.59	208 125.00	
		直接材料	149 800.00		4 980 117.45	4 961 617.45	168 300.00	
		直接人工	11 415.00		739 130.34	737 720.34	12 825.00	
		制造费用	24 035.00		1 593 811.80	1 590 846.80	27 000.00	
	B 型数控机床		88 500.00		4 034 340.68	4 032 840.68	90 000.00	
		直接材料	77 000.00		3 071 598.50	3 070 598.50	78 000.00	
		直接人工	3 980.00		321 315.03	321 245.03	4 050.00	
		制造费用	7 520.00		641 427.15	640 997.15	7 950.00	
	辅助生产费用				333 474.84	333 474.84	—	
制造费用					1 080 861.96	1 080 861.96		
	机加工车间				578 861.96	578 861.96		
		工资及福利费			225 600.00	225 600.00		
		公积金			11 280.00	11 280.00		
		医疗保险			7 896.00	7 896.00		
		养老保险			22 560.00	22 560.00		

续表

总账科目	二级明细科目	三级明细科目	期初余额 借方	期初余额 贷方	本年累计发生额 借方	本年累计发生额 贷方	年末余额 借方	年末余额 贷方
		工伤保险			676.80	676.80		
		生育保险			902.40	902.40		
		工会经费			2 256.00	2 256.00		
		教育经费			1 692.00	1 692.00		
		低值易耗品摊销			48 129.00	48 129.00		
		折旧费			4 779.52	4 779.52		
		辅助生产费用			144 862.48	144 862.48		
		其他			108 227.76	108 227.76		
	装配车间	工资及福利费			502 000.00	502 000.00		
		公积金			182 400.00	182 400.00		
		医疗保险			9 120.00	9 120.00		
		养老保险			6 384.00	6 384.00		
		工伤保险			18 240.00	18 240.00		
		生育保险			547.20	547.20		
		工会经费			729.60	729.60		
		教育经费			1 824.00	1 824.00		
		低值易耗品摊销			1 368.00	1 368.00		
		折旧费			44 553.50	44 553.50		
		辅助生产费用			15 263.38	15 263.38		
		其他			112 670.82	112 670.82		
		其他			108 899.50	108 899.50		
成本小计			273 750.00		12 761 737.07	12 737 362.07	298 125.00	
总　计			12 448 431.59	12 448 431.59	129 563 946.42	129 563 946.42	13 382 304.37	13 382 304.37

五、资产负债表

资产负债表

编制单位：祥瑞制造有限责任公司　　　　填报日期：2015 年 12 月 31 日　　　　　　　　单位：元

资　产	行次	期末余额	年初余额	负债及所有者权益（或股东权益）	行次	期末余额	年初余额
流动资产：	1			流动负债：	34		
货币资金	2	988 173.81	656 738.09	短期借款	35	2 000 000.00	2 000 000.00
交易性金融资产	3	168 000.00	156 500.00	交易性金融负债	36	—	—
应收票据	4	632 400.00	258 000.00	应付票据	37	592 680.00	385 900.00
应收账款	5	865 070.00	1 343 000.00	应付账款	38	897 200.00	1 881 000.00
预付款项	6	—	—	预收款项	39		
应收利息	7			应付职工薪酬	40	381 134.40	369 258.10
应收股利	8	—	—	应交税费	41	196 853.03	125 078.22
其他应收款	9	1 280.00	1 200.00	应付利息	42	—	4 098.89
存货	10	2 839 728.06	2 207 923.50	应付股利	43		
一年内到期的非流动资产	11			其他应付款	44		26 195.39
其他流动资产	12	—	—	一年内到期的非流动负债	45	—	—
流动资产合计	13	5 494 651.87	4 623 361.59	其他流动负债	46		
非流动资产：	14	—	—	流动负债合计	47	4 067 867.43	4 791 530.60
可供出售金融资产	15			非流动负债：	48		
持有至到期投资	16			长期借款	49		
长期应收款	17			应付债券	50		
长期股权投资	18	1 470 000.00	1 150 000.00	长期应付款	51		
投资性房地产	19	—	—	专项应付款	52		
固定资产	20	4 483 972.84	4 680 444.54	预计负债	53		
在建工程	21			递延所得税负债	54	4 875.00	2 000.00
工程物资	22			其他非流动负债	55		
固定资产清理	23			非流动负债合计	56	4 875.00	2 000.00
生产性生物资产	24			负债合计	57	4 072 742.43	4 793 530.60
油气资产	25	—	—	所有者权益：	58	—	—
无形资产	26	1 130 920.42	1 160 855.42	实收资本（或股本）	59	5 000 000.00	5 000 000.00
开发支出	27	—	—	资本公积	60	250 000.00	250 000.00
商誉	28	—	—	其他综合收益	61		
长期待摊费用	29	—	—	盈余公积	62	368 236.93	205 206.50
递延所得税资产	30	11 382.50	66 750.00	未分配利润	63	2 899 948.27	1 432 674.45
其他非流动资产	31	—	—	所有者权益合计	64	8 518 185.20	6 887 880.95
非流动资产合计	32	7 096 275.76	7 058 049.96		65	—	—
资产总计	33	12 590 927.63	11 681 411.55	负债和所有者权益总计	66	12 590 927.63	11 681 411.55

单位负责人：李栋梁　　　　　　　财务负责人：张伟　　　　　　　制表：张瑞英

六、利润表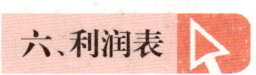

利润表

2015 年度

会企 02 表

编制单位:祥瑞制造有限责任公司

单位:元

项　目	行次	本期金额	上期金额
一、营业收入	1	15 770 400.00	11 032 880.00
减:营业成本	2	10 911 503.04	7 396 663.12
营业税金及附加	3	93 256.32	65 230.12
销售费用	4	584 236.58	439 865.20
管理费用	5	2 231 872.61	2 053 250.82
财务费用	6	85 683.33	62 890.55
资产减值损失	7	−30 710.00	82 000.00
加:公允价值变动收益(损失以"−"号填列)	8	11 500.00	8 000.00
投资收益(损失以"−"号填列)	9	320 000.00	150 000.00
其中:对联营企业和合营企业的投资收益	10	—	—
二、营业利润(亏损以"−"号填列)	11	2 226 058.12	1 090 980.19
加:营业外收入	12	48 335.43	52 850.00
减:营业外支出	13	135 338.54	35 000.00
其中:非流动资产处置损失	14	15 338.54	—
三、利润总额(亏损总额以"−"号填列)	15	2 139 055.01	1 108 830.19
减:所得税费用	16	508 750.76	239 707.55
四、净利润(净亏损以"−"号填列)	17	1 630 304.25	869 122.64
五、其他综合收益的税后净额	18	—	—
(一)以后不能重分类进损益的其他综合收益	19	—	—
(二)以后将重分类进损益的其他综合收益	20	—	—
六、综合收益总额	21	1 630 304.25	869 122.64
七、每股收益	22	—	—
(一)基本每股收益	23	—	—
(二)稀释每股收益	24	—	—

单位负责人:李栋梁　　　　　　财务负责人:张伟　　　　　　制表:张瑞英

七、现金流量表

编制单位：祥瑞制造有限责任公司

现金流量表

2015 年 12 月

会企 03 表
单位:元

项　目	行次	金　额
一、经营活动产生的现金流量：		
销售商品、提供劳务收到的现金	1	4 029 966.00
收到的税费返还	2	—
收到的其他与经营活动有关的现金	3	1 156.80
经营活动现金流入小计	4	4 031 122.80
购买商品、接受劳务支付的现金	5	2 605 293.50
支付给职工以及为职工支付的现金	6	366 982.40
支付的各项税费	7	234 094.00
支付的其他与经营活动有关的现金	8	263 518.50
经营活动现金流出小计	9	3 469 888.40
经营活动产生的现金流量净额	10	561 234.40
二、投资活动产生的现金流量：		
收回投资所收到的现金	11	—
取得投资收益所收到的现金	12	—
处置固定资产、无形资产和其他长期资产收回的现金净额	13	33 345.00
处置子公司及其他营业单位收到的现金净额	14	

补充资料	行次	金　额
1. 将净利润调节为经营活动现金流量：		
净利润	36	427 968.26
加：资产减值准备	37	−30 710.00
固定资产折旧	38	18 719.43
无形资产摊销	39	2 494.58
长期待摊费用摊销	40	—
处置固定资产、无形资产和其他长期资产的损失（减：收益）	41	—
固定资产报废损失（减：收益）	42	15 338.54
公允价值变动损失（减：收益）	43	−11 500.00
财务费用	44	13 220.67
投资损失（减：收益）	45	−320 000.00
递延所得税资产减少（减：增加）	46	55 367.50
递延所得税负债增加（减：减少）	47	2 875.00
存货的减少（减：增加）	48	−283 123.86
经营性应收项目的减少（减：增加）	48	1 184 400.00
经营性应付项目的增加（减：减少）	50	−521 185.72

项　目	行次	金　额	补充资料	行次	金　额
收到的其他与投资活动有关的现金	15	—	其他	51	7 370.00
投资活动现金流入小计	16	33 345.00	经营活动产生的现金流量净额	52	561 234.40
购建固定资产、无形资产和其他长期资产支付的现金	17	—			
投资支付的现金	18	—			
取得子公司及其他营业单位支付的现金净额	19	—			
支付的其他与投资活动有关的现金	20	—			
投资活动现金流出小计	21	—	2. 不涉及现金收支的重大投资和筹资活动:		
投资活动产生的现金流量净额	22	33 345.00	债务转为资本	53	—
三、筹资活动产生的现金流量:	23	—	一年内到期的可转换公司债券	54	—
吸收投资收到的现金	24	—	融资租入固定资产	55	—
借款收到的现金	25	—			
收到的其他与筹资活动有关的现金	26	—			
筹资活动现金流入小计	27	—	3. 现金及现金等价物净增加情况:		
分配股利、利润或偿付利息所支付的现金	28	16 755.56	现金的期末余额	56	988 173.81
支付的其他与筹资活动有关的现金	29	3 554.00	减:现金的期初余额	57	413 903.97
筹资活动现金流出小计	30	20 309.56	加:现金等价物的期末余额	58	—
筹资活动产生的现金流量净额	31	—20 309.56	减:现金等价物的期初余额	59	—
四、汇率变动对现金及现金等价物的影响	32	—	现金及现金等价物净增加额	60	574 269.84
五、现金及现金等价物净增加额	33	574 269.84			
加:期初现金及现金等价物等额	34	413 903.97			
六、期末现金及现金等价物等额	35	988 173.81			

单位负责人:李栋梁　　财务负责人:张伟　　制表:张瑞英

八、增值税纳税申报表

附件 1

增值税纳税申报表

(一般纳税人适用)

根据国家税收法律法规及增值税相关规定制定本表。纳税人不论有无销售额，均应按税务机关核定的纳税期限填写本表，并向当地税务机关申报。

税款所属时间:自 2015 年 12 月 01 日至 2015 年 12 月 31 日　　　填表日期:2015 年 12 月 31 日　　　　　金额单位:元至角分

纳税人识别号	1 5 × × 1 1 3 4 4 5 6 × 2 × 6 7		所属行业:C342		
纳税人名称	(公章) 法定代表人姓名 李栋梁	注册地址	南海市朝阳区朝阳东街 66 号	生产经营地址	南海市朝阳区朝阳东街 66 号
开户银行及账号	中国工商银行南海市分行 267—50660526	登记注册类型	有限责任公司	电话号码	0561-69986559

	项 目	栏次	一般货物、劳务和应税服务		即征即退货物、劳务和应税服务	
			本月数	本年累计	本月数	本年累计
销售额	(一)按适用税率计税销售额	1	2 462 300.00	15 798 900.00		
	其中:应税货物销售额	2	2 429 300.00	15 513 300.00		
	应税劳务销售额	3	33 000.00	285 600.00		
	纳税检查调整的销售额	4				
	(二)按简易办法计税销售额	5				
	其中:纳税检查调整的销售额	6				
	(三)免、抵、退办法出口销售额	7	—	—		
	(四)免税销售额	8			—	—
	其中:免税货物销售额	9			—	—
	免税劳务销售额	10			—	—
税款计算	销项税额	11	416 611.00	2 668 677.00		
	进项税额	12	320 318.50	1 334 226.50		
	上期留抵税额	13				
	进项税额转出	14				
	免、抵、退应退税额	15			—	—
	按适用税率计算的纳税检查应补缴税额	16				
	应抵扣税额合计	17=12+13+14—15+16	320 318.50	—		
	实际抵扣税额	18(如 17<11,则为17,否则为11)	320 318.50	1 334 226.50		
	应纳税额	19=11—18	96 292.50	1 334 450.50		
	期末留抵税额	20=17—18				
	简易计税办法计算的应纳税额	21				
	按简易计税办法计算的纳税检查应补缴税额	22			—	—
	应纳税额减征额	23				
	应纳税额合计	24=19+21—23	96 292.50	1 334 450.50		
税款缴纳	期初未缴税额(多缴为负数)	25	189 340.00	1 238 158.00		
	实收出口开具专用缴款书退税额	26			—	—
	本期已缴税额	27=28+29+30+31	189 340.00	1 238 158.00		
	①分次预缴税额	28				
	②出口开具专用缴款书预缴税额	29			—	—
	③本期缴纳上期应纳税额	30	189 340.00	1 238 158.00		
	④本期缴纳欠缴税额	31				
	期末未缴税额(多缴为负数)	32=24+25+26—27	96 292.50	96 292.50		
	其中:欠缴税额(≥0)	33=25+26—27			—	—
	本期应补(退)税额	34=24—28—29	96 292.50		—	—
	即征即退实际退税额	35	—		—	—
	期初未缴查补税额	36				
	本期入库查补税额	37				
	期末未缴查补税额	38=16+22+36—37				

授权声明	如果你已委托代理人申报,请填写下列资料: 为代理一切税务事宜,现授权 (地址)　　　　　为本纳税人的代理申报人,任何与本申报表有关的往来文件,都可寄予此人。 授权人签字:	申报人声明	本纳税申报表是根据国家税收法律法规及相关规定填报的,我确定它是真实的、可靠的、完整的。 声明人签字:李栋梁

主管税务机关:　　　　　　　　　　　　接收人:　　　　　　　　　　　　接收日期:

九、企业所得税申报表

中华人民共和国企业所得税年度纳税申报表(A 类)

税款所属期间:2015 年 01 月 01 日至 2015 年 12 月 31 日

纳税人名称:祥瑞制造有限责任公司

纳税人识别号:150113445672867

金额单位:元(列至角分)

类别	行次	项 目	金 额
利润总额计算	1	一、营业收入(填附表一)	15 770 400.00
	2	减:营业成本(填附表二)	10 911 503.04
	3	营业税金及附加	93 256.32
	4	销售费用(填附表二)	584 236.58
	5	管理费用(填附表二)	2 231 872.61
	6	财务费用(填附表二)	85 683.33
	7	资产减值损失	−30 710.00
	8	加:公允价值变动收益	11 500.00
	9	投资收益	320 000.00
	10	二、营业利润	2 226 058.12
	11	加:营业外收入(填附表一)	48 335.43
	12	减:营业外支出(填附表二)	135 338.54
	13	三、利润总额(10+11−12)	2 139 055.01
应纳税所得额计算	14	加:纳税调整增加额(填附表三)	215 948.00
	15	减:纳税调整减少额(填附表三)	552 970.00
	16	其中:不征税收入	
	17	免税收入	320 000.00
	18	减计收入	
	19	减、免税项目所得	
	20	加计扣除	
	21	抵扣应纳税所得额	
	22	加:境外应税所得弥补境内亏损	
	23	纳税调整后所得(13+14−15+22)	1 802 033.01
	24	减:弥补以前年度亏损(填附表四)	
	25	应纳税所得额(23−24)	1 802 033.01

续表

类别	行次	项　目	金　额
应纳税额计算	26	税率(25%)	
	27	应纳所得税额(25×26)	450 508.26
	28	减:减免所得税额(填附表五)	
	29	减:抵免所得税额(填附表五)	
	30	应纳税额(27－28－29)	450 508.26
	31	加:境外所得应纳所得税额(填附表六)	
	32	减:境外所得抵免所得税额(填附表六)	
	33	实际应纳所得税额(30＋31－32)	450 508.26
	34	减:本年累计实际已预缴的所得税额	402 953.92
	35	其中:汇总纳税的总机构分摊预缴的税额	
	36	汇总纳税的总机构财政调库预缴的税额	
	37	汇总纳税的总机构所属分支机构分摊的预缴税额	
	38	合并纳税(母子体制)成员企业就地预缴比例	
	39	合并纳税企业就地预缴的所得税额	
	40	本年应补(退)的所得税额(33－34)	47 554.34
附列资料	41	以前年度多缴的所得税额在本年抵减额	
	42	以前年度应缴未缴在本年入库所得税额	

纳税人公章: 经办人:赵龙 申报日期:2014 年 04 月 15 日	代理申报中介机构公章: 经办人及执业证件号码: 代理申报日期:　年　月　日	主管税务机关受理专用章: 受理人: 受理日期:　年　月　日

企业所得税年度纳税申报表附表一

收入明细表

填报时间:2015 年 12 月 31 日　　　　　　　金额单位:元(列至角分)

行次	项　目	金　额
1	一、销售(营业)收入合计(2＋13)	15 770 400.00
2	(一)营业收入合计(3＋8)	15 770 400.00
3	1.主营业务收入(4＋5＋6＋7)	15 484 800.00
4	(1)销售货物	15 484 800.00
5	(2)提供劳务	
6	(3)让渡资产使用权	
7	(4)建造合同	
8	2.其他业务收入(9＋10＋11＋12)	285 600.00

行次	项　目	金　额
9	（1）材料销售收入	
10	（2）代购代销手续费收入	
11	（3）包装物出租收入	
12	（4）其他	285 600.00
13	（二）视同销售收入（14＋15＋16）	
14	（1）非货币性交易视同销售收入	
15	（2）货物、财产、劳务视同销售收入	
16	（3）其他视同销售收入	
17	二、营业外收入（18＋19＋20＋21＋22＋23＋24＋25＋26）	48 335.43
18	1．固定资产盘盈	
19	2．处置固定资产净收益	
20	3．非货币性资产交易收益	
21	4．出售无形资产收益	
22	5．罚款净收入	45 000.00
23	6．债务重组收益	
24	7．政府补助收入	
25	8．捐赠收入	
26	9．其他	3 335.43

经办人（签章）：　　　　　　　　　　　　　　　　　法定代表人（签章）：

企业所得税年度纳税申报表附表二

成本费用明细表

填报时间：2015 年 12 月 31 日　　　　　　　　金额单位：元（列至角分）

行次	项　目	金　额
1	一、销售（营业）成本合计（2＋7＋12）	10 911 503.00
2	（一）主营业务成本（3＋4＋5＋6）	10 896 588.00
3	（1）销售货物成本	10 896 588.00
4	（2）提供劳务成本	
5	（3）让渡资产使用权成本	
6	（4）建造合同成本	
7	（二）其他业务成本（8＋9＋10＋11）	14 915.04
8	（1）材料销售成本	

续表

行次	项　目	金　额
9	(2)代购代销费用	
10	(3)包装物出租成本	
11	(4)其他	14 915.04
12	(三)视同销售成本(13+14+15)	
13	(1)非货币性交易视同销售成本	
14	(2)货物、财产、劳务视同销售成本	
15	(3)其他视同销售成本	
16	二、营业外支出(17+18+……+24)	135 338.54
17	1.固定资产盘亏	
18	2.处置固定资产净损失	15 338.54
19	3.出售无形资产损失	
20	4.债务重组损失	
21	5.罚款支出	20 000.00
22	6.非常损失	
23	7.捐赠支出	100 000.00
24	8.其他	
25	三、期间费用(26+27+28)	2 901 792.52
26	1.销售(营业)费用	584 236.58
27	2.管理费用	2 231 872.61
28	3.财务费用	85 683.33

经办人(签章)：　　　　　　　　　　　　　法定代表人(签章)：

企业所得税年度纳税申报表附表三

纳税调整项目明细表

填报时间：2015 年 12 月 31 日　　　　　　金额单位：元(列至角分)

	行次	项　目	账载金额	税收金额	调增金额	调减金额
			1	2	3	4
	1	一、收入类调整项目	*	*		
	2	1. 视同销售收入(填写附表一)	*	*		*
#	3	2. 接受捐赠收入	*			*
	4	3. 不符合税收规定的销售折扣和折让				*

	行次	项　目	账载金额	税收金额	调增金额	调减金额
			1	2	3	4
＊	5	4. 未按权责发生制原则确认的收入				
＊	6	5. 按权益法核算长期股权投资对初始投资成本调整确认收益	＊	＊	＊	
	7	6. 按权益法核算的长期股权投资持有期间的投资损益	＊	＊		320 000.00
＊	8	7. 特殊重组				
＊	9	8. 一般重组				
＊	10	9. 公允价值变动净收益	＊	＊		11 500.00
	11	10. 确认为递延收益的政府补助				
	12	11. 境外应税所得	＊	＊	＊	
	13	12. 不允许扣除的境外投资损失	＊	＊		＊
	14	13. 不征税收入	＊	＊	＊	
	15	14. 免税收入	＊	＊	＊	
	16	15. 减计收入	＊	＊	＊	
	17	16. 减、免税项目所得	＊	＊	＊	
	18	17. 抵扣应纳税所得额	＊	＊	＊	
	19	18. 其他				
	20	二、扣除类调整项目	＊	＊		
	21	1. 视同销售成本（填写附表二）	＊	＊	＊	
	22	2. 工资薪金支出	3 686 400.00	3 686 400.00		
	23	3. 职工福利费支出				
	24	4. 职工教育经费支出	27 648.00	27 648.00		
	25	5. 工会经费支出	36 864.00	36 864.00		
	26	6. 业务招待费支出	174 800.00	78 852.00	95 948.00	＊
	27	7. 广告费和业务宣传费支出	＊	＊		
	28	8. 捐赠支出		0		＊
	29	9. 利息支出				
	30	10. 住房公积金	184 320.00	184 320.00		＊
	31	11. 罚金、罚款和被没收财物的损失	20 000.00	＊	20 000.00	＊
	32	12. 税收滞纳金		＊		＊
	33	13. 赞助支出	100 000.00	＊	100 000.00	＊

续表

行次	项目	账载金额 1	税收金额 2	调增金额 3	调减金额 4
34	14. 各类基本社会保障性缴款	523 468.80	523 468.80		
35	15. 补充养老保险、补充医疗保险				
36	16. 与未实现融资收益相关在当期确认的财务费用				
37	17. 与取得收入无关的支出		*		*
38	18. 不征税收入用于支出所形成的费用		*		*
39	19. 加计扣除	*	*	*	
40	20. 其他				
41	三、资产类调整项目	*	*		
42	1. 财产损失	15 338.54	206 098.54		190 760.00
43	2. 固定资产折旧	*	*		
44	3. 生产性生物资产折旧	*	*		
45	4. 长期待摊费用的摊销	*	*		
46	5. 无形资产摊销	*	*		
47	6. 投资转让、处置所得	*	*		
48	7. 油气勘探投资				
49	8. 油气开发投资				
50	9. 其他				
51	四、准备金调整项目	*	*		30 710.00
52	五、房地产企业预售收入计算的预计利润	*	*		
53	六、特别纳税调整应税所得	*	*		*
54	七、其他	*	*		
55	合　计	*	*	215 948.00	552 970.00

注:1. 标有＊的行次为执行新会计准则的企业填列,标有♯的行次为除执行新会计准则以外的企业填列。

2. 没有标注的行次,无论执行何种会计核算办法,有差异就填报相应行次,填＊号不可填列。

3. 有二级附表的项目只填调增、调减金额,账载金额、税收金额不再填写。

经办人(签章):   法定代表人(签章):

地方税(费)综合申报表

填报日期:2015 年 12 月 31 日   金额单位:人民币元

身份识别	①纳税人☑			②扣缴义务人			③委托代征人□		
编　码	150113445672867			名　称	祥瑞制造有限责任公司				
地　址	南海市朝阳区朝阳东街 66 号		行业类别	制造业		注册类型	有限责任公司		
开户银行	中国工商银行南海市分行		银行账号	267-50660526		电　话	0561-69986559		
主管机关	南海市地税局第四分局			税务管理人员		李亚明			
税(费)种	税目	税(费)款所属时间	计税(费)依据或课税(费)数量	税(费)率或单位税(费)额	本期应纳税(费)额	累计欠缴或已缴税(费)额	减免税(费)额	本期应纳税(费)额合计	
城市维护建设税		2015.11.01—11.30	96 292.50	7%	13 253.80			6 740.48	
教育费附加		2015.11.01—11.30	96 292.50	3%	5 680.20			2 888.78	

企业所得税	税款所属时间	收入额或利润总额	应税所得率或纳税调整额	应纳税所得额	税率	应纳所得税额	累计欠缴或已缴税额	减免税额	期末应补(退)税额

个人所得税	税款所属时间	所得项目	收入额	应纳税所得额	税率	速算扣除数	应纳税额	已扣缴税额	期末应补(退)税额

授权代理人	(如果你已委托代理人申报,请填写下列资料) 为代理一切税务事宜,现授权_____为本人代理申报人。任何与本报表有关的往来文件,都可寄与此人。 授权人签字:_____	声明	我声明:此纳税申报表是根据税收法律、法规的规定填报的,我确信它是真实的、可靠的、完整的。 声明人签字:_李栋梁_

参考文献

1.《企业会计准则——基本准则》,2014 年 7 月 23 日财政部发布,自发布之日起施行。

2.《企业会计准则——具体准则》,2006 年 2 月 15 日财政部发布,自 2007 年 1 月 1 日起施行,2014 年财政部修订后发布,自 2014 年 7 月 1 日起施行。

3. 陆迎霞. 综合性设计性实训项目建设研究——基于会计学专业审计实训课程[J].国际商务财会,2012(6):75-78.

4. 周永凯等.现代大学教学评价理论与实务[M].北京,中国轻工业出版社,2010 年.

5. 朱军,范慧慧.师生对学生评教指标的关注点[J].复旦教育论坛,2012(4).

6. 陆迎霞. 大学课程考试制度研究——基于山西大学商务学院的问卷调查分析[J].运城学院学报,2013(4):98-102.

7. 陆迎霞.审计综合实训课程的学习评价研究[J].教育理论与实践(学科版),2014(33):51-53.

8. 中国注册会计师协会.会计[M].北京,中国财政经济出版社,2015 年.

9. 中国注册会计师协会.税法[M].北京,中国财政经济出版社,2015 年.

10. 中国注册会计师协会.财务成本管理[M].北京,中国财政经济出版社,2015 年.